Point de Croix
et broderie

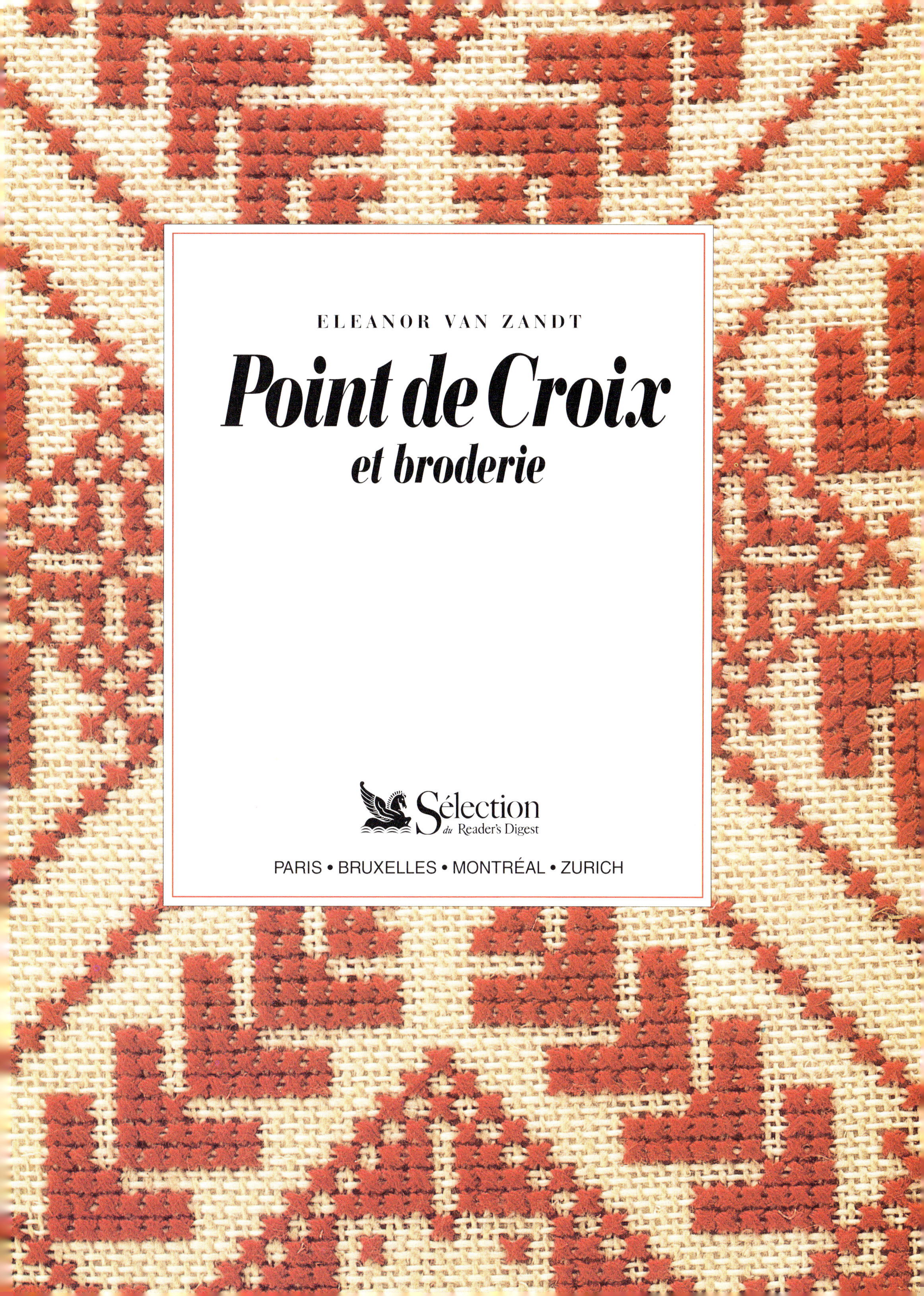

ELEANOR VAN ZANDT

Point de Croix
et broderie

Sélection du Reader's Digest

PARIS • BRUXELLES • MONTRÉAL • ZURICH

POINT DE CROIX ET BRODERIE
est l'adaptation française de
THE DMC BOOK OF CROSS STITCH AND COUNTED THREAD WORK,
conçu, réalisé et publié par Collins & Brown Limited, Londres.

ÉDITION ORIGINALE
Direction éditoriale : Catherine Bradley
Direction artistique : Roger Bristow
Conception artistique : Carol McCleeve
Photographies : Sue Atkinson, Clive Streeter et Geoff Dann
Illustrations : Coral Mula et David Ashby

ÉDITION FRANÇAISE
réalisée par Copyright
Traduction : Caroline Rivolier
Montage PAO : Christine Comte

Sous la direction éditoriale de Sélection du Reader's Digest
Direction éditoriale : Gérard Chenuet
Responsables de l'ouvrage : Élizabeth Glachant et Paule Meunier
Révision des textes : Marguerite-France Brun-Cottan
Lecture-correction : Béatrice Omer, Émmanuelle Dunoyer
Couverture : Dominique Charliat
Fabrication : Jacques Le Maitre, Jacques Michiels

L'éditeur remercie DMC pour sa participation et ses conseils.

PREMIÈRE ÉDITION

ISBN 2-7098-0608-8

Table des matières

Introduction

Si vous n'avez jamais brodé au point de croix, vous serez agréablement surprise : la technique en est très facile. Un point de croix se compose de deux points en diagonale qui dessinent un X. Et, comme tous les points se travaillent sur un nombre régulier de fils du tissu, vous n'avez pas à vous préoccuper de leur régularité : le tissu s'en charge.

Le point de croix se prête à diverses utilisations : il permet, à grande échelle, de broder des motifs abstraits et hardis; et, à petite échelle, de composer des motifs délicats et complexes. Bien qu'anguleux, il s'adapte aux courbes quand il est très fin et, bien que simple, il autorise des nuances subtiles qui en font le point idéal pour les motifs figuratifs.

Le point de croix appartient à la grande famille des broderies à fils comptés, que son nom définit parfaitement puisque, dans chaque technique, les points se travaillent sur un nombre précis de fils du tissu. La plus simple de ces techniques, le point de reprise, consiste à broder des motifs réguliers au point avant (ou point devant), qui est le point de base de la couture à la main.

La broderie noire permet de créer des motifs charmants, soit simples et espacés, soit plus denses, les uns pouvant s'associer aux autres dans des motifs figuratifs ou abstraits. Pour obtenir un effet de dentelle, vous pouvez essayer les ajours (ou jours sans fils tirés) ou les jours à fils tirés, ou encore la broderie Hardanger, avec son aspect géométrique et un peu guindé très caractéristique.

Ces techniques se prêtent à la réalisation de toutes sortes d'ouvrages : objets pour la maison, objets personnels et même vêtements. Vous pouvez, par exemple, faire un tableau au point de croix représentant votre maison après avoir dessiné une grille d'après une photographie. Vous pouvez aussi broder des jours sur un trousseau de mariée. Plus votre expérience s'accroîtra dans chaque style, plus vous pourrez jouer avec les couleurs et les textures.

Au fil des pages, vous allez découvrir un grand nombre d'ouvrages, ainsi que des idées permettant de modifier ces ouvrages selon votre goût personnel. Les techniques sont expliquées et illustrées de schémas et de photographies. Chaque commentaire s'accompagne d'un échantillonnage de motifs et de points qui doivent vous inciter à créer vos propres dessins, et le chapitre « Fournitures » vous aidera à faire votre choix parmi les nombreux articles du commerce. Les tissus employés pour les ouvrages proposés ici sont en vente dans toutes les bonnes merceries et dans les rayons spécialisés des grands magasins.

J'espère qu'après avoir découvert les plaisirs de la broderie à fils comptés vous broderez toutes sortes d'objets aussi utiles qu'agréables à l'œil.

Eleanor Van Zandt

Une tradition vivante

Aujourd'hui, le point de croix est de loin la forme de broderie la plus pratiquée dans le monde. Partout, des alphabets, des coussins, des tableaux de broderie, des presse-papiers et quantité d'autres objets brodés ornent les intérieurs : ils font le bonheur des millions de brodeuses qui ont choisi le point de croix comme passe-temps.

Le point de croix est une technique de broderie à fils comptés qui oblige la brodeuse à compter les fils. Le tissu employé, qui sert de grille pour les points, joue un rôle important dans l'échelle de l'ouvrage et dans son aspect final. Pour les remplissages « pleins », en revanche, le tissu sert de fond aux points qui y sont librement exécutés.

La plupart des techniques à fils comptés sont relativement faciles à maîtriser, à condition de compter les fils, de savoir suivre une grille ou mémoriser un modèle et de travailler avec régularité. La technique est simple, mais les dessins obtenus peuvent être très complexes.

LE POINT DE CROIX

Le point de croix est connu dans le monde entier. Il a des utilisations multiples, donne de la tenue à un ouvrage et convient aux dessins aussi bien abstraits que figuratifs. Travaillé à petite échelle, il permet de représenter des détails très fins, d'obtenir des effets délicats, des ombres subtiles.

Il permet également la création d'aplats de couleur, comme le démontrent les broderies danoises naturalistes. Les broderies thaïlandaises au point de croix comprennent une bordure anguleuse multicolore qui recouvre complètement le tissu de fond. En Occident, le point de croix est parfois utilisé dans la dentelle à l'aiguille.

Ci-dessous et cartouche ci-dessus à gauche : triptyque moderne au point de croix représentant le Grand Canyon (Audrey Ormrod)

Dans les pays anglo-saxons, le point de croix est très employé pour les ouvrages à motifs figuratifs. Cette tradition date du XVIIIe siècle, lorsqu'il était le point le plus représenté sur les marquoirs (ou *samplers*). Ceux-ci étaient de simples échantillonnages de points variés, exécutés sur de longs morceaux de tissu et servant de référence aux brodeuses. Peu à peu, ils devinrent plus figuratifs, les motifs les plus populaires étant les oiseaux, les fleurs, les arbres, les maisons et les images patriotiques, comme l'aigle américain. Ces marquoirs, qui ne tardèrent pas à devenir un élément d'éducation des jeunes filles, comportaient souvent un alphabet, des chiffres, un verset pieux, la date et le nom de la brodeuse.

Bien qu'ils puissent associer plusieurs points, les marquoirs sont le plus souvent brodés au point de croix, que l'on retrouve presque toujours sur les bordures florales composées de tiges, de rameaux et de corolles stylisées.

Des formes naturelles, stylisées parfois au point de ne plus être identifiables, sont souvent brodées au point de croix sur les costumes nationaux du Maroc, des pays de l'Est et du Moyen-Orient.

Dans la plupart des broderies au point de croix, les points dessinent des motifs sur un fond laissé nu. Mais, dans la broderie d'Assise, style de broderie italienne datant du XVIe siècle, c'est l'inverse : le fond est rempli au point de croix, ou avec une variante de ce point, et les motifs sont laissés nus.

Marquoir (sampler) *américain du XIX siècle (American Museum in Britain)*

LE POINT DE REPRISE

Le point de reprise (ou point de trait) est né sans doute du désir d'imiter les tissages. Il consiste en points avant réguliers qui composent des zones de couleur unie. Il convient aux motifs géométriques.

La simplicité de la technique a assuré son succès dans de nombreux pays, dont l'Inde, le Mexique, l'ex-Yougoslavie et surtout la Scandinavie. On trouve en Islande de très beaux ouvrages au point de reprise, exécuté aussi bien en diagonale qu'à l'horizontale ou à la verticale. Au Moyen Âge, des nappes d'autel et des tentures de lit ornées de motifs complexes entrelacés étaient réalisées au point de reprise en diagonale, avec de la laine sur de la toile de lin blanche. Dans le Telemark, en Norvège, les garnitures des cercueils étaient souvent bordées de superbes broderies multicolores au point de reprise, et des bordures de même style ornaient les encolures et les poignets des chemises.

Exemple de point de reprise : panneau central d'une nappe d'autel (Musée national d'Islande)

LA BRODERIE NOIRE

Le double point de reprise, ou point de Holbein, était employé au XVIe siècle pour créer des motifs linéaires sur les cols, les manches et d'autres parties des vêtements masculins et féminins. Exécutée en fil de soie noire sur de la toile blanche, cette broderie, plus tard, vit se développer des formes naturalistes extravagantes contenant de petits motifs répétitifs. En Angleterre, la broderie noire élisabéthaine s'étalait sur les énormes manches bouffantes.

De nos jours, les brodeurs font appel à des contrastes de tons dans les noirs pour créer des ouvrages très figuratifs. Ils juxtaposent des motifs de densités diverses afin de suggérer des textures différentes et de varier les tonalités.

Motifs modernes en broderie noire (Jenny Chippendale)

LES POINTS DE JOUR

C'est au XVIIIe siècle qu'on découvrit le moyen de créer de délicats effets ajourés sans tirer les fils du tissu mais en les regroupant et en les serrant de façon à dessiner des motifs réguliers qui créent des jours dans l'étoffe. L'importation de fines mousselines de l'Inde, qui se prêtaient tout particulièrement à cette technique, favorisa son développement.

Le point de jour est un style de broderie ajourée dans laquelle chaque point resserre des fils du tissu, créant des motifs dont la délicatesse rappelle la dentelle. D'autres points peuvent lui être associés pour varier la texture ou souligner les contours des motifs.

Les plus beaux points de jours sont en général brodés sur des tissus à armure régulière et avec un fil à broder de la même grosseur que celle des fils du tissu. Ces derniers sont resserrés par des points spéciaux qui créent des ajours.

La broderie de Dresde, nommée en référence à la ville allemande, dont les ateliers produisaient cette broderie de grande beauté, est un travail d'ajours ultrafin qui imite la dentelle. La dentelle aux fuseaux, très à la mode, coûtait alors fort cher et les broderies de Dresde offraient le même degré de finesse pour un moindre coût.

Les remplissages de dentelle étaient entourés par des formes gracieuses en « remplissages pleins » exécutées avec des fils de soie et d'or par des maîtres brodeurs, tous des hommes. Mais c'était à des femmes, qui n'étaient pas membres de la guilde, qu'était confiée l'exécution de la broderie de Dresde.

Exemple d'ajours modernes

LA BRODERIE À FILS TIRÉS OU COUPÉS

Dans ce type de broderie ajourée, on enlève des fils dans la chaîne et la trame du tissu. La mode de la dentelle à l'aiguille trouve son origine au XVIe siècle, dans une forme italienne de broderie à fils comptés appelée *reticella* (petit filet), où la plupart des fils du tissu étaient enlevés, laissant une grille sur laquelle on tendait des fils en diagonale. Cette armature délicate était ensuite brodée au point de boutonnière ou autre. Sur les portraits de l'époque, on remarque des collerettes raides de dentelle *reticella*.

Dès lors, on chercha à éliminer tout le tissu de fond, en tendant des fils de base sur un parchemin portant le dessin et en brodant sur cette base. Ce *punto in aria* (point en l'air) marqua la naissance de la dentelle à l'aiguille.

Motif en forme de croix dans un ouvrage à jours. Les fils coupés n'ont pas été retirés mais rabattus et solidement fixés avec des points lancés

LA BRODERIE HARDANGER

La broderie Hardanger est une autre forme de broderie ajourée qui se rapproche un peu de la *reticella*. Les experts pensent qu'elle est née en Asie et qu'elle est parvenue en Scandinavie via la Perse et l'Italie.

Dans ce style, des carrés ajourés, dont certains sont garnis de points de remplissage, voisinent avec des blocs, ou pavés, réguliers exécutés au point lancé. Dans les jours russes, les motifs sont d'abord brodés sur le tissu, en général au point lancé, puis des fils sont enlevés dans le fond de façon à laisser une grille formée de faisceaux de deux fils qui sont ensuite brodés au point de cordonnet. Ces broderies sont souvent exécutées sur les surfaces ajourées, où elles font un effet de dentelle. Les zones entourant les blocs ajourés peuvent ensuite être ornées de broderies géométriques.

Détail d'une broderie Hardanger (XIXe siècle, ouest de la Norvège) sur le bord d'un tablier (musée de la Culture populaire norvégienne, Oslo)

LA BRODERIE À FILS COMPTÉS

La broderie ne fait plus partie du programme d'éducation des jeunes filles : elle est devenue un passe-temps, et ses techniques et leurs nombreuses variantes permettent d'agréables créations sans exiger une grande virtuosité. Les styles de point de croix et les traditions culturelles qui leur sont liées sont innombrables. Vous trouverez quelques variantes aux pages 30 et 31, accompagnées de suggestions permettant de les utiliser. Plus vous prendrez de l'assurance et acquerrez de l'expérience, plus vous aurez envie d'employer les techniques que nous vous présentons ici. Le point de trait (ou point de reprise) est d'une grande simplicité et permet d'exécuter au point avant de très jolis motifs.

Si vous prenez goût au point de croix, vous aborderez la broderie noire sans difficulté. Pour terminer une nappe brodée au point de croix, vous pouvez commencer par apprendre le point d'ourlet à jour simple, puis vous perfectionner en explorant ses nombreuses variantes. Si vous aimez créer des textures intéressantes, la broderie ajourée vous conviendra. Plus tard, vous dessinerez vos propres motifs. Les brodeurs professionnels modernes emploient souvent la broderie à fils comptés pour leurs essais, car elle représente une des formes les plus créatives et les plus polyvalentes de la broderie à l'aiguille.

Servez-vous de ce livre pour apprendre les techniques, qui sont présentées de façon claire et compréhensible. Puis perfectionnez les points connus et apprenez-en d'autres en réalisant les beaux ouvrages proposés au fil des pages.

Fournitures

Le plaisir de la brodeuse commence dès qu'elle choisit ses outils et les belles fournitures qui lui sont nécessaires.

Aujourd'hui, nous disposons d'un choix considérable de tissus et de fils de qualité, ainsi que de nombreux outils et accessoires qui rendent le travail encore plus agréable. Certains sont indispensables, d'autres facultatifs.

LES TISSUS

Les tissus normalement utilisés pour la broderie à fils comptés sont des **toiles à armure régulière**, ce qui signifie qu'elles ont le même nombre de fils par centimètre dans les deux sens, largeur (trame) et longueur (chaîne).

L'armure toile est un tissage simple dans lequel chaque fil passe tour à tour sous et sur les fils qui se présentent. Parfois, les fils sont tissés par groupes, mais le principe reste le même. Tous les tissus à armure régulière sont des armures toile, mais toutes les armures toile ne sont pas des tissus à armure régulière.

Les tissus à armure régulière sont en fibres naturelles (lin, coton, laine), en fils synthétiques ou en fibres mélangées. Le degré de finesse du tissu, sa jauge, se mesure au nombre de fils pour 2,5 cm. Ainsi, un tissu de jauge 18 compte 18 fils pour 2,5 cm et un tissu de jauge 32 a 32 fils pour 2,5 cm. Ces tissus se présentent en diverses largeurs et plusieurs coloris (sauf la toile de lin fine, qui n'existe qu'en blanc ou en crème).

Le choix s'effectue en fonction de l'ouvrage. Les fournitures les mieux adaptées aux autres techniques à fils comptés sont décrites en détail dans les sections techniques appropriées.

Tissus à armure régulière
Laine Médicis à broder
Papier perforé
Toile Hardanger
Coton à broder spécial
Serviette éponge avec bande Aïda
Coton mouliné six brins

La toile unifil à armure régulière Pratique et très répandue, cette toile à tissage régulier convient à divers ouvrages, du mouchoir à la nappe. Ses fils s'entrecroisent un à un et sa jauge varie de 14 à 36. Les points se brodent sur deux fils ou davantage. Certaines toiles, au tissage assez lâche, conviennent tout particulièrement à la broderie ajourée. D'autres ont des fils un peu irréguliers, ce qui non seulement leur donne une très agréable texture naturelle, mais déforme très légèrement les points, accentuant l'aspect « fait à la main » de l'ouvrage.

La toile Hardanger C'est une étamine dont les fils sont tissés deux par deux. La jauge normale est de 22 paires de fils pour 2,5 cm. Bien qu'utilisée traditionnellement pour la broderie Hardanger *(voir pages 128-141)*, elle convient aussi aux autres techniques à fils comptés.

La toile Aïda Elle est tissée par groupes de quatre fils, et les trous entre les groupes de fils sont bien visibles. La toile se brode le plus souvent au point de croix, chaque point étant exécuté sur une intersection de fils. Il existe des toiles Aïda dans lesquelles des fils de couleur sont placés tous les dix fils, ce qui facilite le compte. Une fois la broderie terminée, on les enlève. Les jauges de la toile Aïda vont de 6 à 18 (pour la plus fine). La plupart des Aïda sont mates, mais il existe une qualité à laquelle de petits fils de chaîne brillants donnent un aspect damassé.

Produits spéciaux De nombreux tissus ont été créés spécialement pour la broderie à fils comptés. Il existe des tissus à armure régulière divisés en carreaux par des lignes satinées ou de couleur contrastée, et dont les carreaux sont remplis d'une grande variété de motifs brodés. Il existe aussi des tissus damassés incrustés de ronds de toile à armure régulière pour la broderie, des torchons et des serviettes de toilette d'invités garnis de bandes d'entre-deux à broder au point de croix, et des galons de toile Aïda à bordure décorative qui servent de matière première pour des signets ou des bandeaux. Le papier perforé ne nécessite pas d'ourlet. Il permet de faire des cartes de vœux ou des décorations d'arbre de Noël.

Autres tissus utilisables Pour déterminer si un tissu présente une armure régulière, faites une série de points de bâti d'au moins 5 cm

VARIÉTÉS DE TISSUS

La grande variété des tissus existant aujourd'hui compte pour beaucoup dans l'agrément de la broderie. En choisissant votre tissu, vous devez penser non seulement à l'utilisation finale de l'ouvrage mais aussi au choix du fil et au style de la broderie. Demandez conseil à votre mercière. Voyez ci-après quelques exemples de tissus. La toile unifil à tissage régulier des deux premières photographies est une des plus souvent utilisées.

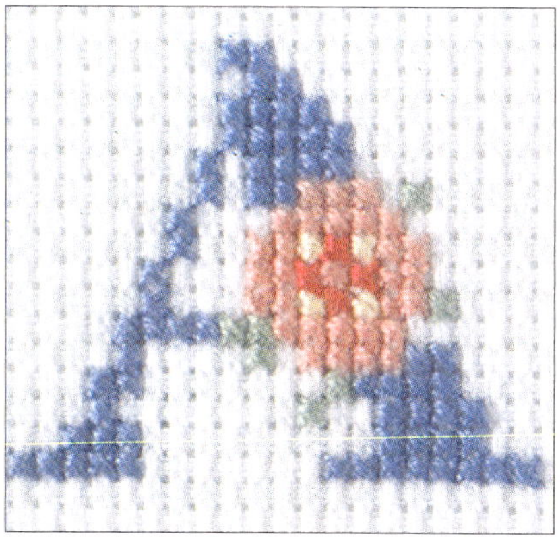
Coton n° 18 (18 count)

Coton n° 32 (32 count)

Aïda n° 16 (16 count)

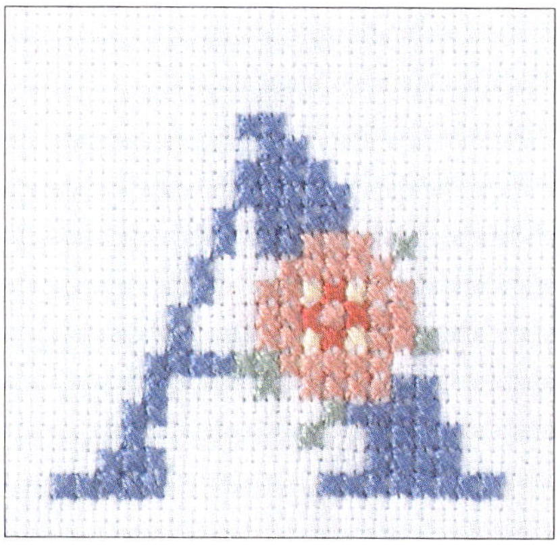
Hardanger n° 22 (22 count)

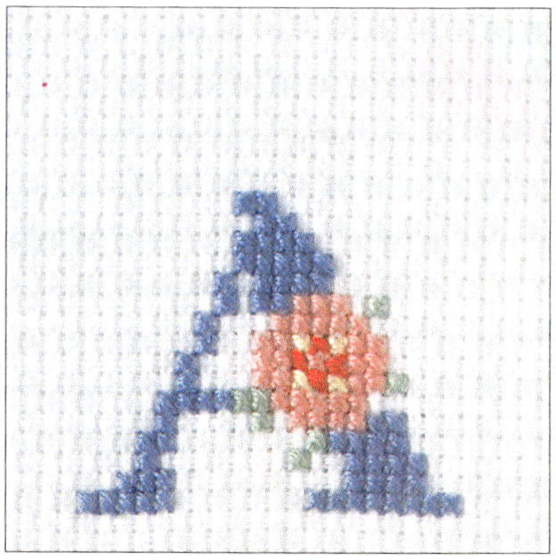
Aïda n° 14 (14 count)

de longueur en couleur contrastée le long d'un fil de trame. À l'extrémité de la ligne, tournez à angle droit et continuez le faufil dans le sens de la chaîne. Complétez le carré en suivant exactement les fils du tissu, de façon que le bâti dessine un carré parfait.

Comptez les fils dans les deux directions. Si le nombre est le même, le tissage est régulier; si vous constatez une légère différence, il ne l'est pas. Vous pourrez toutefois l'utiliser si le motif se dispose dans un seul sens (vertical ou horizontal). Quand des motifs se disposent à angle droit, un tissage non régulier entraîne des déformations : les motifs alignés dans un sens sont plus larges et plus courts que ceux qui sont placés dans l'autre sens.

Un tissu dont l'armure n'est pas strictement régulière ou qui est trop fin pour qu'on puisse compter les fils peut quand même être brodé au point de croix, si l'on travaille sur un canevas *(voir page 28)*.

LES FILS

Diverses catégories de fils conviennent à la broderie à fils comptés. En règle générale, la grosseur du fil doit être la même que celle des fils du tissu. Les meilleurs fils, lisses et souples, accentuent la netteté de la broderie. La laine n'est pas un très bon choix, bien que le point de reprise soit possible avec des laines très fines. Pour les broderies à grands points, on peut employer une laine plus épaisse.

Les ouvrages présentés dans ce livre ont tous été réalisés avec un fil DMC. Lorsque la précision est importante, son coloris a été spécifié, mais vous pouvez traiter les ouvrages dans les couleurs qui vous conviennent.

Coton mouliné six brins (fil floche) C'est un fil brillant formé de six brins faciles à séparer. Un brin suffit pour les travaux très fins, il en faut plus pour obtenir des effets plus spectaculaires. Cette qualité de fil compte plusieurs centaines de coloris et convient à une foule d'utilisations.

Coton à broder spécial Moins chatoyant que le coton mouliné ou le coton perlé, ce fil lisse s'utilise non divisé. Il donne aux points de la tenue et un brillant discret et convient à la broderie noire. Sa gamme de coloris est plus restreinte que celle du coton mouliné ou du coton perlé.

Coton perlé C'est un fil aux reflets chatoyants formé de deux brins légèrement torsadés. En général, on l'utilise tel quel, sans dédoubler les brins. Il se présente en plusieurs grosseurs, du numéro 3 (épais) au numéro 12 (très fin); le plus utilisé, le numéro 5, est disponible en de nombreux coloris. Le coton perlé, par son brillant et sa solidité, est très adapté à la broderie à fils comptés, du point de croix aux broderies ajourées.

Fil fleur Ce fil de coton mat et souple donne au point de croix un aspect subtil et délicat. Il est disponible en de très nombreux coloris.

Coton à broder retors mat C'est un fil assez épais dont les brins ne se séparent pas. Il est mat et s'utilise sur les toiles rustiques.

Fil de lin Ce fil, très résistant et de bonne tenue, est tout spécialement indiqué pour les ajours. On ne le trouve pas aussi facilement que le coton dans le commerce, et sa gamme de coloris est plus limitée.

Soie et rayonne à broder La soie donne aux broderies un éclat lumineux, mais elle est chère. La rayonne donne un résultat analogue.

Autres fils Un grand nombre d'autres fils peuvent être employés dans la broderie à fils comptés : fils à crocheter, fils à dentelle, fils métallisés pour orner les broderies au point de croix ou la broderie noire. Pour la finition des ouvrages, il faut aussi du fil à coudre.

LES OUTILS

Il faut choisir les outils adaptés à la broderie projetée. Les aiguilles à coudre et à broder existent en nombreuses tailles; les ciseaux, les épingles, les crayons à marquer doivent être choisis avec soin. Pour la broderie à fils comptés, il vaut mieux monter l'ouvrage sur un métier, qui facilite le compte des points. L'avantage d'un métier sur pied est qu'il laisse les deux mains libres.

Aiguilles à tapisserie Les broderies à fils comptés se travaillent avec des aiguilles à tapisserie, à bout rond et à gros chas, qui se glissent entre les fils du tissu sans les déchirer. Leur taille va du 13 (grosse) au 26 (petite). Le numéro de l'aiguille nécessaire pour chaque ouvrage est indiqué dans la liste des fournitures. Pour les ouvrages à grande échelle, il faut une grosse aiguille. Choisissez toujours une aiguille dont le chas est assez large pour le fil; le gros bout de l'aiguille doit écarter les fils de façon à traverser le tissu facilement.

Aiguilles à coudre Pour les bâtis et les finitions, on utilise des aiguilles longues et fines, des aiguilles à repriser et des aiguilles mi-longues. Les aiguilles longues et fines, très pointues, servent pour la couture ordinaire. Les aiguilles à repriser conviennent pour bâtir car leur longueur leur permet de former plusieurs grands points en un seul geste. Les aiguilles mi-longues, qui sont plus courtes, sont faciles à manipuler.

Aiguilles à perler Ce sont des aiguilles très longues et fines qui servent à fixer des perles sur une broderie.

Passe-lacets Ce sont des instruments utiles pour enfiler des cordonnets, du gros fil ou des rubans dans des gaines.

Aiguilles à laine fine et aiguilles chenille Ces aiguilles à broder, pointues, pourvues d'un très gros chas, sont plus épaisses et fabriquées dans les tailles des aiguilles à tapisserie. Elles sont utiles pour surbroder un ouvrage ou pour faire un point de croix sur du canevas.

Les aiguilles courbes Elles sont utiles pour de nombreuses finitions, surtout dans l'ameublement.

Ciseaux Il est important de choisir les ciseaux adaptés au travail. Achetez la meilleure qualité, ne les employez que pour la couture, et ils resteront longtemps aiguisés. Les ciseaux de couturière, qui permettent de couper de grands morceaux de tissu, ont de grandes lames et sont un bon outil de coupe. Les ciseaux à broder, petits et pointus, permettent de couper les petits fils avec précision. Leurs pointes doivent être parfaitement ajustées.

Tambours à broder Ils ont divers diamètres et servent à maintenir soit de petits ouvrages, soit une partie d'ouvrage. Comme ils tendent le tissu, les points de la broderie sont souples quand l'ouvrage est ôté du métier. La plupart des tambours ont une vis qui permet de régler la tension du cercle extérieur. Les tambours à ressort ont un anneau de tension intérieur qui s'ajuste ou s'enlève aisément.

Métiers à broder Ces cadres rectangulaires, qui existent en dimensions variées, permettent de travailler sur de plus grandes sections d'ouvrage. Ils sont souvent pourvus de systèmes qui permettent de les fixer sur une table ou sur le bras d'un fauteuil. La largeur maximale est déterminée par les sangles fixées aux rouleaux du haut et du bas du cadre, et autour desquels on enroule le reste de l'ouvrage.

Châssis à tendre Ils sont moins chers que les cadres à rouleaux et se composent de barres de bois qui s'ajustent aux angles et s'adaptent à divers formats. N'oubliez pas que la zone de travail d'un châssis se situe à l'intérieur du cadre.

Fer à repasser Il est conseillé de repasser les broderies avec un fer à vapeur.

Épingles Les épingles fines et longues, à tête de verre, sont faciles à manipuler. Les têtes de verre résistent à la chaleur d'un fer à repasser.

Mètre ruban, règle de couturière Pour mesurer les tissus, utilisez un mètre ruban. Employez la règle de couturière pour compter les fils.

Dé Le dé protège le majeur et facilite la couture.

Équerre C'est un ustensile utile pour tracer les angles droits.

Marqueurs pour textiles Leur encre peut être indélébile ou effaçable (elle disparaît à l'eau ou à la lumière). Essayez-les au préalable sur le tissu.

Loupes Elles existent en plusieurs dimensions et peuvent se poser ou se suspendre par une cordelette au cou de la brodeuse. Elles facilitent la lecture des grilles compliquées.

Ruban de masquage (ruban cache) et ruban tissé Ces rubans empêchent l'effilochage des bords vifs des tissus. Le ruban de masquage se colle, le ruban tissé se coud.

Nuancier C'est une plaquette de carton très utile pour classer les échevettes de fil de chaque ouvrage.

Outils de dessin Entre autres objets utiles, citons le papier-calque, le papier millimétré, les crayons de couleur et une table de conversion des points, pour calculer les dimensions d'un ouvrage selon le tissu sur lequel il est brodé.

Métier à broder

Tambour à broder

Châssis à tendre

Grille en plastique transparent
Ruban de masquage
(ruban cache)
Papier-calque
Papier
millimétré
Ciseaux
à broder
Crayons
de couleur
Ciseaux
de couturière
Mètre ruban
Dé
Équerre
Passe-lacet,
aiguille
à laine,
aiguille
chenille
et aiguille
à perler
Règle
Nuancier
Loupe
Enfile-
aiguille
Aiguilles
à tapisserie
Épingles

Techniques de base

Quelques méthodes et techniques de base s'appliquent à presque toutes les formes de broderie à fils comptés. Il est important de bien assimiler les explications données dans ce chapitre avant d'entreprendre un ouvrage.

LA PRÉPARATION DU TISSU

Même un tissu à armure régulière doit être préparé avant le travail. Tout d'abord, il doit être lavé (s'il n'a pas été acheté prélavé), repassé, coupé aux dimensions voulues. Puis il faut arrêter les bords vifs et marquer le milieu.

Le lavage et le repassage

Si la broderie terminée doit plus tard être lavée, il est très important de tester le tissu pour savoir s'il rétrécit.

- Coupez un petit carré de 5 cm de côté, posez-le sur une feuille de papier, tracez son contour.
- Trempez le tissu dans de l'eau chaude (mais pas brûlante) pendant dix minutes. Laissez sécher, repassez. Posez-le sur le carré dessiné. S'il a rétréci, faites tremper tout le tissu dans l'eau chaude, laissez sécher et repassez.
- Qu'il ait ou non rétréci, repassez toujours le tissu pour effacer les plis, sur une planche à repasser molletonnée, avec un fer à vapeur, ou avec un fer ordinaire et une pattemouille.

La coupe

Le tissu doit compter plusieurs centimètres de plus que la broderie, de tous les côtés. Les dimensions sont données pour chaque ouvrage, mais vous pouvez avoir besoin d'agrandir les marges pour adapter l'ouvrage à un cadre particulier.

- Coupez le tissu le long d'un fil pour couper droit. C'est très facile avec la plupart des tissus à armure régulière, qui ont une trame très apparente.

Si votre tissu est très fin, tirez un fil et servez-vous comme guide du vide laissé *(voir l'illustration ci-dessous).*

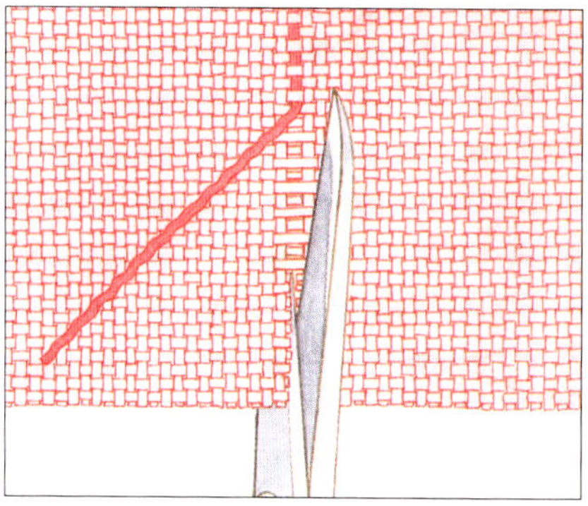

Coupe du tissu le long d'un fil tiré

Ne déchirez pas le tissu au lieu de le couper, vous risqueriez de le déformer.

L'arrêt des bords vifs

Avant de commencer, il faut arrêter les bords du tissu pour éviter l'effilochage. Vous pouvez coudre à la machine une rangée de points zigzag tout près du bord ou surjeter le bord à la main à gros points *(voir l'illustration ci-dessous).* Vous pouvez aussi poser à

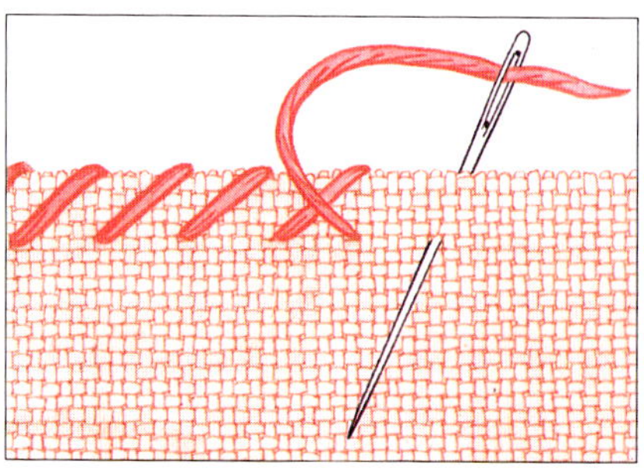

Surjet d'un bord vif pour éviter l'effilochage

cheval sur le bord un ruban de masquage, qui sera facile à décoller plus tard sans abîmer les fils du tissu.

La vérification de l'aplomb du tissu

Dans la broderie à fils comptés, il est essentiel que le tissu soit dans le droit-fil : fils de chaîne et fils de trame doivent se croiser à angle droit, sinon la broderie sera déformée.

- Pour en vérifier l'aplomb, étalez le tissu sur une surface plane et vérifiez les angles avec une équerre. Les bords du tissu doivent correspondre aux côtés de l'équerre. Sinon, étirez doucement le tissu dans le sens du biais jusqu'à ce que l'aplomb soit rétabli. Le repassage au fer à vapeur peut être utile dans les cas où le tissu se révèle capricieux.

Le marquage du centre du tissu

La plupart des broderies à fils comptés nécessitent le repérage du centre du tissu, qui servira de guide pour disposer la broderie *(voir, page 21, le Point de départ d'une broderie).*

Si le dessin entier est reporté sur la grille et si le motif se trouve au centre du tissu, il suffit de marquer ce centre en pliant le tissu en deux dans le sens horizontal puis vertical et en appuyant sur les plis avec l'ongle. Vous commencerez l'ouvrage à l'intersection des lignes.

Si la grille ne représente qu'une partie du motif *(par exemple, voir, page 72, la grille pour la housse de coussin),* marquez le centre du motif comme suit :

- Mesurez deux bords adjacents du tissu, marquez les milieux avec une épingle.
- Avec une aiguille à tapisserie, faites une ligne de points de bâti (points avant allongés), entre deux

fils du tissu, pour joindre les milieux dans les deux sens *(voir l'illustration ci-dessous).* Grâce à l'utilisation

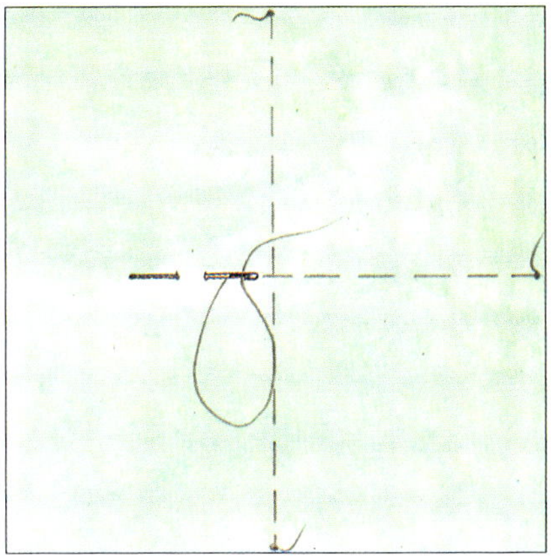

Marquage du centre avec un fil de bâti

de l'aiguille à tapisserie, les fils de bâti ne se mêleront pas aux points de broderie et vous pourrez ainsi facilement les ôter quand ils seront devenus inutiles.

Un fil de bâti de couleur contrastée évitera toute confusion avec la broderie.

L'INSTALLATION SUR UN MÉTIER

Une fois le tissu préparé, montez-le sur un métier à broder (voir les différents métiers page 16).

Le cadre idéal doit être assez grand pour que toute la zone à broder reste visible. Selon les dimensions de la broderie, le tissu peut être monté sur un tambour ou sur un cadre rectangulaire.

Si la broderie recouvre une grande surface, il est impossible de laisser visible toute la zone de travail : il faudra alors déplacer le tissu au fur et à mesure de l'avancement du travail. Dans ce cas, il vaut mieux utiliser un tambour assez grand pour laisser visibles un ou plusieurs motifs.

Quand on brode un tableau, il vaut mieux éviter d'avoir à modifier la disposition du tissu au cours du travail. C'est pourquoi, sauf si le sujet est très petit, ce type de broderie requiert un cadre rectangulaire.

Montage sur un tambour

- Avant d'installer le tissu, réglez les vis du cercle extérieur de façon que les deux cercles s'emboîtent, mais pas trop étroitement.
- Séparez les deux cercles, posez le cercle intérieur sur une surface plane et dure. Posez le tissu par-dessus, à l'endroit.
- Posez le cercle extérieur sur le tissu *(voir l'illustration ci-dessous).* Pour faire

Emboîtage du cercle extérieur

descendre le cerceau extérieur, il faut bien appuyer : si les cercles coulissent trop aisément, resserrez le cercle extérieur et recommencez. Le tissu doit être tendu comme une peau de tambour. Vérifiez son aplomb.

LE TRAVAIL AVEC UN MÉTIER

L'emploi d'un métier facilite l'exécution des broderies à fils comptés : le compte des fils est plus facile, les points sont plus réguliers, les deux mains restent libres (donc le travail est plus rapide).

Prenez tout votre temps pour choisir le métier le mieux adapté à l'ouvrage projeté et à ses dimensions *(voir ci-dessus le montage sur tambour).* Pour un châssis à tendre, il faut acheter quatre lattes, deux de la largeur du tissu et deux de sa longueur *(voyez page 16 les tambours et les métiers à broder).*

Si des points déjà brodés doivent se trouver coincés entre les deux cercles d'un tambour, protégez-les en plaçant une feuille de papier de soie avant d'emboîter les cercles. Puis déchirez le papier qui recouvre la zone de travail *(voir la photographie).* Les aiguillées de couleurs non utilisées dans une zone de broderie peuvent être piquées à l'extérieur de cette partie *(voir la Broderie multicolore, page 22).*

Quand vous laissez une broderie de côté pour quelques jours (ou même quelques heures), desserrez les cercles de façon à éviter l'écrasement des points coincés entre eux. Vous pouvez également enrouler autour du cercle intérieur un ruban de toile avant de placer le tissu et d'ajuster les cercles.

Protection de la broderie avec du papier de soie

Montage sur un châssis à tendre

• Pour monter un tissu sur un châssis à tendre, commencez par marquer le milieu du bord interne des montants.
• Marquez le milieu des côtés du tissu.
• Ajustez un point marqué sur le montant avec le point correspondant du tissu, fixez avec une punaise.
• Fixez le point opposé en tendant bien le tissu *(voir l'illustration ci-dessous).*

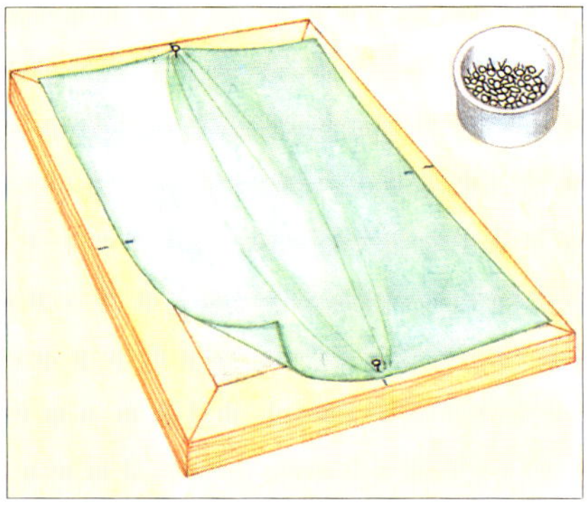

Fixation des deux premiers milieux

• Faites de même pour les deux autres montants du cadre.
• Fixez les côtés en plaçant les punaises tous les 2 cm environ *(voir l'illustration ci-dessous).* N'oubliez pas de tendre le tissu et de vérifier le droit-fil.

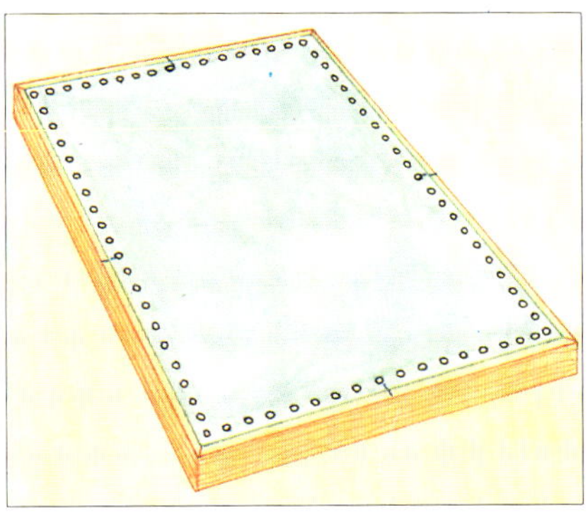

Tissu monté sur un châssis à tendre

Montage sur un métier à rouleaux

La méthode ci-après convient à la plupart des broderies à fils comptés, mais elle varie un peu selon le type de métier.
• Marquez le milieu de la sangle fixée aux rouleaux du haut et du bas. Arrêtez les bords latéraux du tissu en cousant un ruban toilé à la main ou à la machine.
• Rentrez le bord et formez un ourlet étroit le long des bords supérieur et inférieur du tissu. Repassez.
• Marquez le milieu des quatre côtés.
• En partant du milieu, cousez le tissu à la sangle au point de surjet avec un fil fort *(voir l'illustration ci-dessous).*
• Attachez les montants latéraux aux extrémités des rouleaux du haut

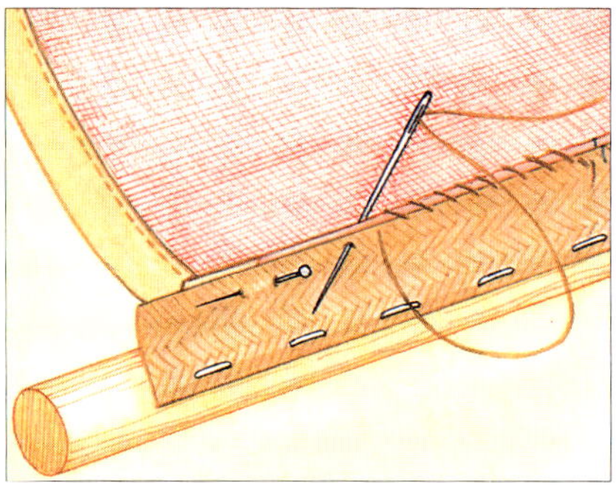

Fixation du tissu à la sangle au point de surjet

et du bas; bloquez-les en tendant le tissu (si le tissu est trop long, enroulez le surplus autour des rouleaux du haut ou/et du bas).
• Enfilez une grosse aiguille pointue avec du cordonnet (sans le séparer de la pelote), puis dévidez la pelote et fixez le tissu aux montants latéraux par des points distants d'environ 4 cm *(voir l'illustration ci-dessous).*

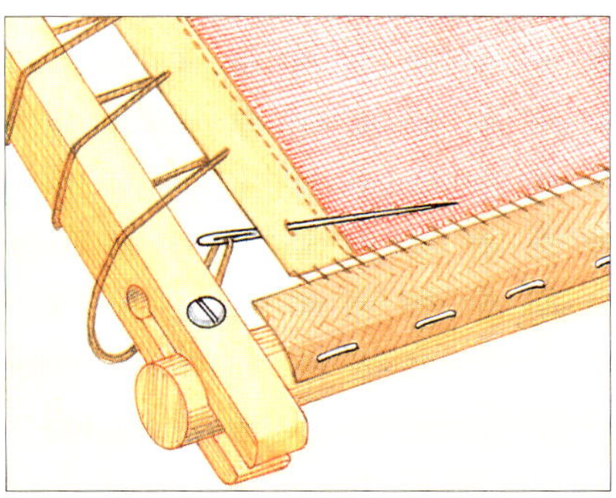

Laçage du tissu sur le montant du métier

• Coupez le cordonnet, attachez les deux bouts aux extrémités des montants.
• Lacez l'autre côté du tissu sur le montant opposé.

GRILLES ET DIAGRAMMES

Les dessins de broderie sont en général fournis sous la forme de grilles où chaque point est indiqué. Après avoir lu les instructions jointes à l'ouvrage, vous pouvez transférer le motif sur le tissu en suivant la grille. La plupart des broderies s'accompagnent de diagrammes facilitant l'exécution des points.

Vous trouverez dans ce livre deux types de grilles : les grilles à carreaux, où chaque carreau représente un point, et les grilles à lignes, où un trait tracé sur les carreaux indique le nombre de points à exécuter. Ces deux types de grilles sont décrites en détail ci-après, ainsi que les façons de les utiliser et de suivre les diagrammes des points.

Travail d'après une grille à carreaux ou à lignes

Sur une grille de points de croix, chaque carreau représente un point ou un espace sur le tissu égal à la dimension

Un exemple de grille à carreaux

d'un point *(voir l'illustration ci-dessus).* Différents types de toiles à tissage régulier peuvent être utilisés pour les broderies à fils comptés *(voir page 14).* Selon le tissage, le point couvre l'intersection de deux fils (par exemple toile Aïda) ou doit être exécuté sur plusieurs fils. C'est pourquoi les lignes de la grille ne représentent pas les fils du tissu.

Quand différents coloris doivent être utilisés, chacun est représenté sur la grille par une couleur (ou éventuellement un symbole). Dans le paragraphe Fournitures, vous trouverez la référence exacte de ce coloris.

Sur une grille à lignes, les traits de la grille représentent les fils du tissu, et les points sont figurés par des traits tracés sur la grille *(voir l'illustration de la page suivante).* On utilise ce genre

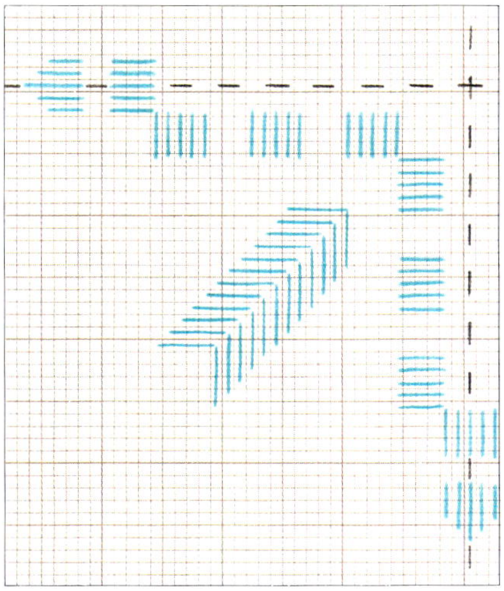

Un exemple de grille à lignes

de grille pour les diagrammes de points ou pour les techniques autres que le point de croix. Ces distinctions entre les deux types de grilles ne sont pas absolues, et des points sont parfois décrits sur une grille à carreaux *(voir la grille pour la broderie noire page 105).*

Il arrive que les points ne soient pas représentés un à un, mais que la grille comporte des zones colorées à remplir avec certains points *(voir la grille des ajours page 121).*

Le point de départ d'une broderie

Pour un ouvrage au point de croix, commencez au centre; sinon, vous risquez de mal évaluer la position du motif et de sortir du cadre prévu. C'est pourquoi vous devez marquer le centre du tissu. Dans ce livre, le centre de chaque motif au point de croix est représenté par une croix sur la grille.

Pour les motifs répétitifs *(voir la housse de coussin bulgare page 72),* seul le thème de base du motif est représenté. Après avoir brodé la partie représentée, vous devez faire pivoter la grille ou la renverser tête-bêche. La grille montre les lignes centrales du motif général et parfois quelques points au-delà pour vous aider à passer à la section voisine. Quand une grille ne représente qu'une partie du motif, le meilleur point de départ est marqué par une flèche. Des instructions et des annotations jointes à la grille indiquent comment achever le motif.

Avant de commencer une broderie à fils comptés, étudiez la grille, les couleurs et les annotations de façon à bien comprendre la disposition du motif.

Comptage des carreaux d'une grille

Il est plus facile de compter les carreaux horizontalement, vers le bas ou vers le haut, que de les compter en diagonale.

Lecture des diagrammes des points

Les diagrammes de ce livre sont parfois complétés par des flèches. Les grandes flèches appuyées montrent la façon dont la première aiguillée sort du tissu pour attaquer le premier point *(voir l'exemple de broderie ajourée page 113).* D'autres flèches, plus petites, indiquent l'endroit où l'aiguille a été piquée et où elle doit ressortir *(voir l'illustration ci-dessus).* Si l'aiguillée doit être arrêtée pour être reprise plus loin, le point de départ du point suivant est indiqué.

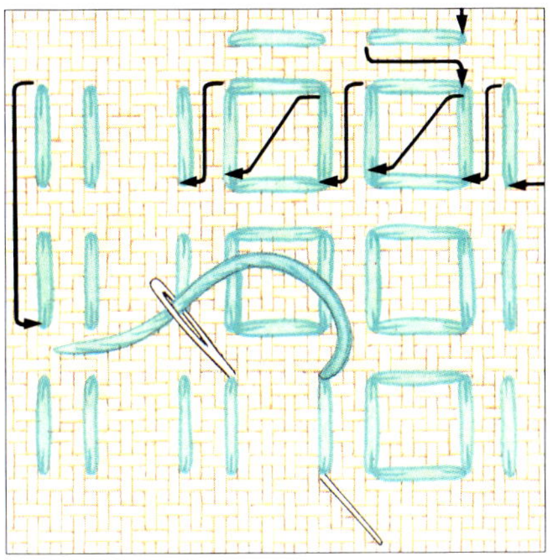

Diagramme d'un ajour

Sur les diagrammes des points, les aiguilles sont représentées comme en cours de travail, à plat sur le tissu, mais, sur un tissu tendu sur un métier, la plupart des brodeuses les piquent à la verticale.

Les diagrammes et les brodeuses gauchères

Certains diagrammes de points peuvent être lus aussi bien par les gauchères que par les droitières, surtout si elles piquent leur aiguille verticalement. Mais quelques techniques, en particulier les jours, se pratiquent sans métier, et l'illustration en est donnée ici pour les droitières. Les gauchères doivent placer le livre devant un miroir et suivre l'image inversée.

LE TRANSFERT DES MOTIFS

Un tracé de motif se transfère de plusieurs manières sur un tissu. Pour le point de croix, en général, le transfert n'est pas nécessaire car la brodeuse suit une grille. D'autres broderies à fils comptés s'exécutent à l'intérieur de tracés qu'il faut marquer sur le tissu. Suivez une des méthodes expliquées ci-après.

Méthode du calque

- La méthode est simple. Commencez par fixer le dessin avec du ruban adhésif sur une surface plane.
- Posez le tissu par-dessus, maintenu par du ruban adhésif ou des poids, et dessinez directement avec un marqueur à encre soluble à l'eau si l'ouvrage doit être lavé, avec un crayon pointu sinon.

Soulignez les contours du motif sur le papier avec un crayon-feutre avant de commencer ou fixez le dessin sur la vitre d'une fenêtre avec du ruban adhésif et poser le tissu par-dessus; vous verrez ses contours par transparence.

Calque associé aux points de bâti

Cette méthode a l'intérêt de ne pas laisser de marques sur le tissu.

- Tracez le motif avec soin sur du papier de soie.
- Montez le tissu à tissage régulier dans un cadre, posez le papier de soie par-dessus et fixez délicatement ses quatre côtés au point de bâti.
- Tracez les contours du motif au point de bâti en traversant les deux épaisseurs *(voir l'illustration ci-dessous).*
- Enlevez le papier de soie avec précaution, pour révéler en dessous le tracé du motif.

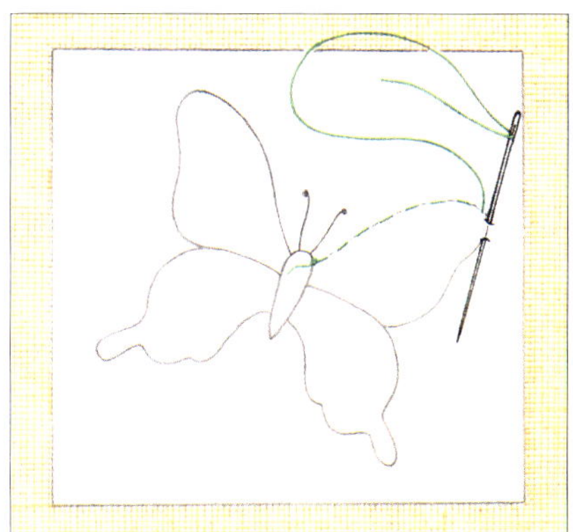

Bâti des contours d'un motif sur du papier de soie

LA BRODERIE

Chaque brodeuse a sa façon de travailler. Vous trouverez ci-après des techniques fort utiles, des « trucs » précieux pour préparer les fils, commencer et finir une aiguillée, et exécuter les points.

La préparation des fils

• Coupez une aiguillée de 45 cm de longueur, plus courte si le fil a tendance à s'effilocher. Un fil trop long entrave l'avancée du travail.

• Pour séparer les brins de coton mouliné six fils, écartez-les doucement. Pour obtenir un effet plus lisse, surtout avec un point de croix, commencez par séparer les brins puis réassociez le nombre de brins nécessaires.

• Pour enfiler une aiguille, aplatissez le ou les brins entre le pouce et l'index et glissez l'extrémité dans le chas de l'aiguille; ou bien utilisez un enfile-aiguille *(voir l'illustration ci-dessous).*

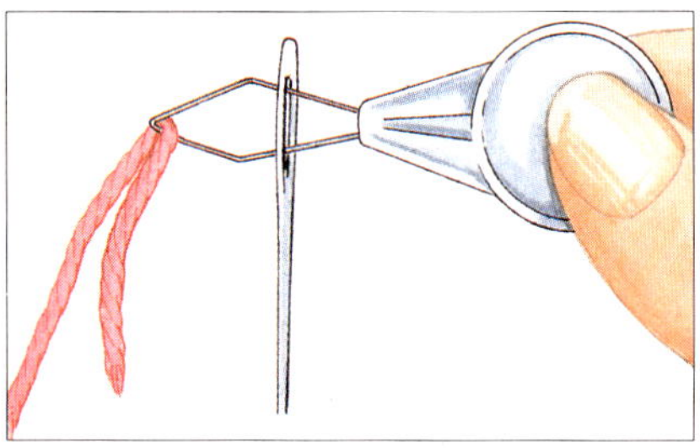

Utilisation d'un enfile-aiguille

• Autre méthode pour enfiler une aiguille : repliez le fil autour de l'extrémité de l'aiguille en le tenant bien, puis appuyez fortement le chas de l'aiguille sur la boucle formée.

Début et fin d'une aiguillée

Ne commencez pas en faisant un nœud sur l'envers de l'ouvrage, car il formera un relief visible sur l'endroit ou bien traversera l'ouvrage quand vous aurez commencé à broder. Il vaut mieux utiliser une des méthodes suivantes :

La méthode du nœud provisoire

• Faites un nœud au bout du fil et piquez l'aiguille sur l'endroit vers l'envers, à quelques centimètres de la future ligne de points.

• Sortez l'aiguille au point de départ de la broderie (indiqué sur la grille par une flèche) et faites les premiers points en bloquant le fil sur l'envers de l'ouvrage *(voir l'illustration ci-dessous).*

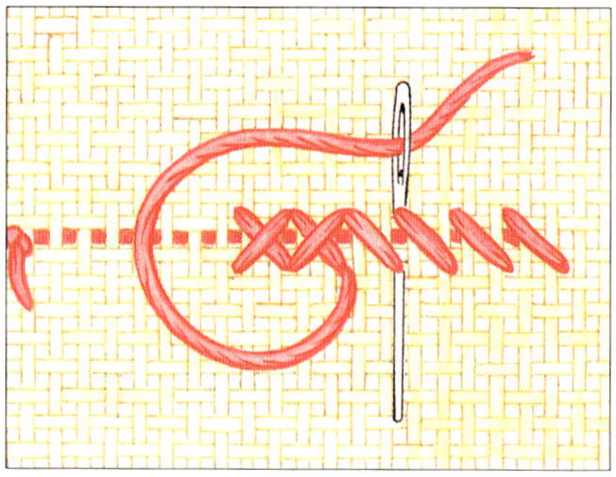

Quelques points de croix recouvrent l'extrémité d'une aiguillée

Quand l'extrémité du fil est fixée, coupez le nœud au ras de l'ouvrage.

La méthode des points arrière

• Faites un ou deux points arrière juste avant le point de départ de la broderie, pour arrêter le fil.

• Recouvrez les points arrière de points de broderie *(voir l'illustration ci-dessous).*

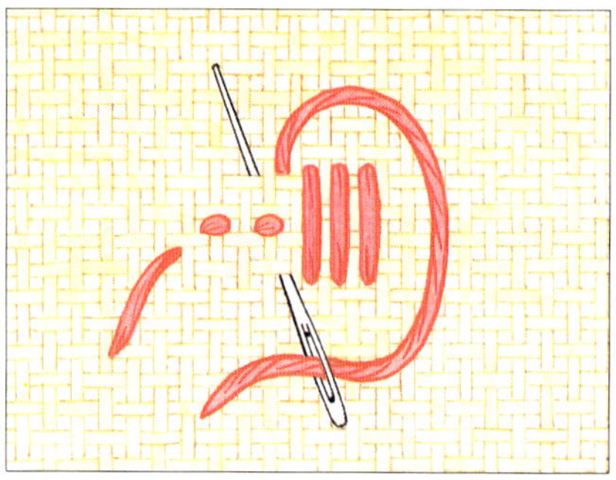

Quelques points recouvrent des points arrière

• Coupez l'extrémité du fil au ras de la surface.

L'amarrage des points à des points existants

• Si quelques points ont déjà été brodés à cet endroit, fixez la nouvelle aiguillée sur l'envers de l'ouvrage en la glissant sous quelques points et en la fixant à l'aide de points arrière.

• Une nouvelle aiguillée peut aussi être fixée de cette façon en laissant un long bout de fil pendre sur l'endroit du travail, loin de la surface brodée, attaché par deux points arrière; plus tard, vous déferez ces points et, après avoir engagé le fil, vous l'arrêterez sur l'envers du travail. Quand les points sont très serrés, utilisez une aiguille à laine fine, à bout pointu.

Achèvement d'une aiguillée

• À la fin d'une aiguillée, glissez l'aiguille sous les points sur l'envers. Ne créez jamais de longs ponts sur l'envers d'une broderie, car, selon le tissu et la couleur du fil, ils pourraient être visibles par transparence sur l'endroit. En règle générale, évitez les ponts de plus de 1,25 cm.

L'exécution des points

Si l'ouvrage est sur un métier, faites les points de haut en bas en piquant l'aiguille régulièrement. Un métier sur pied ou fixé sur une table libère les deux mains et permet de travailler plus vite. Pour les droitières, la main gauche est sur le dessus.

Quand c'est possible, sortez l'aiguille par un trou « vide » (sans point) et piquez-la dans un trou occupé (contenant déjà un ou plusieurs points). L'effet produit est plus régulier.

La broderie multicolore

Vous pouvez broder un motif multicolore avec plusieurs couleurs simultanément, au lieu d'arrêter le fil après quelques points. Pour cela, mettez l'aiguillée en attente quand elle ne sert pas *(voir l'illustration page 19)*, c'est-à-dire à l'écarter de la zone de travail, vers la droite, en piquant l'aiguille dans le tissu. Une autre méthode consiste à n'utiliser qu'une aiguille, que l'on désenfile, puis à épingler le fil en attente à l'écart sur l'ouvrage.

La tension des points

Un travail exécuté avec une tension constante rendra un effet remarquable : les points seront réguliers, plats, ni trop serrés ni trop lâches. L'emploi d'un métier aide à régulariser la tension des points, mais la pratique aussi ! Avant d'entreprendre l'exécution d'un ouvrage, brodez un échantillon pour vous habituer aux points, au tissu et au fil.

TECHNIQUES DU DESSIN

Lorsque vous aurez réalisé quelques ouvrages d'après un modèle, peut-être aurez-vous envie de modifier un motif ou de créer vos propres dessins. Les techniques ci-après faciliteront vos débuts.

Adaptation des motifs des grilles

Il est assez facile d'agrandir ou de réduire l'échelle d'un motif au point de croix, soit en adoptant une autre jauge de tissu, soit en exécutant les points sur un nombre différent de fils. Par exemple, un motif brodé sur deux fils d'une toile à tissage régulier peut être agrandi de 50 % rien qu'en exécutant les points sur trois fils.

Si vous changez de tissu, faites un calcul :

- Divisez le nombre de points contenus dans la largeur du dessin par la largeur souhaitée de la broderie exprimée en multiples de 2,5 cm, qui équivaut à 1 pouce – inch anglais – (la jauge des fils de tissu est fondée sur cette unité). Cela vous donne le nombre de points pour 2,5 cm dans le dessin agrandi.

Par exemple : le dessin d'origine, brodé sur une toile Aïda n° 16, compte 128 points dans la largeur et mesure donc 20 cm. Si vous voulez qu'il ait 30 cm, divisez 128 par 12 (c'est-à-dire 30 divisé par 2,5) pour obtenir 10,67 points pour 2,5 cm. Pour obtenir cette dimension, il faut employer une toile Aïda n° 11 ou un tissu à tissage régulier unifil n° 22.

- Vérifiez les dimensions finales en divisant le nombre de points par le nombre de points pour 2,5 cm de tissu. Dans notre exemple, la largeur est 128, qui, divisé par 11, donne 11,64 points, soit 29,5 cm, presque la dimension souhaitée. Vérifiez la longueur de la même façon.

Adaptation des dessins

On agrandit ou on réduit un dessin non reporté sur une grille au moyen d'une photocopieuse, mais on peut aussi utiliser une grille :

- Si le dessin n'est pas imprimé sur une grille, tracez-y un quadrillage régulier.
- Tracez un autre quadrillage contenant le même nombre de carreaux, mais formé de carreaux plus grands ou plus petits, à votre gré. Si le quadrillage d'origine a des carreaux de 2,5 cm et si vous voulez agrandir le dessin de 50 %, tracez un nouveau quadrillage dont les carreaux ont 3,75 cm de côté .
- Copiez le dessin carreau par carreau *(voir l'illustration ci-dessous).*

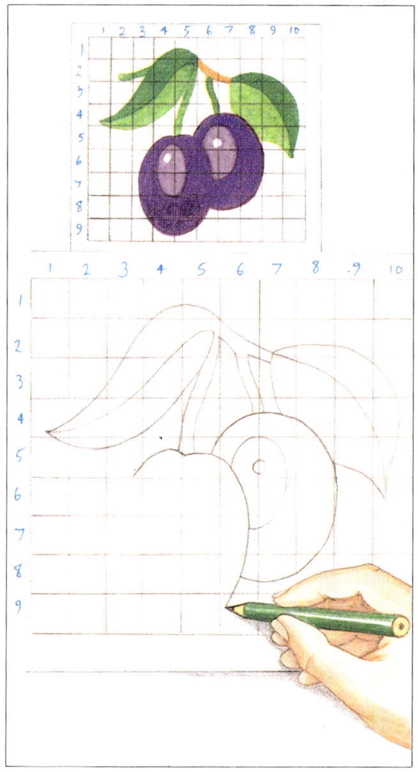

Agrandissement d'un dessin

CRÉATION D'UNE GRILLE POUR UNE BRODERIE AU POINT DE CROIX

Plus vous prendrez l'habitude d'utiliser des grilles, plus vous aurez envie de créer vos propres grilles à partir de photographies ou de dessins. Placez alors une grille sur l'image choisie.

On trouve dans les magasins de fournitures pour artistes des feuillets en plastique transparent sur lesquels sont imprimées des grilles de dimensions variées. Recouverte de la grille, l'image est quadrillée. Lorsqu'un carreau contient deux couleurs, attribuez-le à l'une ou l'autre couleur. Vous pouvez broder à partir de cette grille à condition d'avoir parfaitement fixé la grille de plastique transparent. Vous pouvez aussi recopier l'image sur du papier millimétré, carreau par carreau, avec des crayons de couleur *(voir la photographie ci-contre).*

On trouve aussi dans le commerce du papier-calque millimétré. Fixez la feuille sur l'image, puis coloriez les carreaux.

Vous pouvez modifier les dimensions de l'image d'origine en choisissant un quadrillage plus petit ou plus grand que le nombre de points pour 2,5 cm utilisé pour la grille. Par exemple, placez une grille n° 14 (14 points pour 2,5 cm) sur l'image source, mais brodez-la sur une toile Aïda n° 11 (11 points pour 2,5 cm) pour l'agrandir de 25 %.

Création d'une grille pour une broderie au point de croix

XX YY ZZ

Le point de croix

À part le point avant, le point de croix est sans doute le point le plus utilisé. On le trouve sur les vêtements et sur les articles d'ameublement dans des pays aussi divers que la Russie, l'Iran, la Bulgarie, la Thaïlande, le Mexique et le Danemark.
Sa popularité est immense en Europe occidentale et en Amérique du Nord car il s'adapte à un grand nombre de styles, du plus naïf au plus subtil. Idéal pour décorer des objets usuels, il se prête aussi à des broderies très raffinées. Sa forme carrée, sa régularité, sa texture agréable conviennent aussi bien aux contours qu'aux remplissages « pleins », à la broderie d'Assise, aux bords et aux motifs.

Techniques du point de croix

Le succès du point de croix est dû à sa simplicité d'exécution et au fait qu'il permet de réaliser de magnifiques blocs de couleurs vives aussi bien que des détails délicats. Vous trouverez ci-après la présentation des méthodes d'exécution du point de croix, ainsi que celle de cinq variantes intéressantes.

LE POINT DE CROIX

Le point de croix de base est un point en diagonale qui relie les quatre coins d'un carré. Sur une toile à tissage régulier, il se travaille normalement sur deux fils de chaîne et deux fils de trame, ou encore sur deux paires de fils lorsqu'il s'agit d'une toile Hardanger. Sur la toile Aïda, le point s'exécute sur une ou deux intersections de fils groupés (voir le Point de croix réversible).

Pour réduire ou augmenter les dimensions des points, utilisez un tissu et du fil plus fins ou plus gros, ou brodez sur un nombre différent de fils de tissu. Le point de croix doit recouvrir parfaitement le fond, mais non l'encombrer.

Exécution du point de croix

• Pour faire un point de croix complet, sortez l'aiguille au coin inférieur droit, piquez-la dans le coin supérieur gauche, puis ressortez-la au coin inférieur gauche *(voir l'illustration ci-dessous :* **1***)*

• Croisez la première diagonale obtenue par une autre joignant le coin inférieur gauche au coin supérieur droit (**2**).

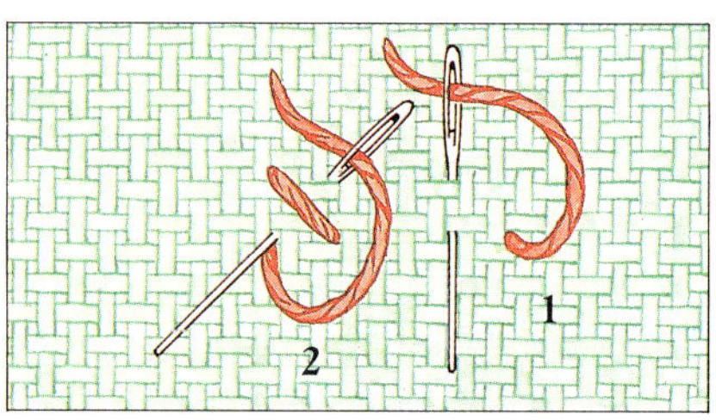

Points de croix réalisés séparément

• Si vous voulez exécuter une rangée de points de droite à gauche, sortez l'aiguille au coin inférieur gauche pour commencer le point suivant. L'aiguille est montrée en position pour exécuter ce point *(voir l'illustration ci-après).*

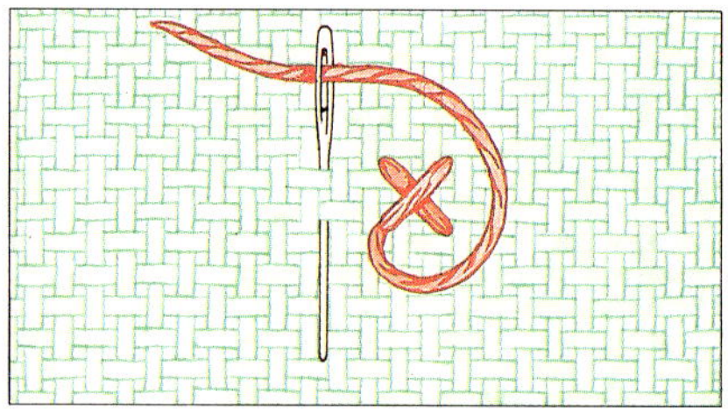

Exécution d'une rangée de points de croix

Le point de croix peut être inversé de façon que le fil du dessus soit celui qui joint le coin inférieur droit au coin supérieur gauche; les brodeuses gauchères trouvent cela plus facile. Il ne faut pas changer de sens en cours de travail : toutes les croix doivent être pareilles.

Un rang de points en deux étapes

Exécuter des points un par un permet d'obtenir un effet plus régulier, mais, pour les grandes surfaces, la méthode en deux étapes est plus rapide. Elle utilise aussi moins de fil et garantit un même sens pour tous les points.

• Commencez par réaliser la rangée de diagonales du dessous *(voir le départ de la flèche sur l'illustration ci-dessous).* Puis complétez les croix en revenant vers votre point de départ.

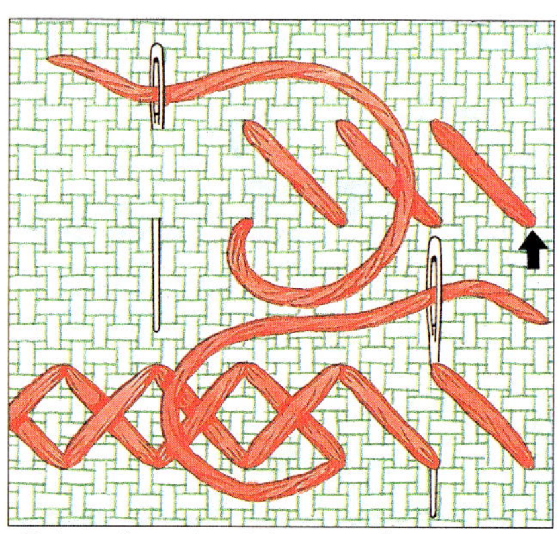

Points de croix réalisés en deux étapes

LE POINT DE CROIX ALLONGÉ

Ce point est la variante la plus simple du point de croix. Il se travaille en général sur deux fils de chaîne et quatre fils de trame (ou vice versa) et dessine un point de croix long et étroit.

Tel qu'il est travaillé ci-dessous, il est haut et étroit, mais, si vous faites pivoter le modèle d'un quart de tour et que vous brodez sur quatre fils de chaîne et deux fils de trame, le point sera court et large.

Exécution du point

• Brodez la première moitié des points de croix de droite à gauche, puis croisez ces diagonales pour revenir vers le point de départ *(voir l'illustration ci-dessous).*

Rangs réguliers de points de croix allongés

Un décalage des rangées de points de croix allongés crée une texture intéressante *(voir l'illustration ci-dessous).*

Rangs décalés de points de croix allongés

LE POINT DE SMYRNE

Appelé également point du diable ou point de croix Smyrne, ce point s'associe bien au point de croix. Son relief relève une broderie. Par exemple, il peut être utilisé pour représenter la corolle d'une fleur. D'autres possibilités sont présentées page 31. Le point de Smyrne peut se travailler par rangées.

Pour obtenir un effet bicolore, brodez la croix du dessus dans une couleur contrastée. Le meilleur fil pour le point de croix est le coton mouliné (voir page 15).

Exécution du point

Le point de Smyrne représenté ici mobilise quatre fils de chaîne et quatre fils de trame, mais, sur une toile Aïda, le point peut être exécuté sur deux groupes de fils.

• Pour commencer, faites un point de croix simple *(voir l'illustration ci-dessous :* **1, 2, 3, 4***).*

• Faites un point vertical en sortant l'aiguille au centre de la base du point de croix (**5**) et en la piquant au milieu du haut (**6**).

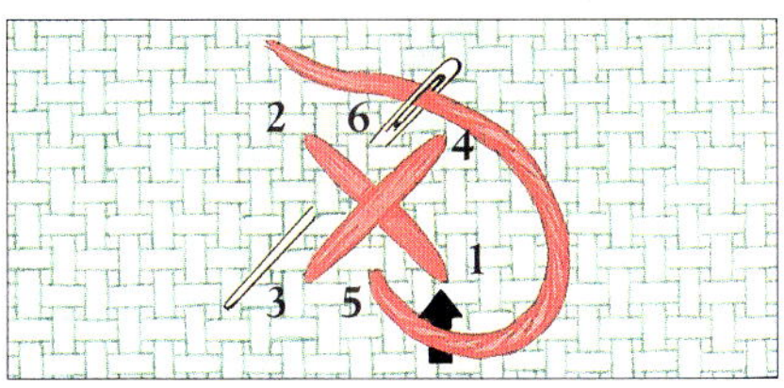

Début du point de Smyrne

• Terminez par un point horizontal en sortant l'aiguille au milieu du côté gauche *(voir l'illustration ci-dessous :* **7***)* et en la piquant au milieu du côté droit (**8**). L'aiguille est montrée dans la position qui convient pour commencer le point suivant.

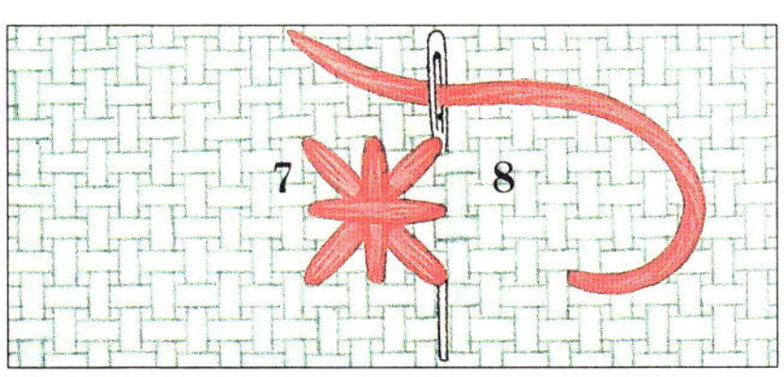

Fin d'un point et début du point suivant

• Pour exécuter ce point par rangées, commencez au coin supérieur gauche de la broderie et travaillez de gauche à droite. Travaillez le rang du dessous de droite à gauche.

LE POINT DE CROIX RÉVERSIBLE

Comme il forme des croix sur les deux faces du tissu, ce point est parfait pour les ouvrages dont les deux faces sont visibles, les mouchoirs par exemple.

Le point de croix réversible s'exécute par rangées, en quatre étapes. Les quatres étapes et les demi-points exécutés à l'extrémité de la rangée sont indispensables pour la réversibilité du point.

Exécution du point

Avant de commencer, fixez le fil du côté droit en laissant un long bout libre que vous arrêterez plus tard *(voir page 22).*

• Exécutez un rang de points obliques de droite à gauche comme pour un point de croix simple, mais en ne brodant qu'un demi-point sur deux.

• Quand vous atteignez le bout du rang, ressortez l'aiguille au centre, sous le dernier point oblique. Puis sortez l'aiguillée à gauche du point.

• Piquez l'aiguille au coin inférieur gauche, puis ressortez-la de nouveau au centre, mais cette fois à droite du point. Vous obtenez ainsi une demi-croix *(voir l'illustration ci-dessous).*

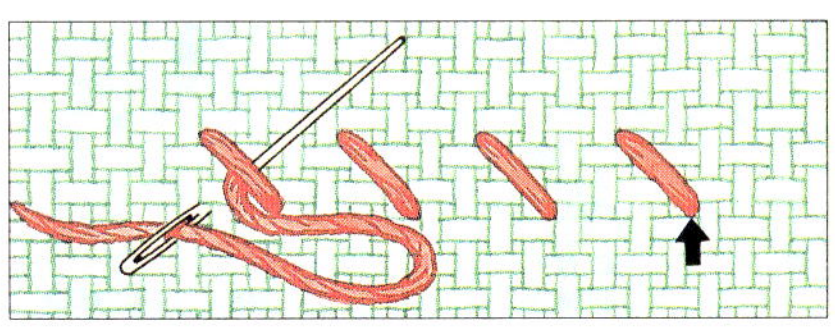

Début de la deuxième étape

• Piquez l'aiguille au coin supérieur droit du premier point et sortez-la au coin inférieur gauche du point suivant *(voir l'illustration ci-dessous).*

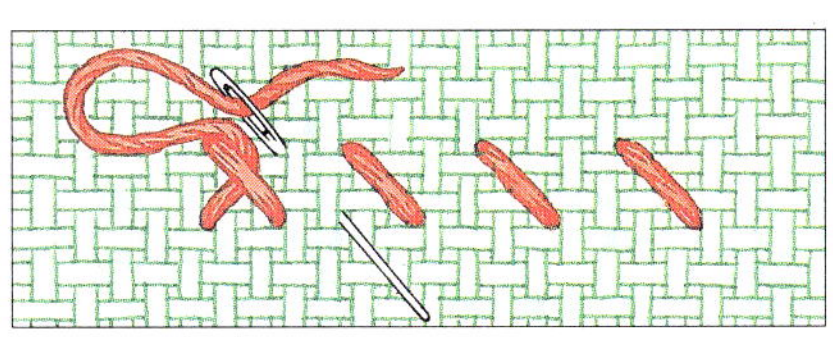

Exécution de la deuxième étape

• Travaillez tout le rang pour compléter les croix.

• À l'extrémité du rang, piquez l'aiguille dans le coin supérieur droit du dernier point pour le terminer.

• Commencez la troisième étape en ressortant l'aiguille au coin inférieur gauche du dernier point *(voir l'illustration ci-dessous).*

• Revenez le long du rang en remplissant les espaces avec des points en diagonale.

Début de la troisième étape

• À l'extrémité du rang, ressortez l'aiguille au coin inférieur gauche du dernier point.

• Piquez-la ensuite au milieu du point, recouvrant ainsi le dernier point fait à la fin du premier passage.

• Sortez l'aiguille au coin inférieur gauche du point suivant *(voir l'illustration ci-dessous).*

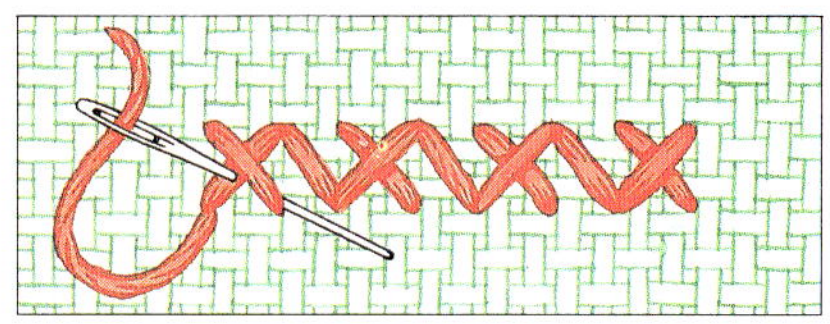

Début de la quatrième (et dernière) étape

• Continuez le rang en complétant les points. Notez que le dernier point de gauche a une orientation différente : c'est inévitable.

• Quand le travail est achevé, arrêtez le fil sous le dernier point. Libérez l'extrémité laissée de côté au début du travail, enfilez-la et arrêtez-la solidement.

LE POINT D'ASSISE

Cette variante du point de croix doit se travailler avec un fil assez fin si l'on veut mettre en valeur sa structure de croix dans un carré. L'emploi d'un fil fin réduit aussi le tassement des fils aux quatre coins de chaque point où l'aiguillée passe à plusieurs reprises.

Le point d'Assise est double face, et il est employé pour le remplissage des fonds de la broderie d'Assise (voir page 29).

On brode en montant : chaque rang se travaille au-dessus du rang précédent.

Exécution du point

• Commencez au coin inférieur gauche de la broderie en exécutant un point droit de gauche à droite sur le nombre voulu de fils.
• Sortez l'aiguille au point de départ du rang.
• Faites un point incliné vers le coin supérieur droit et sortez de nouveau l'aiguille au point de départ *(voir l'illustration ci-après).*

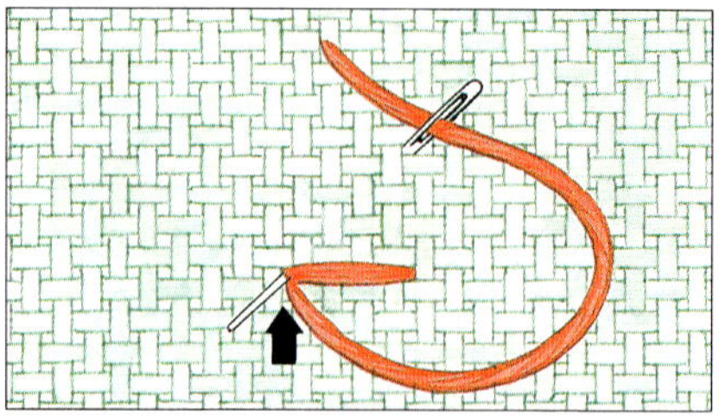

Premier côté du carré et première diagonale

• Faites un point vertical dirigé vers le coin supérieur gauche et sortez l'aiguille au coin inférieur droit *(voir l'illustration ci-dessous).* L'aiguille est en position pour le point suivant.

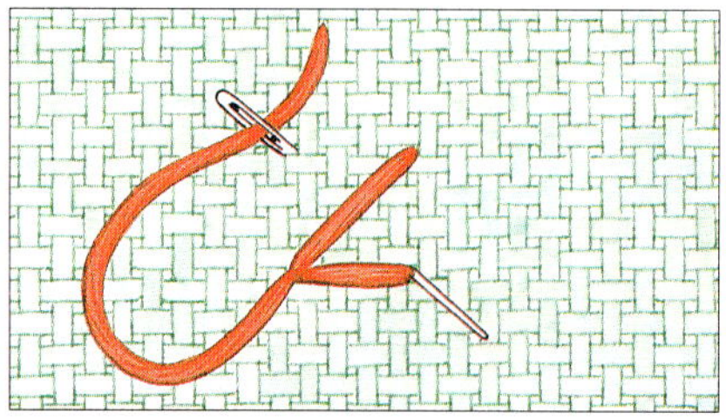

Second côté du carré. L'aiguille sort au début du point suivant

• Continuez jusqu'au bout du rang, où vous ferez un point vertical *(voir l'illustration ci-dessous).*

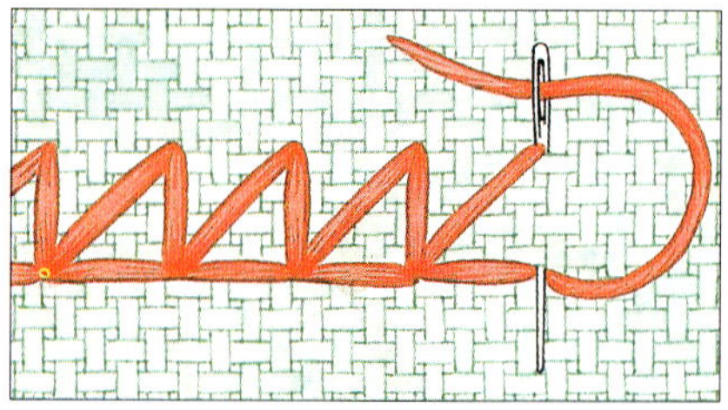

Début de l'étape de retour

Revenez vers votre point de départ en croisant chaque point incliné *(voir l'illustration ci-dessous).*

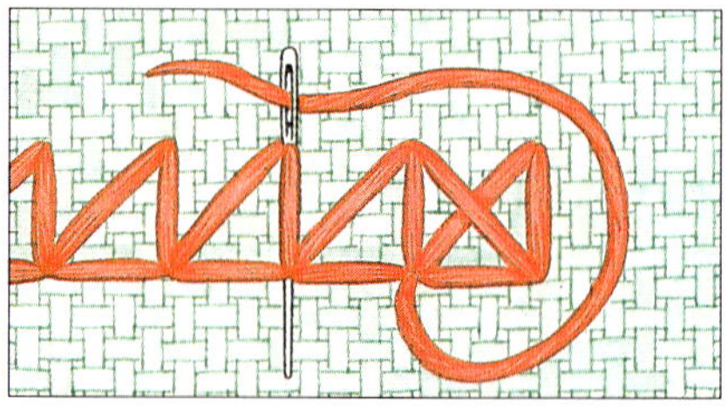

Exécution du retour

BRODERIE SUR TISSU À TISSAGE NON RÉGULIER

Pour broder sur un tissu à tissage non régulier, placez sur la zone à broder un morceau de canevas plus grand *(voir la photographie ci-dessous, à gauche)* et bâtissez-le en alignant les fils du canevas avec la chaîne et la trame du tissu. Le canevas peut être unifil ou à double fil mais pas à maille bloquée.

Utilisation du canevas

Avec une aiguille à laine pointue ou une aiguille chenille, travaillez les premiers points sur l'extrémité du fil pour l'arrêter *(voir page 22).* Tendez votre point de façon à compenser l'épaisseur du canevas. Quand la broderie est terminée, ôtez les fils de bâti en tirant les fils du canevas non recouverts par la broderie *(voir la photographie en bas à droite),* puis enlevez les autres fils, un par un, avec précaution (c'est pour cette raison que le canevas ne peut être à mailles bloquées). Les fils s'ôtent plus facilement si le canevas est légèrement humidifié.

Exécution d'un point de croix sur une grille de canevas

Élimination des fils du canevas

LE POINT DE CROIX NATTÉ

Le point de croix natté se compose de points croisés qui se chevauchent en donnant un effet de tresse. Cet effet est plus net quand la broderie est réalisée avec un fil assez fin.

Exécution du point

La longue branche du point a été travaillée ici sur huit fils verticaux et quatre fils horizontaux, mais elle peut comporter plus ou moins de fils à condition de rester toujours deux fois plus large que haute.

• Sortez l'aiguille au coin inférieur gauche *(voir l'illustration ci-dessous :* **1***)* et piquez à huit fils vers la droite et quatre fils plus haut (**2**). Ressortez l'aiguille quatre fils plus bas (**3**).

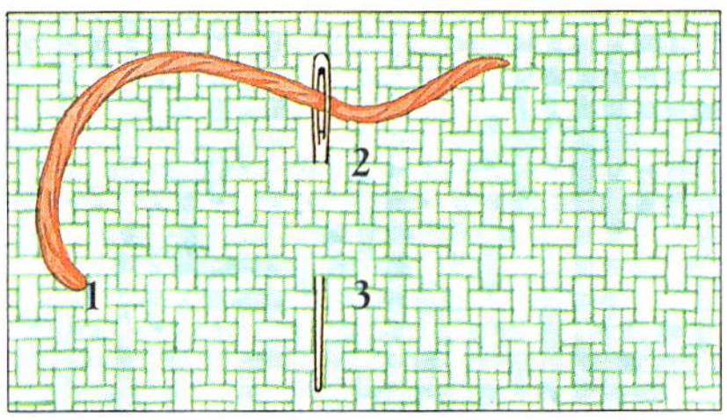

Exécution de la longue branche du point

• Piquez l'aiguille vers le coin supérieur gauche à quatre fils à gauche *(voir l'illustration ci-dessous :* **4***)* et ressortez-la quatre fils au-dessous.

• En travaillant de gauche à droite, faites les points suivants de la même façon.

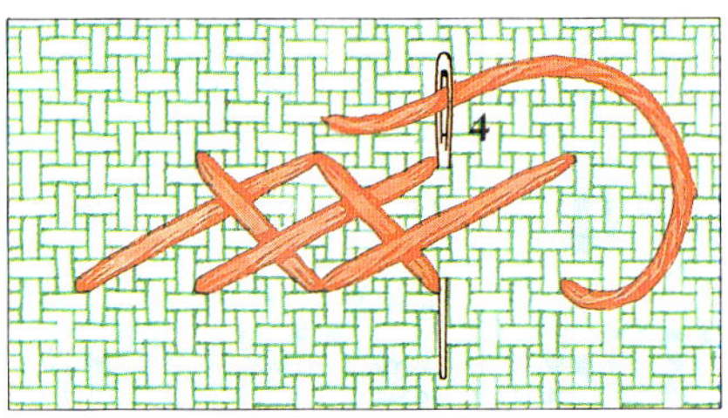

Achèvement du point de croix natté

Travaillez en descendant (les rangs les uns sous les autres). Vous pouvez introduire une variante intéressante en inversant la direction du point à chaque rang.

LA BRODERIE D'ASSISE

Comme l'indique son nom, la broderie d'Assise est d'origine italienne. C'est une broderie au point de croix dans laquelle le fond est rempli de points tandis que les motifs sont en grande partie laissés vides, ce qui permet d'obtenir une image « en négatif ». Cette technique est dite à dessins réservés. Les contours des motifs sont travaillés au double point avant, ainsi que d'autres détails à l'intérieur des motifs. Ce point est aussi appelé point de Holbein, car il apparaît souvent sur les costumes des nobles du XVIe siècle peints par Hans Holbein.

La broderie d'Assise a connu son apogée au XVIIe siècle, même si elle n'a été baptisée ainsi qu'au début du XXe, époque qui l'a vue renaître à Assise même et aux alentours. La broderie d'Assise traditionnelle est d'une merveilleuse complexité, peuplée de créatures mythiques, souvent des dragons, et d'entrelacs de feuillages et de rameaux sinueux. Des volutes au double point avant adoucissent les contours anguleux des zones brodées et relient parfois les motifs.

Choix des couleurs et des fils

Si la broderie d'Assise convient au linge de maison et aux décorations d'ameublement, elle peut aussi orner des vêtements et des accessoires, par exemple une ceinture ou les poignets d'un chemisier. Il n'est pas obligatoire de s'en tenir à la tradition du remplissage rouge foncé au point de croix, aux contours noirs et au tissu crème, mais il faut prévoir des contrastes lumineux et employer des couleurs sombres pour mettre en valeur la spécificité de la broderie. Si les bleus et les verts foncés conviennent bien sur du tissu blanc ou crème, vous pouvez aussi essayer un fil noir sur du bleu pâle ou un fil bordeaux sur du gris perle.

On peut employer divers fils à broder, mais les mieux adaptés sont le coton perlé ou le coton à broder, qui donnent du relief à l'ouvrage.

Exécution des contours

• Commencez par tracer les contours (en suivant une grille ou une ligne de bâti) à points avant réguliers. Dans l'exemple ci-après, les points sont exécutés sur deux fils de tissu. Revenez en arrière sur la rangée de points avant en remplissant les espaces vides *(voir l'illustration ci-dessous).*

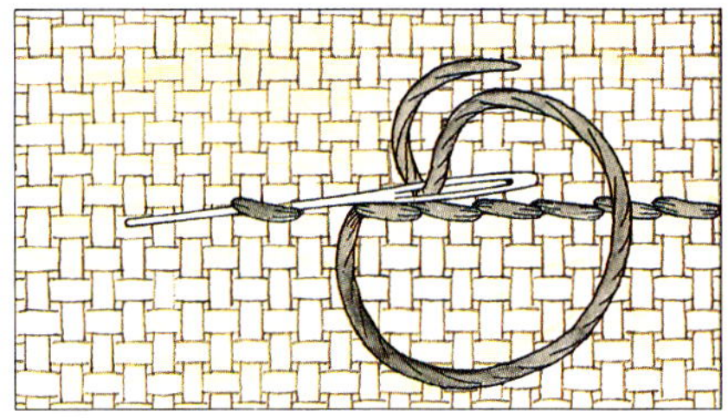

Exécution du double point avant

• Pour que la ligne des points soit bien droite, piquez toujours l'aiguille au-dessus du point et sortez-la au-dessous, comme il est montré ci-dessus.

Remplissage du fond

Une fois les contours brodés, remplissez le fond au point de croix *(voir l'illustration ci-dessous)* ou, si vous préférez, au point d'Assise, au point de croix réversible ou au point de croix natté. Dans certaines broderies, des points avant doivent être exécutés en oblique pour adoucir un contour. Il est alors nécessaire de garnir le demi-carreau de fond d'un simple point en diagonale.

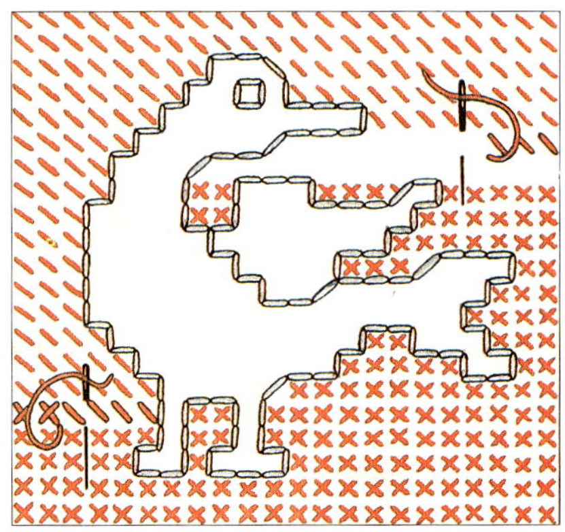

Remplissage du fond sur une broderie d'Assise

Exécution du motif

• Ajoutez les détails à l'intérieur du motif au double point avant.

Variantes d'un ouvrage au point de croix

De toutes les techniques de broderie fondées sur le point de croix et ses variantes, le point de croix simple est la plus employée car la plus adaptable. À l'exception du napperon au paon de la page 82, tous les ouvrages proposés dans ce chapitre sont exécutés au point de croix simple. Vous pouvez remplacer celui-ci par les variantes décrites pages 26 à 29 en suivant les instructions ci-contre.

Dans une broderie d'Assise, le fond est rempli de points, et les motifs sont laissés presque totalement vides. Ce motif « oiseau et feuille » montre à quel point la technique du dessin réservé peut être créative.

POINT DE CROIX ALLONGÉ

Le point de croix allongé crée une texture analogue à celle du point de croix simple mais, comme sa forme est rectangulaire et non carrée, la surface de la broderie n'est pas aussi souple et régulière. Ce point convient mieux aux grands motifs monochromes et peut produire d'intéressants effets de couleur lorsque les rangs sont décalés *(voir page 26).*

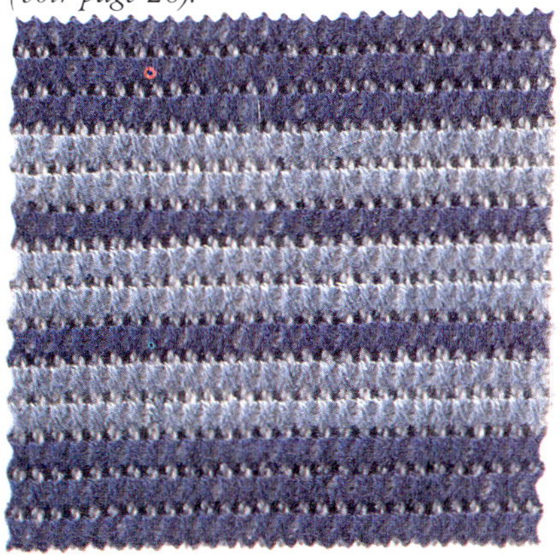

Exemple de point de croix allongé

POINT DE SMYRNE

Le point de Smyrne crée une belle et singulière texture qui résiste bien à l'usure. Choisissez-le pour le motif flocon de neige du sachet d'arbre de Noël de la page 66, en exécutant chaque point sur quatre fils du tissu. Si vous utilisez une toile à tissage régulier n° 28, vos motifs seront deux fois plus grands que ceux du sachet.

Dans cette dimension, la broderie au point de Smyrne convient aussi aux pelotes à épingles ou à broches. Essayez avec différents fils sur différents tissus de fond.

Exemple de point de Smyrne

POINT DE CROIX RÉVERSIBLE

Le point de croix réversible *(voir page 27)* convient aux articles dont les deux faces sont visibles *(voir les serviettes aux clématites, page 60, et les serviettes au paon, page 82).* Les motifs pour cartes de vœux *(voir page 68)* s'adaptent bien aux mouchoirs. Quand vous désirez une finition nette sur l'envers, utilisez le point de croix réversible, qui convient aussi aux signets *(voir page 85).*

Exemple de point de croix réversible

POINT D'ASSISE

Le point d'Assise est le même sur les deux faces du tissu, et il est plus solide que le point de croix réversible. Le motif « aigle » du sac fourre-tout de la page 53 convient très bien à une housse de coussin.

Pour varier la texture, brodez le motif au point d'Assise *(voir page 28),* en utilisant un fil plus fin ou en exécutant le point sur quatre fils au lieu de trois : le motif sera 25 % plus grand. Ce point fait bel effet sur des serviettes de table *(voir page 82).*

Exemple de point d'Assise

POINT DE CROIX SUR UN TISSAGE NON RÉGULIER

Quelques ouvrages au point de croix parmi ceux qui sont proposés dans ce chapitre peuvent être réalisés sur un tissu à tissage non régulier. Brodez alors au point de croix simple sur un canevas bâti *(voir page 28).*

POINT DE CROIX NATTÉ

Les longues branches de ce point créent une texture tressée très agréable. Essayez-le : il en vaut la peine, car son aspect est très différent de celui d'un point de croix simple monochrome.

Ce point sert aussi au remplissage des fonds de broderie d'Assise *(voir les serviettes au paon, page 82).*

Exemple de point de croix natté

BRODERIE D'ASSISE

La serviette au paon de la page 82 ainsi que les exemples ci-dessous et page ci-contre montrent le genre de motif utilisé pour les dessins réservés. Certains motifs des pages 33 à 49 conviennent à une broderie d'Assise.

Exemple de broderie d'Assise

Motifs au point de croix

Vous trouverez dans les pages suivantes des motifs variés qui vous permettront d'appliquer les techniques de base décrites précédemment : fleurs et fruits, animaux (oiseaux et quadrupèdes), alphabets, chiffres, motifs traditionnels et tout un choix de bords. Pour vos réalisations personnelles, vous pouvez puiser dans ces motifs très originaux. À l'aide des alphabets, vous broderez des monogrammes sur du linge, des vêtements et des accessoires, vous ornerez le bas d'une jupe ou de doubles rideaux avec les motifs de bords proposés. Il est facile de broder un animal sur un tee-shirt d'enfant ou d'ajouter un détail de fête sur un bas de Noël.

Si votre tissu n'est pas à tissage régulier, brodez le motif sur canevas *(voir page 28)*. Sur un bord, pour tourner un coin, placez une glace de poche en diagonale dans l'angle et copiez l'image reflétée. Si le bord est asymétrique, par exemple la grecque de la page 47, le motif doit être inversé à partir du milieu.

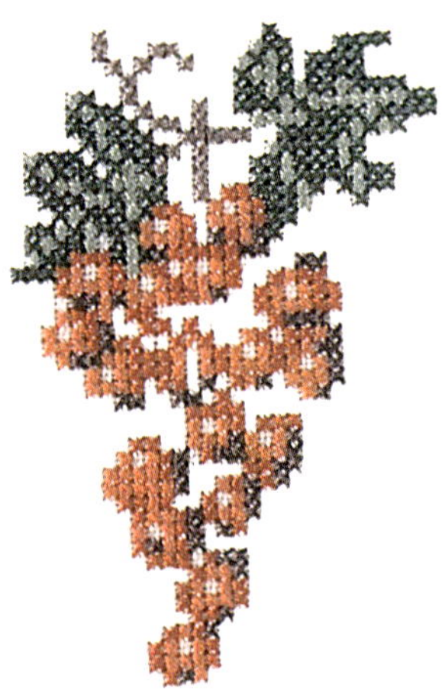

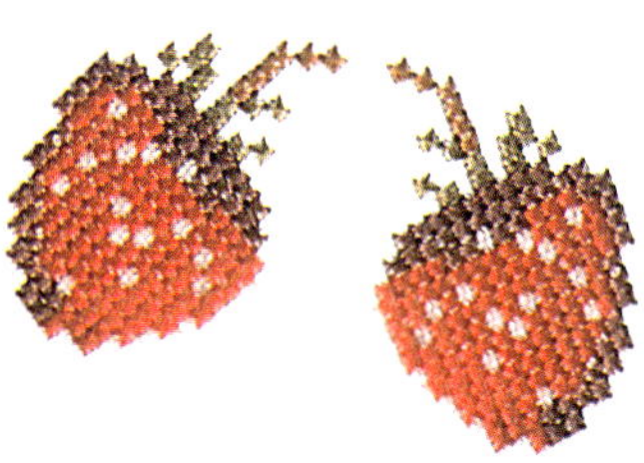
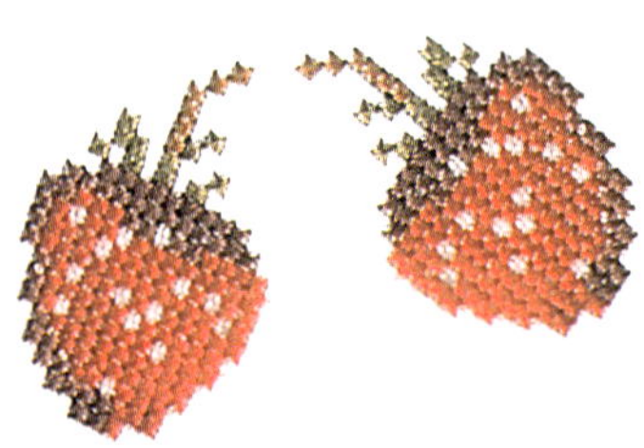

ALPHABET FLORAL

ALPHABET CURSIF

ALPHABET EN MAJUSCULES

CHIFFRES

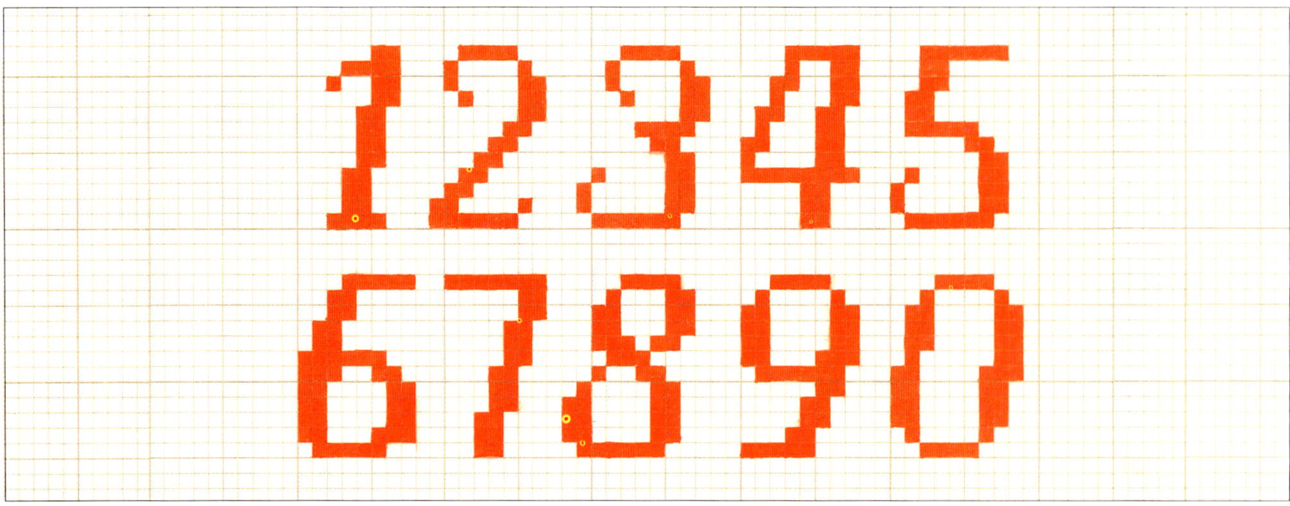

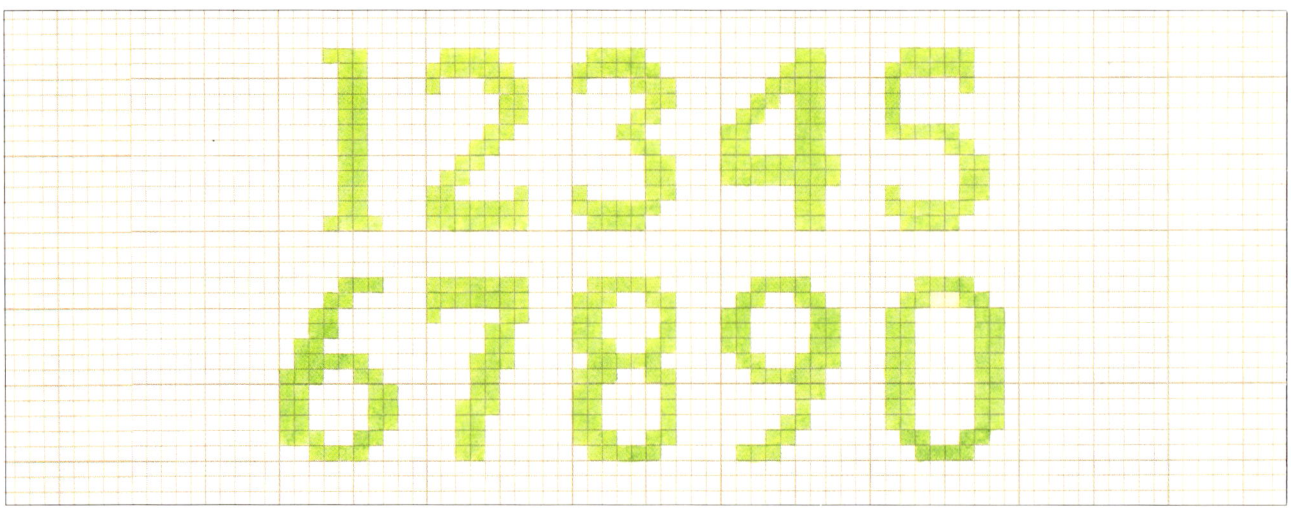

FRUITS

MOTIFS DE NOËL

OISEAUX

PAPILLONS

FLEURS

FLEURS

ANIMAUX DOMESTIQUES

ANIMAUX SAUVAGES

MOTIFS DE COQUILLAGES

BORDURES

BORDURES

MOTIFS D'EUROPE DE L'EST

MOTIFS AMÉRINDIENS

Tableaux brodés de style georgien

Les sujets de ces deux tableaux de broderie sont deux exemples célèbres d'architecture de style georgien (1714-1820) – le Pulteney Bridge, de Robert Adam, à Bath (Grande-Bretagne), et le palais du Gouverneur à Williamsburg, en Virginie (États-Unis). La broderie a été réalisée avec un fil fleur mat, très mou.

DIMENSIONS

Image : 17 x 20,5 cm

FOURNITURES

Pour chaque tableau, un rectangle de 35 x 41 cm de toile Aïda blanche n° 28 (28 count)
Carton de 24 x 28 cm
Mince feuillet de rembourrage ou morceau de flanelle : 24 x 28 cm
Fil fort pour le laçage
Aiguille à coudre
Aiguille à tapisserie n° 24

Pour le tableau brodé du Pulteney Bridge

Fil fleur DMC, 1 échevette de chaque :

2800	écru
2358	2318
2798	2734
2415	2732
2644	2730
2579	2833
2673	2609
2640	2413

GRILLE POUR LE TABLEAU BRODÉ DU PULTENEY BRIDGE

Pour le tableau brodé du palais du Gouverneur

2800	2758
2415	2839
2642	2833
2644	2732
écru	2734
2579	2673
2609	2400
2640	2730
2414	2766
2318	2632
2415	2918
2413	2950
2407	2922

Point arrière :

2609	2644
2414	écru

Exécution de la broderie

1 Arrêtez les bords du tissu avec un ruban de masquage ou de gros points de surjet. Marquez le centre du tissu par une série de points de bâti ou de points avant *(voir page 90).*

2 Montez l'ouvrage sur un métier à broder.

3 Brodez au point de croix, avec un brin de fil et en suivant la grille. Chaque carreau de la grille représente un point.

4 Brodez les détails au point arrière comme il est indiqué sur la grille.

Finitions

1 Repassez l'ouvrage à l'envers sur une planche à repasser molletonnée et étirez l'ouvrage en le fixant *(voir page 151).*

2 Lacez la broderie sur le carton d'encadreur *(voir page 152).* Le tableau est prêt pour l'encadrement.

GRILLE POUR LE TABLEAU BRODÉ DU PALAIS DU GOUVERNEUR

Sac fourre-tout à l'aigle

Ce motif amérindien, qui représente un aigle planant avec majesté au-dessus d'un bois de pins, orne les deux faces d'un solide fourre-tout, idéal pour les provisions, des livres ou vos ouvrages de broderie.

DIMENSIONS
Sac terminé : 40 x 32 x 10 cm

FOURNITURES
Extérieur : 57 cm de tissu de toile Aïda n° 18 (18 count) en 1,20 m de large au moins

Doublure : 57 cm de tissu de poids moyen à tissage serré

Coton à broder DMC, 2 échevettes de chaque coloris :

335 écru

Coton à broder DMC, 5 échevettes des coloris de votre choix

Une feuille de carton épais et rigide de 32 x 10 cm
Aiguille à tapisserie n° 20

GRILLE POUR LE SAC FOURRE-TOUT À L'AIGLE

Exécution de la broderie

1 Coupez un morceau de tissu de 95 x 45 cm pour l'extérieur du sac. Surjetez les bords pour empêcher l'effilochage, puis bâtissez les lignes pour marquer le centre *(voir l'illustration ci-dessous).*

Marquage des lignes centrales verticales et horizontales au point de bâti

2 Bâtissez deux autres lignes, de part et d'autre de la ligne centrale horizontale et à 5 cm de celle-ci. Ces lignes marqueront les arêtes du fond du sac.

3 Commencez la broderie à l'endroit où la ligne de bâti verticale croise une des deux lignes horizontales extérieures. Commencez par le point du bas à gauche du pin du milieu et suivez la grille. Chaque carreau représente un point, travaillé sur trois fils de tissu. Utilisez un seul brin de coton à broder.

4 Brodez l'autre face du sac.

Montage du sac

1 Repassez la broderie terminée, à l'envers, sur une planche à repasser garnie d'un molleton épais.

2 Pliez le sac en deux, endroit contre endroit, le long de la ligne horizontale centrale de bâti (laissez le fil de bâti en place). Piquez à la machine les coutures des côtés en laissant 1,5 cm de marge pour la couture. Repassez les coutures ouvertes.

3 Formez le fond plat comme suit : sur une surface plane, repliez un côté vers le bas pour aligner la couture avec la ligne de bâti en formant un triangle

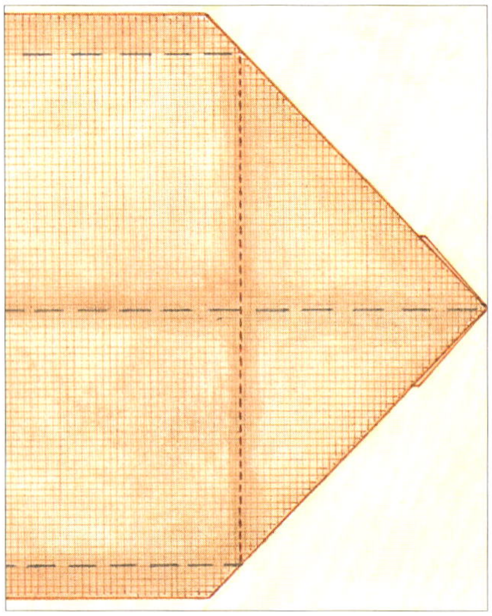

Exécution du fond du sac

rectangle *(voir l'illustration ci-dessus).* Épinglez le coin. Mesurez 5 cm à partir de la pointe le long de la ligne de bâti, puis tracez une ligne perpendiculaire à la ligne de bâti et piquez à la machine en suivant cette ligne. Épinglez, mesurez et piquez l'autre coin. Repassez les coutures à plat.

4 Retournez le sac à l'endroit, sortez les coins du fond. Repassez les coutures latérales à 5 cm de la couture pour former une cassure.

5 Coupez un morceau de doublure de 95 x 44 cm; un morceau de 36 x 24 cm et une bande de 120 x 5 cm. Coupez aussi une bande de mêmes dimensions dans le tissu du sac.

6 Piquez les deux longues bandes de tissu et de doublure dans le sens de la longueur en laissant 1 cm de marge. Retournez la bande à l'endroit, repassez les bords à plat. Cette bande formera des poignées solides et souples.

7 Coupez les extrémités en biais et joignez-les en les superposant sur 2 cm. Piquez-les solidement.

8 Étalez la doublure sur une surface plane. Épinglez la bande à la doublure à 5 cm des bords latéraux. Bâtissez la bande, piquez-la le long des deux bords en arrêtant la piqûre à 5 cm du bout *(voir l'illustration ci-dessous).*

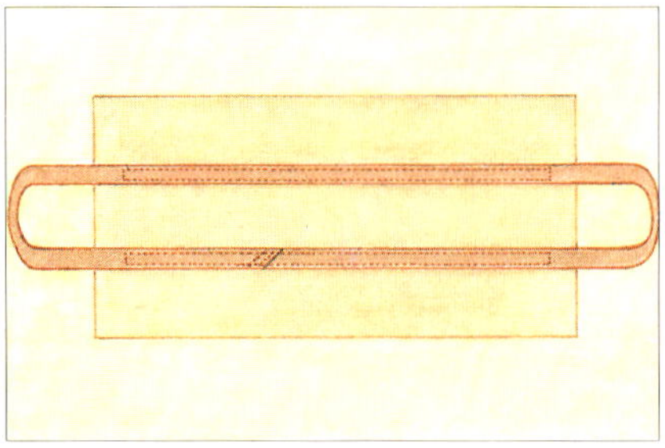

Système d'attache de la bande de poignée à la doublure

9 Pliez la doublure en deux, comme le tissu du sac, en alignant les bords courts (l'ouverture du sac) et en laissant les poignées à l'extérieur. Piquez les coutures des côtés en laissant une marge de 1,5 cm. Fermez le fond en suivant les instructions données à l'étape 3.

10 Placez la doublure à l'intérieur du sac. Ajustez les coutures des côtés, épinglez-les; rentrez les bords de l'ouverture de 2 cm. Épinglez, bâtissez puis cousez à la machine ou à la main avec des points d'ourlet invisibles.

11 Repliez la doublure restante dans la longueur et piquez les longs côtés en laissant une marge de 1,5 cm pour la couture. Repassez la couture ouverte, puis centrez-la et piquez une des

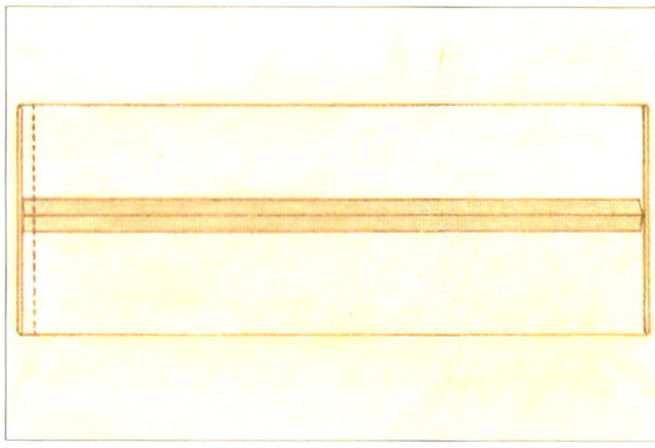

Piqûre de trois côtés de la gaine de tissu

extrémités transversalement *(voir l'illustration ci-dessus).*

12 Retournez la gaine à l'endroit puis insérez le carton. Rentrez les bords vifs de la gaine et cousez-les avec des points d'ourlet invisibles. Placez le carton gainé au fond du sac.

Un détail du sac fourre-tout à l'aigle

Petits tableaux à motifs d'oursons

D'adorables oursons, qui jouent avec un moulinet et un yoyo, ont été choisis comme sujets de tableautins pour égayer une chambre d'enfants ou une salle de jeux. Ce sont de charmants cadeaux. Faciles à réaliser, ils se brodent sur de la toile Aïda et sont dessinés de façon à s'adapter à des cadres ovales disponibles dans le commerce.

DIMENSIONS

Chaque tableau brodé (sans le cadre) : 18 x 13 cm

FOURNITURES

Pour l'ourson au moulinet :
coton mouliné six brins DMC, 1 échevette des coloris suivants :

- 738
- 435
- 433
- 606
- 995
- 436
- 434
- 898
- 742

Pour l'ourson au yoyo :
coton mouliné six brins DMC, 1 échevette des coloris suivants :

- 738
- 435
- 433
- 742
- 995
- 436
- 434
- 898
- 606

Pour chaque ourson :
Un carré de toile Aïda crème n° 16 (16 count) de 20 cm de côté
18 x 13 cm d'entoilage thermocollable, de poids moyen
Doublure : 18 x 13 cm de tissu de coton
Aiguille à coudre et fil fort
Aiguille à tapisserie n° 24
Cadre ovale pour broderie de 18 x 13 cm

Exécution de la broderie

1 Arrêtez les bords du tissu avec du ruban de masquage ou des points de surjet. Marquez le centre avec quelques points de bâti *(voir page 18)*. Montez le tissu sur un tambour à broder.

GRILLE POUR L'OURSON AU MOULINET

GRILLE POUR L'OURSON AU YOYO

Le yoyo

Avec deux brins de fil 434, brodez au point arrière des arcs de cercle *(voir page 98)* qui représentent la rotation du yoyo. Faites un seul point de la patte au yoyo avec deux brins de coton 995. Gardez les brins parallèles, formez une rosette en attachant les fils et fixez.

Finition des tableaux brodés

1 Pour chaque tableau, placez l'anneau intérieur du cadre sur la toile thermocollable; tracez le contour du cadre, découpez, repassez pour coller la toile sur l'envers de la broderie. Faites très attention : les fils doivent être verticaux et les motifs centrés.

2 Coupez l'excès de tissu à 3 cm du bord de la toile thermocollable. Faites de petits points de fronce à 1 cm du bord du tissu avec une longue aiguillée de fil.

3 Posez la broderie à l'envers sur une surface plane, posez l'anneau intérieur par-dessus. Tirez sur le fil des fronces, régularisez-les, arrêtez le fil.

4 Lacez les bords et fixez-les *(voir l'illustration ci-dessous).*

5 Coupez le tissu de doublure aux dimensions de l'anneau. Cousez-le ou collez-le pour dissimuler le laçage. Placez l'anneau extérieur du cadre.

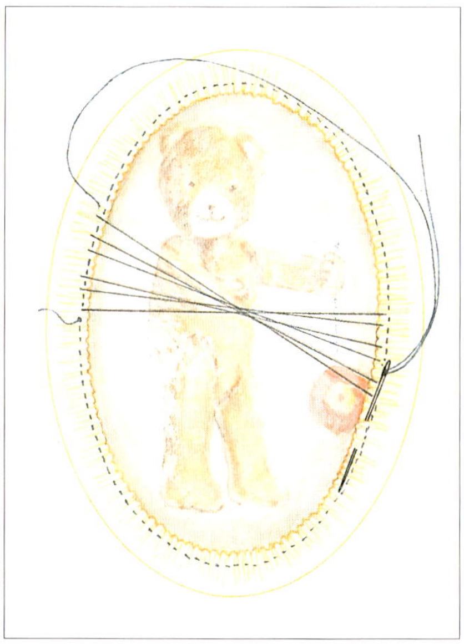

Laçage des bords du tissu

2 Pour chaque ourson, brodez le point de croix avec deux brins de fil en suivant la grille appropriée. Commencez au centre du motif (indiqué par une croix). Chaque carreau représente un point.

3 Brodez les contours du corps avec le coloris 898, au point arrière (voir page 98), avec deux brins de fil.

Le moulinet

Les oursons sont brodés de la même façon mais les jouets requièrent différentes techniques.

Pour la baguette à laquelle est attaché le moulinet, faites un long point joignant la patte au moulinet avec deux brins de coton 995 tendus et parallèles. Arrêtez solidement les deux bouts du fil sur l'envers.

Anneau de clématites

Les corolles des clématites, avec leurs couleurs vives, forment sur cette nappe et ses quatre coins des motifs ravissants. Les serviettes sont assorties. Le motif central convient à une table ronde ou carrée.

DIMENSIONS

Nappe : un carré de 1,32 m de côté
Serviettes : un carré de 36 cm de côté

FOURNITURES

Pour une nappe et six serviettes :
2,30 m de toile de lin ou de toile Aïda n° 28 (28 count) en 1,40 m de largeur.

Coton mouliné six brins DMC
1 échevette de :

718	839
309	725
840	783

2 échevettes de :

209	367
210	368

Coton perlé DMC n° 8, 1 pelote, d'un coloris assorti au tissu
Aiguille à tapisserie n° 24

GRILLE DU MOTIF CENTRAL

Exécution de la broderie

1 Si nécessaire, faites tremper le tissu pour le faire rétrécir et repérez le centre par des lignes verticales et horizontales *(voir page 18)* de points de bâti.

2 Brodez le motif central au point de croix et les détails au point arrière *(voir page 98)*, comme il est indiqué sur la grille *(voir ci-dessus)*, avec deux brins de fil; travaillez tous les points sur deux fils du tissu en commençant au centre du motif.
Note : la grille ne représente qu'un quart du motif. Faites-la pivoter d'un quart de tour pour chaque autre coin.

3 Exécutez les petits motifs des coins de la nappe en les disposant comme il est indiqué sur la grille de la page 60.

4 Repassez la broderie à l'envers sur une table à repasser molletonnée.

Exécution de la nappe

1 Etalez le tissu, coupez soigneusement les lisières.

2 Pour la nappe, coupez un morceau de 1,37 m de long.
Le reste servira pour les serviettes. Préparez l'ourlet à jour en tirant les 8e et 9e fils à partir du bord pour marquer les replis de l'ourlet. Puis tirez les 31e et 32e fils pour broder les jours *(voir page 153)*.

3 Faites les jours avec du coton perlé, en prenant trois fils verticaux dans chaque point.

Exécution des serviettes

1 Sur le tissu restant, tracez pour chaque serviette un carré de 41 cm de côté limité par une série de points de bâti passant entre deux fils du tissu. À la rencontre des quatre angles, marquez le 32ᵉ fil vers l'intérieur de chaque serviette par une série de points de bâti *(voir l'illustration en bas à droite)*. Ces lignes constituent la limite intérieure du jour.

2 Sans couper les serviettes, placez le tissu dans un métier et brodez les petits motifs à une fleur *(voir ci-contre)*.

3 Coupez les serviettes le long des lignes principales de bâti tracées à l'étape 1. Repliez les ourlets comme vous l'avez fait pour la nappe. Terminez par un ourlet à jours. Repassez.

Détail du motif central

GRILLE POUR LE PETIT MOTIF À UNE FLEUR

DISPOSITION DES MOTIFS SUR LES SERVIETTES

Marquoir américain traditionnel

On laisse souvent leur nom américain de *samplers* aux marquoirs qui comprennent non seulement un alphabet ou des chiffres mais des animaux, des plantes, des personnages et, bien souvent, une maison. Le charmant ouvrage présenté ici évoque une image idyllique de l'Amérique coloniale. Utilisez l'alphabet et les chiffres pour signer et dater votre ouvrage.

DIMENSIONS
Marquoir (sans le cadre) :
29 x 36,5 cm

FOURNITURES
36 x 43 cm de toile de lin
n° 25 (25 count)

Coton mouliné six brins DMC,
1 échevette des coloris
suivants :

3363	520
422	3045
420	869
898	758
347	891
930	931
746	3371

Aiguille à tapisserie n° 24
Papier millimétré
Un carton de 29 x 36,5 cm
Un feuillet de rembourrage
en polyester de 29 x 36,5 cm

Détail du marquoir américain

Exécution de la broderie

1 Tracez sur le papier millimétré un rectangle de 111 carreaux de large sur 9 carreaux de haut. Le 56ᵉ carreau est au centre.

2 Avec l'alphabet de la grille, ou un des alphabets des pages 33 à 35, brodez votre nom en travaillant vers l'extérieur depuis le carreau central. Si votre nom est trop long, ne brodez que vos initiales.

3 Tracez au crayon les lignes marquant le milieu et marquez leur intersection par quelques points de bâti *(voir page 90)*. Arrêtez les bords *(voir page 18)* et montez le tissu sur un métier ou un tambour *(voir page 19)*.

4 Placez le centre du motif au centre du tissu et brodez avec deux brins de fil sur deux fils de tissu, au point de croix, au point arrière et au point droit. Le demi-point de croix est aussi parfois employé.

Montage du marquoir

1 Repassez avec soin ou étirez l'ouvrage *(voir page 151)*.

2 Lacez la broderie sur le carton et le molleton avec du fil fort *(voir page 152)*. L'ouvrage est prêt pour l'encadrement.

La grille complète se trouve page ci-contre. L'ouvrage terminé est photographié page 64.

GRILLE DU MARQUOIR AMÉRICAIN

1234567890
1993
MARIA BURROUGHS

Sachets pour arbre de Noël

Ces petits sacs feront de charmantes décorations pour un sapin de Noël ou une soirée de fête. Bourrés de fleurs séchées, ils parfumeront la pièce. Gardez-en quelques-uns en réserve pour les petits cadeaux de dernière minute !

DIMENSIONS

Sachet (vide) : environ 13 x 9 cm

FOURNITURES

Pour le sachet rouge-gorge :
14 x 19 cm de toile Aïda n° 14 (14 count)
Coton mouliné six brins DMC, 1 échevette des coloris suivants :

924	927
610	349
898	310

blanc neige

Pour le sachet rose de Noël :
14 x 19 cm de toile Aïda verte n° 14 (14 count)
Coton mouliné six brins DMC, 1 échevette des coloris suivants :

452	352
453	819
3078	700

blanc neige

Pour le sachet flocon de neige :
14 x 19 cm de toile Aïda rouge n° 14 (14 count)
Coton mouliné six brins DMC, 1 échevette de :
blanc neige

Pour tous les sachets : rubans de 70 cm de longueur d'une couleur assortie au tissu ou à la couleur dominante de la broderie.
19 cm de dentelle étroite assortie au tissu ou à la couleur dominante de la broderie
Pot-pourri : 25 g environ de fleurs séchées mélangées
Aiguille à tapisserie n° 24

GRILLE DU MOTIF ROUGE-GORGE

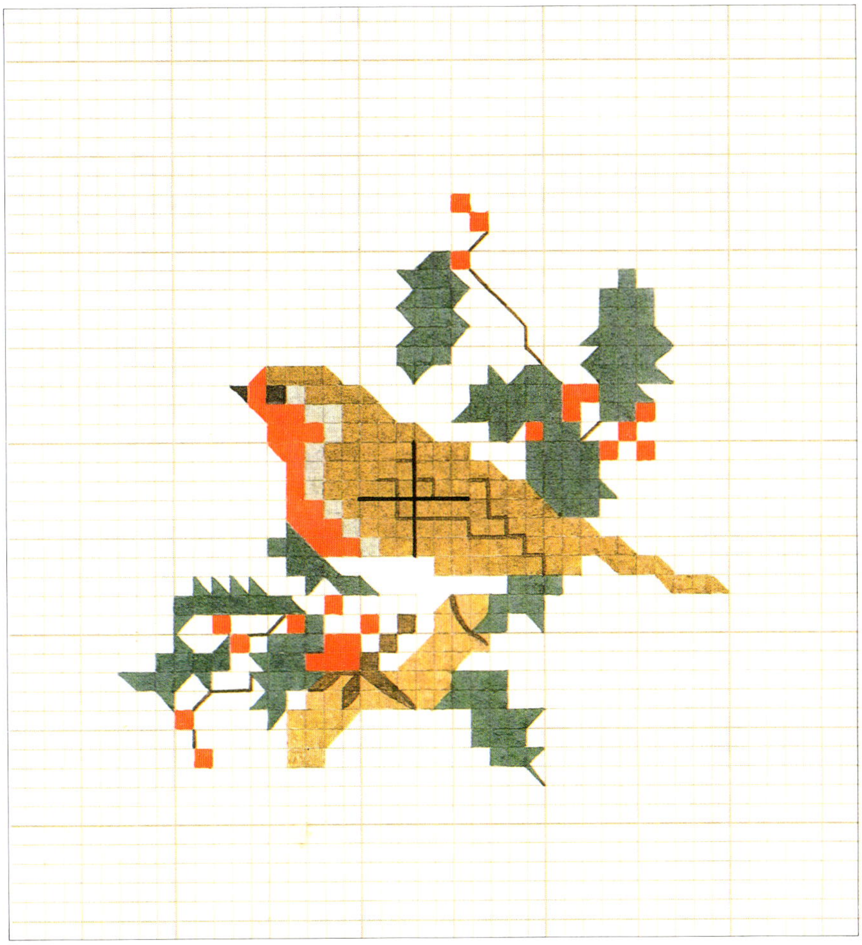

Exécution de la broderie

1 Surjetez les bords du tissu pour éviter l'effilochage. Avec un fil à coudre de couleur assortie, faites une ligne de fronces à 2,5 cm d'un des longs côtés. Les points doivent mesurer environ 6 mm de long.

2 Repliez l'autre long côté jusqu'à la ligne de fronces. Marquez le pli avec l'ongle. Repliez le tissu dans l'autre sens et marquez le pli avec l'ongle. Les deux plis se croisent au centre de la zone à broder.

3 En commençant par le centre, brodez le motif au point de croix avec deux brins de fil *(voir les grilles des pages 65 et 66)*. Le centre des trois motifs est marqué d'une croix sur les grilles. Chaque carreau de la grille représente un point.

Montage du sachet

1 Repassez la broderie avec soin sur l'envers.

2 Rentrez de 6 mm le bord portant le fil de fronces. Cousez la dentelle sur ce bord, soit à la main, soit à la machine au point zigzag.

3 Endroit contre endroit, joignez les deux côtés courts en laissant 6 mm de marge pour la couture.

4 Pliez le sac en plaçant la couture au milieu du dos. Cousez le bas en laissant 6 mm de marge pour la couture *(voir l'illustration ci-dessous).*

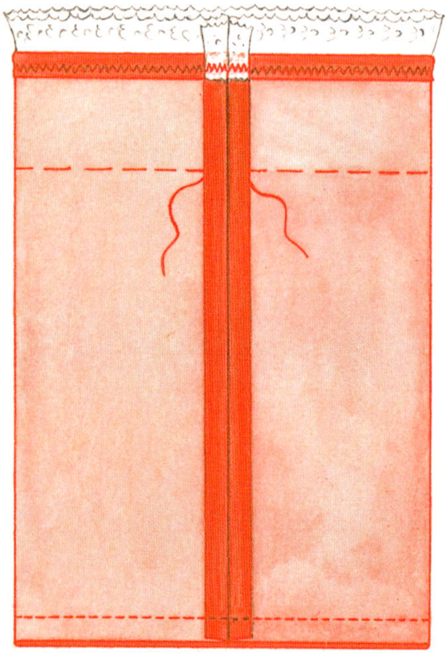

Pliez le sachet de façon que la couture verticale se trouve au milieu du dos

5 Coupez 20 cm de ruban, formez une boucle et cousez-la à l'intérieur du bord, près de la couture verticale. Placez les extrémités près des points de fronce.

6 Retournez le sachet à l'endroit, emplissez-le de fleurs séchées. Formez les fronces et arrêtez solidement les fils.

7 Nouez le reste du ruban sur les fronces, fixez le nœud avec quelques points.

Vous pouvez aussi emplir ces sachets de chocolats au moment de Noël.

GRILLE DU MOTIF ROSE DE NOËL

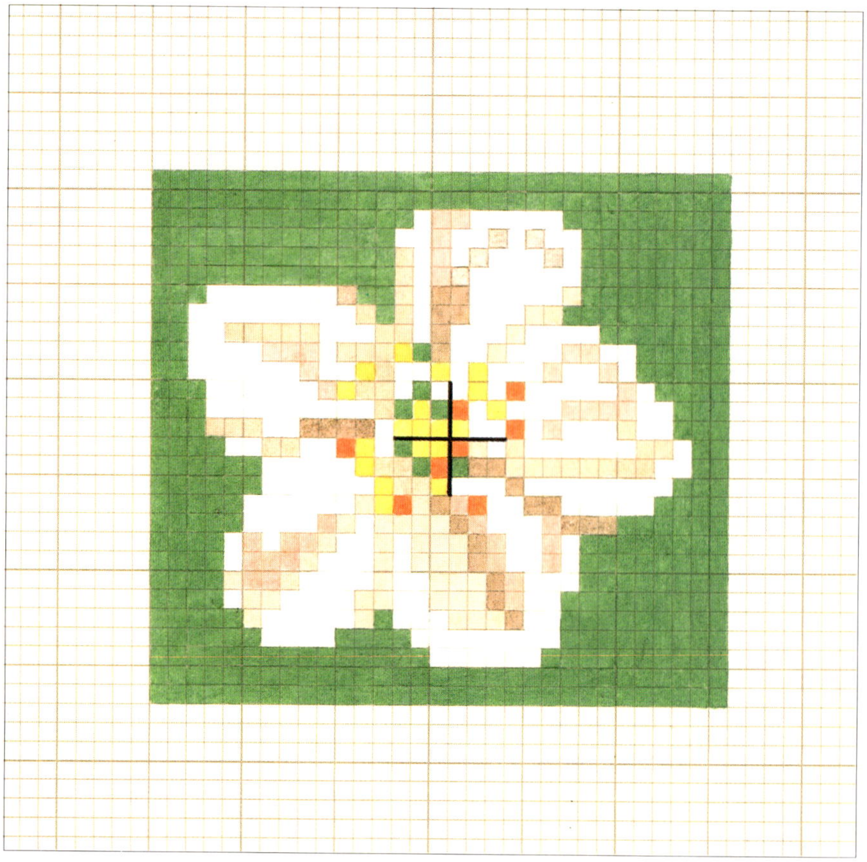

GRILLE DU MOTIF FLOCON DE NEIGE

Cartes de vœux

Une carte de vœux brodée est un petit trésor que l'on conserve précieusement. Nous vous présentons ici un bouquet convenant à n'importe quel événement et deux motifs plus spécifiques, un Cupidon pour la Saint-Valentin et des petits lapins pour l'anniversaire d'un enfant.

CARTE AU BOUQUET
DIMENSIONS
Surface brodée : 4 x 6,5 cm

FOURNITURES
Un morceau de toile Aïda blanche n° 16 (16 count) assez grand pour couvrir la fenêtre de la carte
Coton mouliné six brins DMC, 1 échevette des coloris suivants :

520	989
335	3766
798	3041
3752	743
333	818

Aiguille à tapisserie n° 24
Cartes de vœux à broder de 11,5 x 9 cm à fenêtre rectangulaire de 8 x 5,5 cm.
Colle

GRILLE POUR LE MOTIF DE LA CARTE AU BOUQUET

Détail de la carte au bouquet

Exécution de la broderie

1 Marquez le centre de la broderie par des points de bâti *(voir page 90)*. Montez l'ouvrage dans un cadre ou un tambour *(voir page 16)*.

2 Brodez le motif au point de croix avec deux brins de fil en suivant la grille ci-dessus.

Montage de la carte

1 Ôtez les points de bâti avec précaution, puis étalez à plat la broderie terminée et repassez-la légèrement à l'envers, sur une planche à repasser molletonnée, avec un fer à vapeur, afin d'effacer les faux plis. Procédez de même pour les trois motifs.

2 Ouvrez les rabats de la carte et posez-la face intérieure vers vous. Centrez la broderie sur la fenêtre. Marquez le tissu au crayon au niveau des bords du haut et du bas et du pli central de la carte.

3 Ôtez la broderie, coupez l'excès de tissu en passant entre deux fils. Le tissu doit être parfaitement plat quand la carte est fermée.

4 Collez la broderie sur le panneau central de la carte. Déplacez-la si nécessaire avant que la colle sèche.

5 Encollez le rabat de gauche et appliquez-le sur le panneau central afin d'encadrer la broderie.

GRILLE DE LA CARTE DE LA SAINT-VALENTIN

CARTE DE LA SAINT-VALENTIN

DIMENSIONS

Surface brodée : 5 x 5,5 cm

FOURNITURES

Un morceau de toile Aïda crème n° 16 (16 count) assez grand pour couvrir la fenêtre de la carte

Coton mouliné six brins DMC, 1 échevette des coloris suivants :

3712	501
522	928
3770	3774
3046	372

blanc neige

Aiguille à tapisserie n° 24
Carte de vœux à broder de 11,5 x 9 cm avec fenêtre ronde de 6,5 cm de diamètre
Colle

Exécution de la broderie

1 Marquez le centre du tissu par une série de points de bâti *(voir page 90)* et montez l'ouvrage sur un métier ou un tambour à broder.

2 Brodez le motif au point de croix avec deux brins de fil en suivant la grille ci-dessus. Les traits du Cupidon sont brodés au moyen de minuscules points arrière avec un seul brin de fil de la couleur indiquée.

Montage de la carte

1 Ôtez les points de bâti et repassez l'ouvrage à l'envers.

2 Ouvrez les rabats de la carte, posez-la face intérieure vers vous. Centrez la broderie sur la fenêtre. Marquez le tissu au crayon au niveau des bords du haut et du bas et du pli central de la carte.

3 Retirez la broderie, coupez l'excès de tissu en passant entre deux fils. Le tissu doit être parfaitement plat quand la carte est fermée.

4 Collez la broderie sur le panneau central de la carte. Encollez le rabat de gauche et appliquez-le sur le panneau. Laissez sécher.

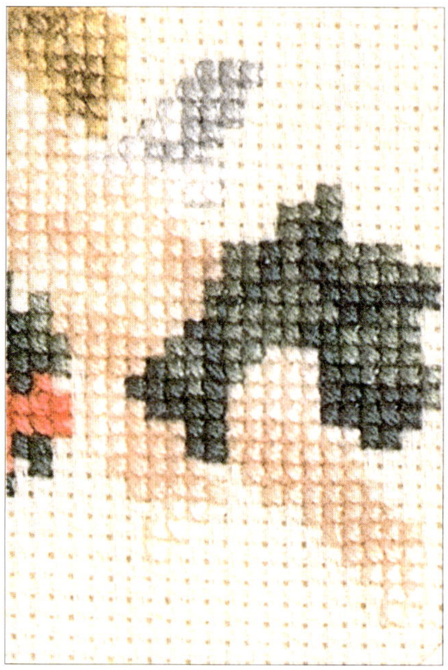

Détail de la carte de la Saint-Valentin

CARTE AUX PETITS LAPINS

DIMENSIONS

Surface brodée : un carré de 5 cm de côté

FOURNITURES

Un morceau de toile Aïda blanche n° 16 (16 count) assez grand pour être fixé sur un tambour à broder

Coton mouliné six brins DMC, 1 échevette des coloris suivants :

3746	3688
798	3041
340	415
640	839

blanc neige

Aiguille à tapisserie n° 24
Carte de vœux à broder de 11,5 x 9 cm à fenêtre ronde de 6,5 cm de diamètre
Colle

GRILLE DU MOTIF DES PETITS LAPINS

Exécution de la broderie

1 Marquez le centre du tissu par une série de points de bâti *(voir page 90)*. Montez le tissu sur un métier ou un tambour *(voir page 18)*.

2 Brodez le motif au point de croix avec deux brins de fil en suivant la grille ci-dessus, puis brodez les traits du visage des lapins au moyen de minuscules points arrière avec un seul brin de fil (coloris 839); ajoutez les moustaches au point droit. Suivez la grille attentivement pour broder les traits du visage.

Montage de la carte

1 Ôtez les points de bâti. Repassez légèrement la broderie à l'envers sur une table à repasser molletonnée.

2 Ouvrez les rabats de la carte, posez-la face intérieure vers vous. Centrez la broderie sur la fenêtre. Marquez le tissu au crayon au niveau des bords du haut et du bas et du pli central de la carte.

3 Enlevez la broderie, coupez l'excès de tissu en passant entre deux fils. Le tissu doit être parfaitement plat quand la carte est fermée.

4 Collez la broderie sur le panneau central de la carte. Déplacez-la si nécessaire avant que la colle sèche.

5 Encollez le rabat de gauche et collez-le sur le panneau central pour encadrer la broderie.

Détail de la carte aux petits lapins

Coussin bulgare

Distinction et gaieté caractérisent cet élégant coussin orné de motifs traditionnels. La broderie est exécutée en coton mouliné 6 brins rouge foncé sur une toile rustique de lin écru.

DIMENSIONS

Coussin : un carré de 40 cm de côté (si le tissage n'est pas absolument régulier, l'ouvrage ne sera pas un carré parfait)

FOURNITURES

46 cm de toile de lin n° 19 (19 count) en 92 cm de largeur au moins

Coton mouliné six brins DMC, 6 échevettes, coloris 347

Aiguille à tapisserie n° 18
Coussin rembourré carré de 40 cm de côté
Fil à coudre assorti

GRILLE POUR UN QUART DU MOTIF DU COUSSIN BULGARE

Exécution de la broderie

1 Repassez le tissu pour effacer les faux plis. Coupez deux carrés de 46 cm de côté. Vérifiez la rectitude des bords, surjetez-les pour éviter l'effilochage. Mettez un des carrés de côté pour le dos de la housse.

2 Marquez le centre en traçant des lignes horizontales et verticales au point de bâti à partir du milieu des côtés *(voir page 18)*. Montez le tissu sur un métier à broder *(voir page 19)*.

3 Brodez le motif au point de croix avec quatre brins de fil sur deux fils de tissu.

Attention : la grille ci-dessus ne représente qu'un quart du motif. Pour broder la totalité de celui-ci, il faut faire pivoter la grille de 90° à trois reprises.

Montage du coussin

1 Ôtez les fils de bâti. Repassez la broderie à l'envers sur une planche à repasser molletonnée avec un fer à vapeur.

2 Faites une rangée de points de bâti tout autour des quatre côtés de la broderie entre le 12e et le 13e fil à partir de la limite extérieure. Le 13e fil correspond à la ligne de couture. Puis coupez l'excès de tissu en laissant tout autour 1,25 cm de marge.

3 Épinglez le dessus et le dos de la housse endroit contre endroit, en suivant la ligne de couture. Coupez le dos à la dimension du dessus. Piquez les deux épaisseurs tout autour à la machine en laissant une ouverture de 25 cm.

4 Surjetez les bords vifs de l'ouverture. Coupez les coins en biais, retournez la housse à l'endroit, repassez légèrement. Introduisez le coussin. Épinglez les bords de la fente puis cousez-les avec des points glissés invisibles.

Cadre doré

Le reflet des fils d'or donne de l'éclat au motif de ce cadre, formé d'une grecque et de rosettes. Le cadre peut être posé verticalement ou horizontalement selon le sens de l'image exposée.

DIMENSIONS
Cadre : 24 x 20 cm
Fenêtre : 17 x 13 cm

FOURNITURES
30 cm de toile de lin n° 25 (25 count) en 110 cm de largeur

Coton mouliné six brins DMC, nombre d'échevettes :

- (2) coloris 918
- (1) coloris 921
- (1) coloris 729
- (1) coloris 921

1 bobine de fil d'or à broder DMC ou de tout autre fil d'or
Aiguille à tapisserie n° 20
Feuille de rembourrage mousse de 24 x 20 cm et 1 cm d'épaisseur
Carton de 42 x 30 cm
Ciseaux ou couteau à lame réglable (cutter)
Règle et équerre
Papier-calque, colle blanche
Ruban adhésif double face
Aiguille à coudre ou aiguille courbe de tapissier et fil assorti
Facultatif : une feuille mince de plastique transparent de 16 x 20 cm

GRILLE D'UNE PARTIE DU CADRE DORÉ

Exécution de la broderie

1 Tracez sur le tissu un rectangle de 30 x 26 cm. Laissez assez de tissu pour installer l'ouvrage sur un métier ou un tambour après avoir arrêté les bords au point de surjet.

2 Mesurez 3,5 cm le long des côtés adjacents d'un angle.

3 Brodez une rangée de points de croix avec trois brins de coton 729 et un brin de fil d'or, sur 10 cm de long dans les deux directions à partir de l'angle.

4 Brodez le motif principal à quatre fils de la ligne extérieure, en suivant la grille. Notez que certains points se travaillent sur quatre fils de tissu. Terminez le motif principal, puis faites la rangée de points de croix dorés.

Fabrication du cadre

1 Agrandissez de 200 %, à la photocopieuse ou à la main, le gabarit A de la page 77. Tracez le contour et découpez.

2 Agrandissez de 200 % le gabarit B de la page 77. Tracez les contours extérieur (X) et intérieur (Y) sur du carton d'encadreur. Découpez le centre pour obtenir une fenêtre.

3 Agrandissez les gabarits C et D de 200 %. Dessinez-les sur du carton, découpez-les. Ils formeront le support.

4 Utilisez les gabarits agrandis A, B et C pour découper ces formes dans du carton. A : un morceau de même taille, un morceau plus grand de 2 cm tout autour; B : un morceau plus grand de 2 cm tout autour; C : un morceau de même forme, mais avec 2 cm de plus en longueur pour la charnière et un autre morceau, avec 2 cm en plus pour la charnière et 2 cm de plus en largeur que le gabarit *(voir l'illustration ci-dessous).*

Coupe des gabarits A, B et C

5 Encollez le cadre; appliquez-le sur la feuille de mousse. Laissez sécher, découpez la fenêtre dans la mousse.

6 Placez la broderie à l'envers, posez le cadre par-dessus. Rabattez les bords sur le cadre, fixez-les avec des épingles, repliez les coins *(voir l'illustration ci-dessous).*

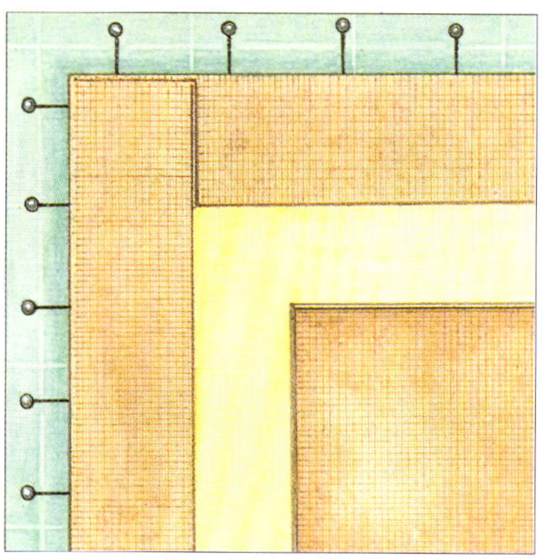

Fixation des bords avec des épingles

7 Vérifiez la position du motif. Collez les marges des coutures en vous assurant que les coins repliés ne dépassent pas. Laissez sécher.

8 Découpez le tissu au centre en prévoyant 2 cm pour les coutures. Coupez les angles en biais et collez les bords sur le carton *(voir l'illustration ci-dessous).* Pour consolider les coins,

Collage des bords sur le carton

badigeonnez l'envers avec de la colle diluée et laissez sécher sous un poids (un livre par exemple).

9 Encollez une face du carton du fond, recouvrez-le avec le petit morceau de tissu. Collez le plus grand morceau de l'autre côté en le centrant. Coupez les coins en diagonale, rabattez les bords, collez-les *(voir l'illustration ci-dessous).*

Finition des coins

10 Encollez le tissu et le carton des formes C. Collez la plus petite au centre sur le haut de la plus grande. Repliez tout le tissu qui dépasse des coins et collez-le *(voir l'illustration ci-dessous).*

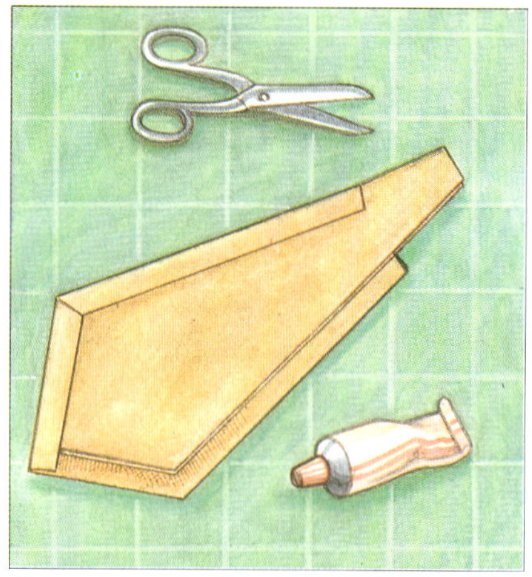

Disposition des formes C

11 Collez les deux saillies de la forme C pour former un support mobile. Laissez sécher sous un poids.

12 Mettez à plat le carton du fond recouvert de tissu, le côté aux bords repliés dessous. Placez le support C dessus en alignant les bords avec le coin inférieur gauche. Placez la forme D sur le support en alignant les bords avec le coin supérieur droit *(voir ci-dessous).*

Mise en place de la forme D

13 Pour réunir le devant et le dos du cadre, appliquez du ruban adhésif double face au ras et à l'intérieur des bords du haut et des côtés du fond. Posez le devant du cadre par-dessus en ajustant les bords et appuyez. Cousez les deux épaisseurs du haut et des côtés à petits points glissés invisibles. Insérez l'image.

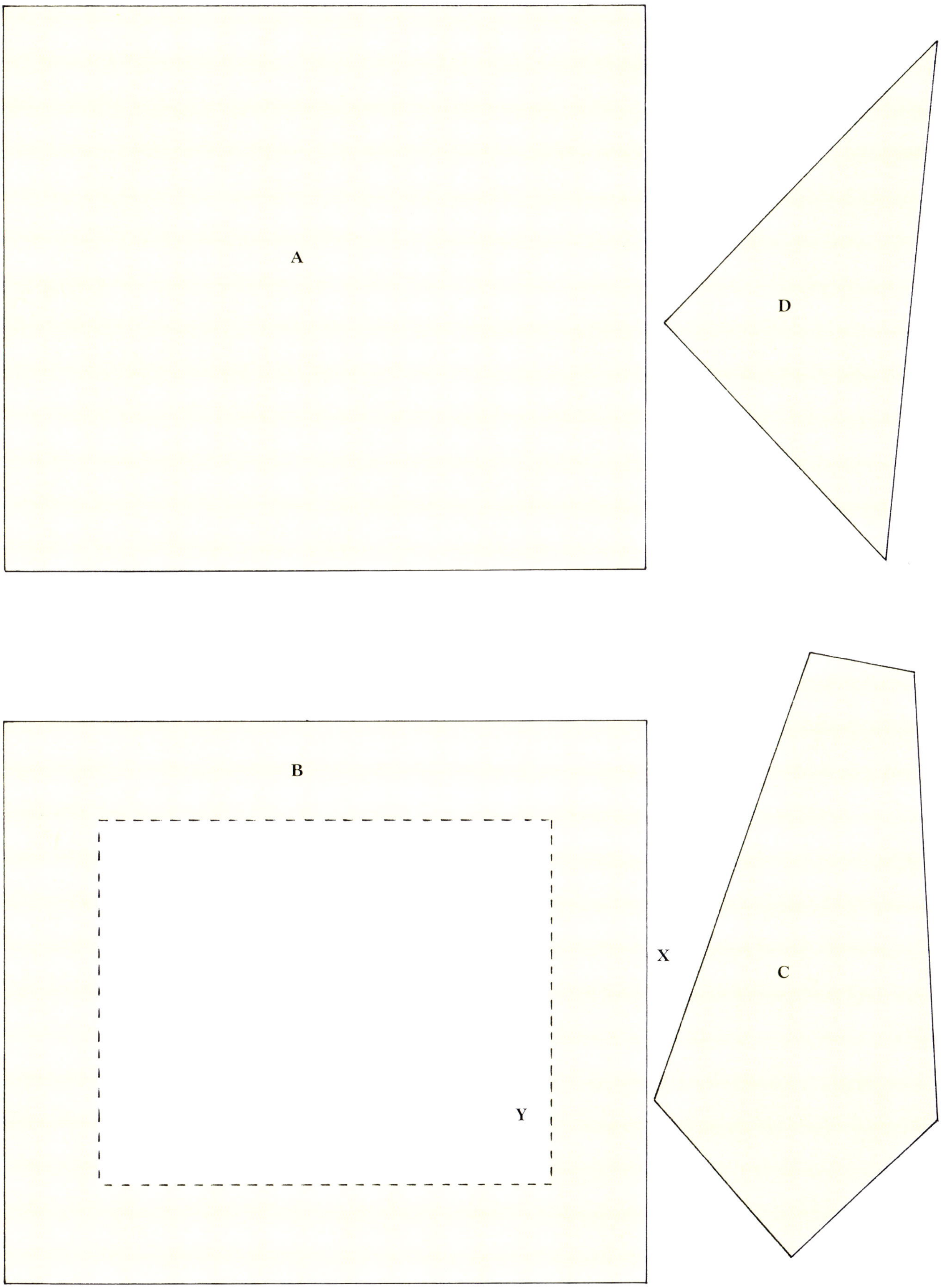
A
D
B
X
C
Y

Coffret floral

Ce très élégant coffret, au couvercle orné d'une fleur épanouie et d'un bouton de rose aux couleurs pêche, crème, rose et dorée, est en réalité composé de deux coffrets encastrés. De petites perles dorées figurent les étamines. Ce motif peut aussi être encadré ou brodé sur une housse de coussin.

DIMENSIONS

Broderie : 12 x 15,6 cm
Coffret : 17,5 x 14,25 x 6 cm

FOURNITURES

Au moins 25 x 30 cm de toile de lin blanche n° 32 (32 count)

Coton mouliné six brins DMC, 2 échevettes, coloris 353

Coton mouliné six brins DMC, 1 échevette des coloris suivants :

352	351
3328	761
760	951
676	3347
3346	3345
801	Point avant

Couleurs associées
676 et 951
353 et 676
352 et 676

7 petites perles dorées
20 cm de douppion couleur pêche
35 cm de doublure crème en 90 cm de large au moins
20 cm de feutre crème
20 cm de feuille de rembourrage en mousse de 6 mm d'épaisseur et au moins 70 cm de large
35 x 75 cm de carton fort
Ruban adhésif transparent, colle
Planche à découper
Ciseaux ou couteau à lame réglable (cutter)
Règle métallique

GRILLE POUR LE MOTIF DU COFFRET FLORAL

Exécution de la broderie

1 Arrêtez le bord du tissu avec du ruban adhésif ou des points de surjet. Repérez le centre avec des lignes de points de bâti, montez l'ouvrage sur un métier à broder.

2 En suivant la grille et en travaillant du centre vers l'extérieur, brodez le motif au point de croix avec deux brins de fil. Certaines parties du motif sont brodées avec une aiguillée composée de deux brins de couleurs différentes. Les pointes des feuilles doivent être complétées par de petits points droits. Les étamines sont brodées au point arrière avec le coton 676 *(voir page 98).*

3 Repassez l'ouvrage à l'envers sur une planche à repasser molletonnée.

4 Cousez une perle à l'extrémité de chaque étamine comme indiqué, avec un fil à coudre assorti. Vous pouvez aussi faire un point d'armes *(voir page 126)* avec six brins de coton 676.

Fabrication de la boîte extérieure

1 Photocopiez les gabarits de la page 81 en les agrandissant à 200 %, puis encore à 200 %, de sorte que leur format d'origine soit quadruplé. Utilisez ces gabarits agrandis pour découper dans le carton les différentes parties de la boîte extérieure. Bordez les morceaux avec du ruban adhésif.

2 Coupez une bande de feutre de 65 x 6 cm. Collez les côtés de la boîte sur le feutre en décalant le carton *(voir l'illustration ci-dessous).*

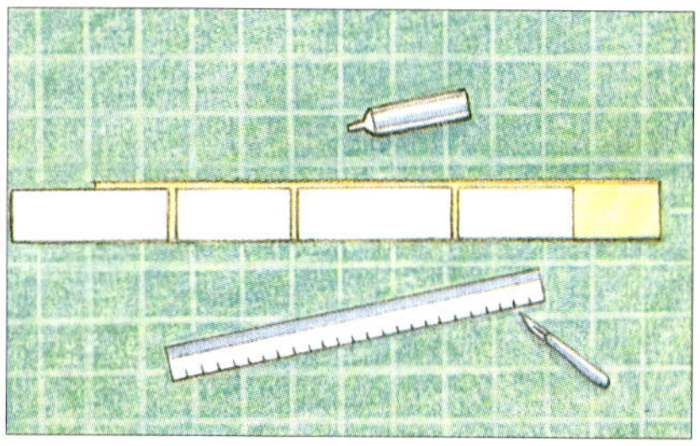

Fixation des morceaux de la boîte sur le feutre

3 Repliez la bande pour former un rectangle, collez l'extrémité libre du feutre sur l'extrémité libre du carton du dos de la boîte de façon que les extrémités de chaque épaisseur de feutre et de carton s'ajustent bord à bord.

4 Coupez une bande de tissu pêche de 67 x 10 cm. Cousez les extrémités endroit contre endroit en laissant 1 cm de marge pour la couture. Repassez coutures ouvertes; retournez la bande.

5 Appliquez la bande de tissu sur les côtés de la boîte, avec la couture le long d'un angle du dos. Rabattez les bords vifs vers l'intérieur et lacez-les avec un fil fort *(voir l'illustration ci-dessous).*

Laçage des bords vifs

6 Collez le fond en carton sur le feutre et régularisez les bords. Coupez un morceau de tissu pêche de 24 x 20 cm, étalez-le. Encollez les bords du fond du carton, placez-le sur le tissu. Coupez l'excès de tissu dans les angles. Mettez le tout dans la boîte et collez le tissu à la partie inférieure des quatre côtés.

7 À l'aide du gabarit du couvercle, découpez la forme dans le carton, dans la mousse et dans la doublure en ajoutant 2 cm de marge pour le collage tout autour. Étalez le tissu bien à plat sur le plan de travail. Posez successivement la mousse et le carton. Rabattez les bords du tissu, épinglez le tissu aux bords du carton *(voir l'illustration ci-dessous).*

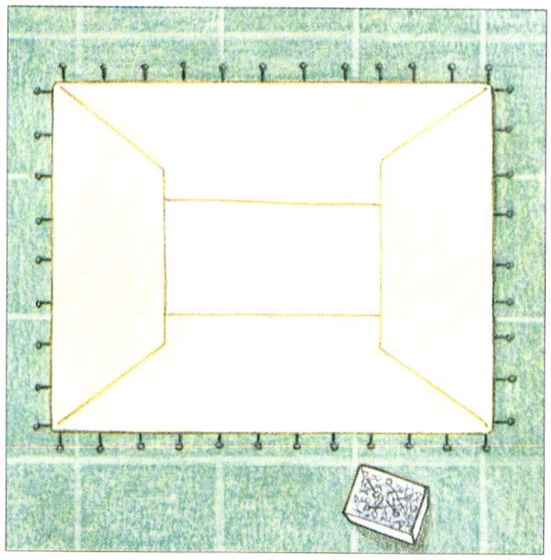

Mise en place de la doublure et épinglage

8 Étalez la broderie à l'envers sur le plan de travail, puis centrez la mousse et le carton sur la broderie. Épinglez comme précédemment pour centrer la broderie. Posez le couvercle à l'envers et coupez l'excédent de tissu de la broderie de façon qu'il déborde le couvercle de 3 cm tout autour. Coupez les coins en biais à 6 mm des angles du carton.

9 En commençant au centre d'un des longs côtés, collez les bords du tissu sur l'envers du couvercle. Tendez le tissu; collez les bords coupés en biais sous les coins.

Fabrication de la boîte intérieure

1 Agrandissez les gabarits des pages ci-contre à 200 % à la photocopieuse, puis agrandissez-les encore à 200 %. Ils ont maintenant quadruplé leur format d'origine. À l'aide des gabarits agrandis, découpez tous les morceaux de carton et bordez-les avec du ruban adhésif. Coupez aussi les morceaux de mousse, puis les morceaux de doublure en ajoutant 2 cm pour les coutures.

2 Recouvrez chaque forme de carton de mousse et de doublure : pour cela, étalez la doublure à l'envers sur une surface dure, placez la mousse bien centrée, puis le carton. Rabattez le bas de la doublure sur le carton et collez-le. Collez les côtés. Collez solidement le bord du haut. Cela répète le processus décrit à l'étape 8 (fabrication du couvercle de la boîte extérieure).

3 Mettez le couvercle de côté. Placez le fond intérieur et les quatre côtés dans la boîte en les ajustant bien. Cela donne à la boîte son aspect rembourré.

4 Pour la charnière, coupez un morceau de doublure de 34 x 8 cm. Joignez les extrémités et piquez-les, endroit contre endroit, en laissant une marge de 1 cm pour la couture. Repassez couture ouverte, retournez la charnière à l'endroit, placez la couture au milieu et aplatissez au fer.

5 Ôtez le morceau intérieur formant le dos de la boîte et collez la charnière au carton sur l'envers du dos de la boîte intérieure en laissant 4 cm libres *(voir l'illustration ci-dessous).* Replacez le dos dans la boîte et collez-le. Collez de la même façon le côté gauche et le devant.

Collage de la charnière

6 Pour faire la patte de retenue du couvercle, coupez un morceau de doublure de 20 x 3 cm. Faites un repli de 6 mm sur le bord d'un long côté. Repassez. Le long de l'autre long côté, faites un rentré de 5 mm et repassez. Pliez la bande dans le sens de la longueur et piquez les deux bords à la machine *(voir l'illustration).*

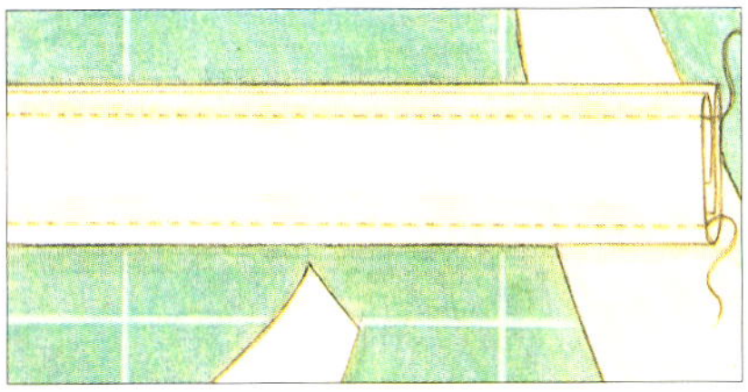

Piquage à la machine de la bande de doublure

7 Ôtez de la boîte le morceau de droite et collez la bande en oblique (à 45°) en laissant environ 15 cm libres *(voir l'illustration ci-dessous).* Remettez le morceau dans la boîte et collez-le.

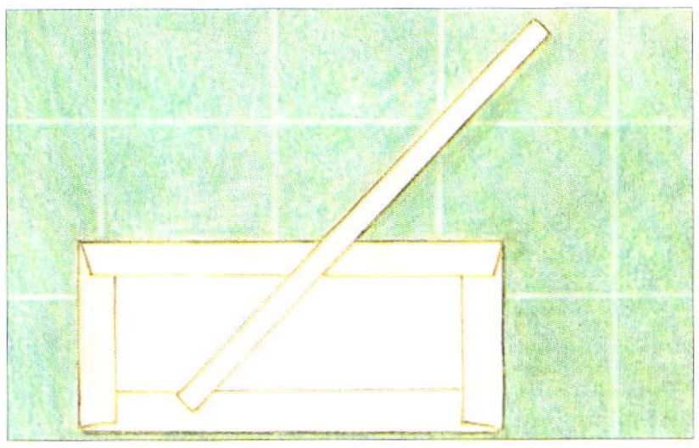

Fixation de la lanière au côté droit de la boîte

8 Collez l'extrémité libre de la charnière au couvercle intérieur en laissant 3 mm de jeu. Collez la lanière sur l'envers du couvercle intérieur.

9 Posez le couvercle brodé à l'envers. Placez le couvercle intérieur dessus en alignant la broderie sur le bord arrière. Marquez les coins avant avec des épingles *(voir l'illustration ci-dessous).*

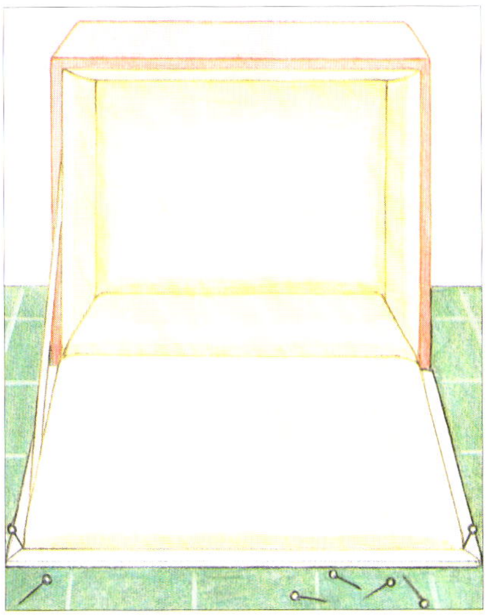

Marquage des coins avant

10 Encollez le couvercle entre les épingles. Laissez sécher.

GABARITS DE LA BOÎTE EXTÉRIEURE

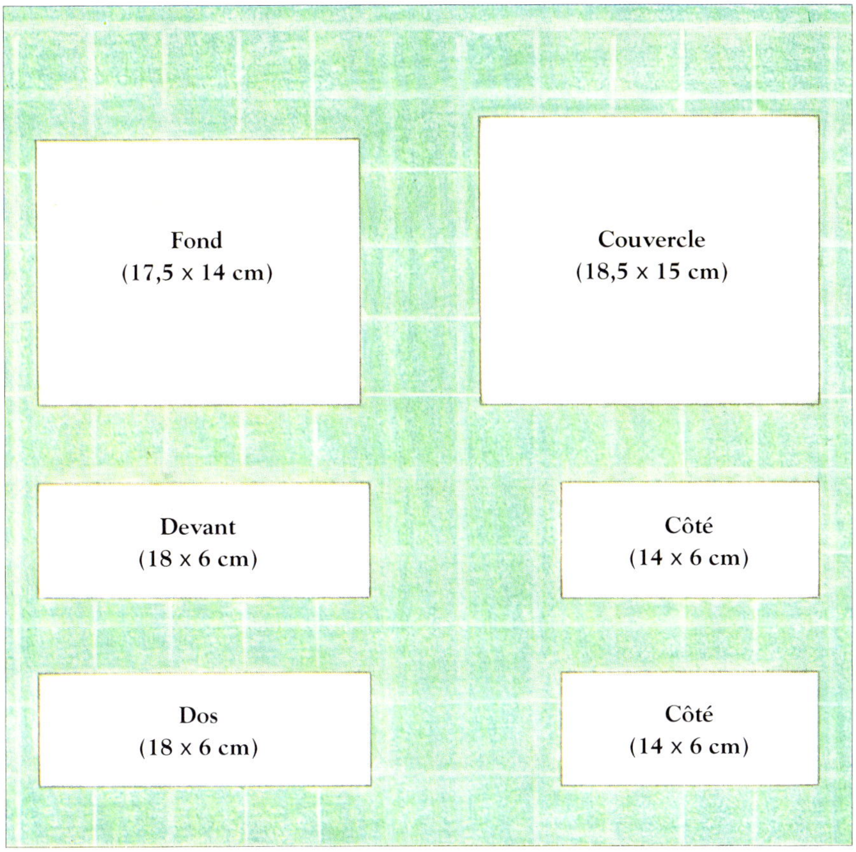

GABARITS DE LA BOÎTE INTÉRIEURE

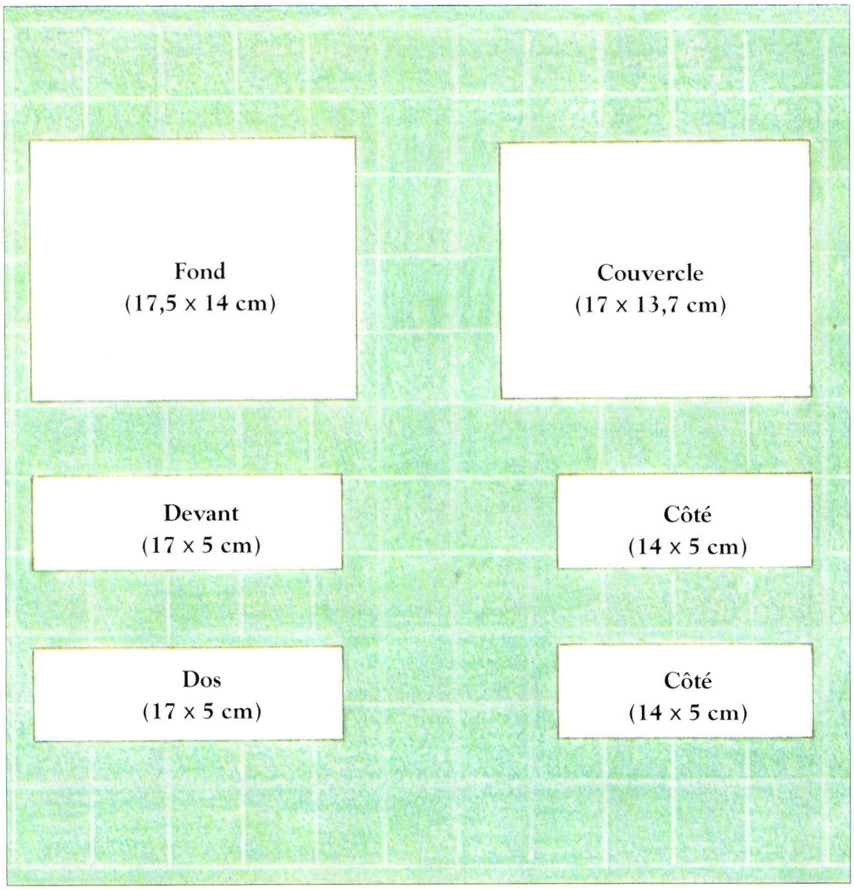

Serviettes et napperons au paon

Le raffinement de la broderie d'Assise convient au linge de table. Les motifs représentant un paon et une branche de vigne sont agrémentés de volutes.

DIMENSIONS
Napperon : 30 x 46 cm
Serviette : un carré de 49 cm de côté

FOURNITURES
Pour quatre napperons et quatre serviettes, 2,10 m de toile de lin n° 25 (25 count) en 120 cm de large au moins

Coton mouliné six fils DMC :

■ 310, 3 échevettes

■ 347, 6 échevettes

Coton à crocheter n° 8 écru, 1 pelote
Aiguille à tapisserie n° 24

GRILLE POUR LE MOTIF DE LA SERVIETTE

Broderie et finition des serviettes

1 Coupez un morceau de tissu de 109 x 109 cm. Marquez le centre par l'intersection de deux lignes de points de bâti partant du milieu des côtés. Les motifs des coins seront disposés autour de ce point.

2 Comptez dans chaque coin 32 fils de tissu et exécutez des séries de 5 cm de longueur environ de points de bâti entre les 32ᵉ et 33ᵉ fils. Elles marquent la limite intérieure de l'ourlet à jours. Comptez 6 autres fils de tissu; sur le 7ᵉ et le 8ᵉ, exécutez un rang de points de croix au fil rouge. Continuez sur 45 cm dans les deux directions puis tournez à 90° pour continuer le bord.

3 Montez le tissu sur un tambour à broder de 15 cm de diamètre. Commencez par un coin du bord, comptez 28 points vers la gauche et marquez l'endroit. Comptez 8 fils de tissu à partir de ce point vers le haut et commencez le motif volutes *(voir ci-dessus)*. Puis brodez le bord inférieur du motif volutes (un carreau de la grille représente deux fils du tissu).

4 Brodez le bord intérieur au point de croix, 29 points pour chaque côté. Soulignez les contours du motif principal au point de Holbein puis remplissez-le au point de croix. Terminez le bord *(voir technique de la broderie d'Assise, page 29)*.

5 Quand les quatre serviettes sont brodées, coupez le long des lignes centrales de bâti. Coupez les deux côtés extérieurs de chaque serviette à 38 fils à partir du bord de façon que les quatre bords soient égaux. Formez les ourlets, faites les jours *(voir page 84, étapes 9 et 10)*. Repassez.

Broderie et finition du napperon

1 Faites rétrécir le tissu *(voir page 18)* si nécessaire. Coupez les extrémités bien droit, aux ciseaux. Éliminez les lisières.

2 Coupez un rectangle de tissu de 45 x 60 cm en plaçant le long côté dans le sens de la trame et arrêtez les bords.

3 En commençant par le coin supérieur droit de la grille, mesurez 9 cm à partir des bords du haut et de droite. Brodez 134 points de croix sur le côté droit, avec trois brins de fil, sur deux fils de tissu.

4 Comptez à partir du haut jusqu'au 67ᵉ point et tracez une ligne de bâti entre deux fils du tissu à partir du centre de ce point, sur toute la largeur du tissu : cette ligne marque, à l'horizontale, le milieu du morceau (mais non du tissu).

5 En prenant cet endroit comme point de départ, brodez au point de Holbein *(voir page 29)* et au point de croix le côté droit de la volute, avec deux brins de fil noir et huit brins de fil rouge. Brodez le bord interne de droite au point de croix (83 points) puis les bords du haut et du bas (29 points) et finissez par le bord gauche. Un carreau de la grille représente deux fils du tissu.

6 Brodez le contour du motif principal au point de Holbein, puis remplissez le centre au point de croix. Quand le contour coupe un carré en diagonale, brodez-le en procédant par de petits points obliques travaillés sur une seule intersection de fil. Rentrez le point sous le contour noir.

7 Terminez les volutes autour du motif du paon.

8 Faites le bord externe en travaillant dans le sens des aiguilles d'une montre à partir du coin inférieur droit. Il y a 59 points de croix avant la première volute, 61 avant la suivante et 59 jusqu'au coin gauche. Centrez le motif du côté gauche sur la ligne de bâti. Brodez 60 points vers ce motif, puis 57 jusqu'au coin supérieur gauche. Terminez le bord du haut comme celui du bas.

9 Enlevez l'ouvrage du métier. Comptez tout autour six fils vers l'extérieur à partir du bord au point de croix, puis tirez deux fils de tissu pour l'ourlet à jours. Comptez dix fils vers l'extérieur et tirez le 11ᵉ; recommencez le compte et tirez le 11ᵉ fil. Puis comptez huit fils et tirez le 9ᵉ. Coupez le tissu le long du dernier fil tiré.

10 Repliez deux fois le bord et formez l'ourlet à jours le long des deux fils tirés les plus externes. Dégarnissez les angles. Brodez les jours avec un coton à crocheter en prenant quatre fils verticaux dans chaque point. Repassez l'ouvrage.

GRILLE POUR LE MOTIF DU NAPPERON

Signets brodés

Ces signets décoratifs, utiles et faciles à réaliser, font de charmants petits cadeaux. Ils sont brodés sur du papier perforé ou sur une bande Aïda, et leurs finitions ne présentent aucune difficulté. Ils sont ornés de motifs de bordure inspirés par des marquoirs américains anciens.

SIGNET AUX CYNORHODONS

DIMENSIONS

Signet : 14,5 x 4,5 cm

FOURNITURES

17 x 6 cm de papier perforé n° 14 (14 count)

Coton mouliné six fils DMC, 1 échevette des coloris suivants :

3363
930
347

Aiguille à tapisserie n° 22

GRILLES POUR LES MOTIFS DES SIGNETS

Broderie et finition du signet aux cynorhodons

1 En suivant la grille ci-contre, brodez le motif principal au point de croix avec trois brins de fil. Chaque carreau représente un point. Faites très attention à la netteté de l'envers du travail.

2 Avec trois brins du coloris 3363, tracez le contour du motif principal au point avant comme il est indiqué sur la grille. Travaillez dans chaque perforation du papier. Les points obliques sont plus longs que les autres. Arrêtez vos points avec soin.

3 Coupez l'excès de papier en laissant une ligne de perforations à l'extérieur des points avant. Coupez une extrémité en pointe.

4 Avec le coloris 347 (ou une des autres couleurs si vous préférez), faites un petit gland *(voir page 156)*, en prévoyant pour l'attacher un long fil à 3 brins. Enfilez les deux extrémités de ce fil dans l'aiguille. Piquez l'aiguille dans le trou du milieu de la pointe du signet et dans les deux trous adjacents. Pour plus de sécurité, doublez ou triplez ces points. Nouez les deux extrémités ensemble et coupez près du nœud. Coupez le bout du papier au-dessous du point d'attache.

SIGNET AUX BOURGEONS PENDANTS

DIMENSIONS
Signet : 14 x 3,5 cm

FOURNITURES
17 x 6 cm de papier perforé n° 14 (14 count)
Coton mouliné six fils DMC, 1 échevette des coloris suivants :

3363
347
422
520
3045

Aiguille à tapisserie n° 22

Broderie et finition du signet aux bourgeons pendants

1 Brodez le motif principal au point de croix avec trois brins de fil en suivant la grille de la page 85. Un carreau représente un point. Gardez l'envers de l'ouvrage très net. Continuez le travail comme pour le signet aux cynorhodons *(page 85).*

2 Faites un petit gland *(voir page 156)* avec le fil 3363. Enfilez les bouts du fil de suspension du gland dans les deux trous de la pointe du signet *(voir le signet aux cynorhodons).* Arrêtez les fils sur l'envers avec soin dans les points avant les plus proches.

SIGNET À FRANGES

DIMENSIONS
Signet : 21 x 5 cm

FOURNITURES
30 cm de galon Aïda n° 14 (14 count), de 5 cm de large
Coton mouliné six fils DMC, 1 échevette des coloris suivants :

3363
347
931

20 cm de ruban blanc ou crème de 4,5 cm de largeur

Les trois signets terminés

Broderie et finition du signet à franges

1 Marquez le centre du galon dans le sens vertical (à 14 fils de chaque bord) par une ligne de points de bâti ou de points avant. Brodez le motif au point de croix avec deux brins de fil en le centrant par rapport à la ligne de points de bâti; suivez la grille de la page 85.

2 Comptez 12 fils à partir d'une extrémité du motif. Avec deux brins de coton 3363, faites un rang de points de boutonnière *(voir page 155)* entre les deux bords festonnés. Travaillez les points sur un fil vertical et deux fils horizontaux. Faites de même à l'autre extrémité du signet.

3 Coupez les extrémités à 2,5 cm du rang de points. Tirez les fils horizontaux jusqu'à ce rang pour former la frange. Repassez l'ouvrage à l'envers.

4 Rentrez de 6 mm une extrémité du ruban et fixez-la en procédant par tout petits points sur l'envers de la broderie par-dessus les points de boutonnière. Continuez à fixer le ruban tout autour du signet. Dans les angles, prenez les fils du bord festonné pour maintenir le ruban solidement. Repassez.

RELL

Point de reprise et broderie noire

Ces techniques de broderie à fils comptés prennent tout naturellement la suite du point de croix. Le point de reprise, qui consiste à broder des dessins réguliers au point avant, permet de créer de complexes et merveilleux motifs géométriques. Les effets de la broderie noire sont encore plus saisissants, car la monochromie de cette technique donne toute leur importance aux tons et aux textures.

Techniques du point de reprise

Le point de reprise date probablement d'aussi longtemps que la couture elle-même. Son grand succès est dû à son charme, à la multiplicité de ses applications et à sa simplicité. Ses qualités décoratives en font un point idéal pour l'ornement des vêtements d'enfant, des châles, des jupes et du linge de maison.

BASES DU POINT DE REPRISE

Le point de reprise, ou point de trait, est un simple point avant qui permet de créer des effets très variés. Le tissu peut notamment être plus ou moins recouvert par les points. Dans certains cas, le fond occupe presque autant d'espace que la broderie elle-même, si bien que le résultat ressemble à un tissage. Dans d'autres styles, les points prédominent, donnant un résultat analogue au point lancé. Ce point peut aussi être employé pour remplir les fonds, en laissant les motifs vides.

Tous les types de points de reprise sont réversibles, bien que, sur l'envers, le dessin ait moins d'intérêt que sur l'endroit. Les points se brodent verticalement, horizontalement ou en oblique, ou en combinant ces orientations dans le même espace. La juxtaposition de surfaces dans lesquelles les rangées de points vont dans les deux directions crée un effet intéressant.

Dans le point passé vannerie, le tissu est entièrement recouvert de rangées de doubles points de reprise brodés en général en couleurs différentes.

Choix des fournitures pour le point de reprise

La plupart des toiles à armure régulière conviennent au point de reprise, bien que les tissages grossiers soient déconseillés si les points sur l'envers doivent rester invisibles. Comme le point de reprise s'effectue normalement le long de chaque fil horizontal du tissu, il faut, pour créer un motif sur un tissu fin, un nombre beaucoup plus grand de rangées de points que sur un tissu plus grossier.

Le fil à broder doit avoir la grosseur du fil du tissu. Si les points doivent rester bien visibles et former un dessin linéaire sur le tissu, le mieux est d'employer un brin de coton à broder ou de coton perlé *(voir page 15).*

Si les points doivent être fondus les uns dans les autres pour obtenir un effet satiné, une soie floche est plus appropriée puisqu'il faut beaucoup de brins pour recouvrir le tissu choisi.

Si le tissu est à gros tissage, vous pouvez employer plusieurs brins de laine fine.

BRODERIE AU POINT DE REPRISE

Dans une broderie au point de reprise, le dessin est créé par la juxtaposition des points brodés et des zones de tissu non brodé. Il se travaille en ligne droite sur un nombre de fils déterminé. Brodé à l'horizontale, à la verticale ou en diagonale, il n'utilise que le point avant.

Exécution du point de reprise simple

Il est possible de broder au point de reprise en tenant l'ouvrage à la main à condition de maintenir une tension de fil régulière. Certaines brodeuses préfèrent cependant monter leur ouvrage sur un métier quand elles brodent au point passé vannerie. Quoi qu'il en soit, ne serrez pas les points. Le tissu doit rester bien plat et ne pas froncer.

- Arrêtez l'aiguillée solidement avec un ou deux points arrière *(voir l'illustration de la page ci-contre :* **1***).*
- Pour broder au point avant sur une toile à tissage régulier, sortez

DÉBUT ET FIN D'UNE AIGUILLÉE

Selon le motif, commencez au centre *(voir l'illustration ci-contre :* **1***)* ou le long d'un bord du tissu. Si possible, prenez une longueur d'aiguillée qui vous permette de broder un rang complet de points.

Arrêtez le début de l'aiguillée avec quelques points arrière (**2**) que vous ôterez plus tard. Si vous commencez au centre, laissez un morceau de fil assez long pour l'arrêter dans le premier rang (**3**).

Si les bords de l'ouvrage achevé doivent être cousus, arrêtez le fil avec un ou deux points arrière dans la marge de la couture ou faites sortir toutes les extrémités des fils sur l'envers de la broderie et noyez-les au point de reprise.

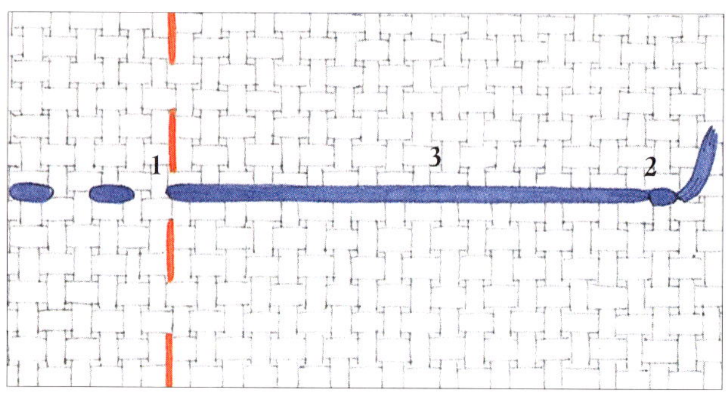

Début d'une broderie au point de reprise

l'aiguillée au début de la ligne à broder. Comptez le nombre de fils du tissu voulus et piquez l'aiguille dans le trou suivant (**2**).

• Comptez les fils requis pour le point, sortez l'aiguille, comptez les fils, piquez l'aiguille (**3**).

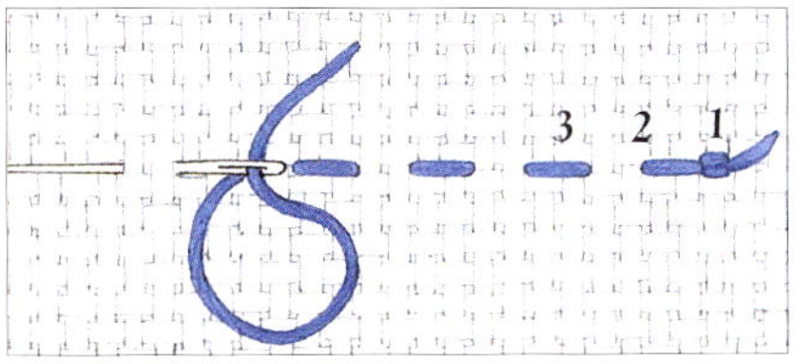

Début d'un point de reprise arrêté par un point arrière

• Continuez jusqu'au bout de la rangée.

• Commencez la rangée suivante du motif de la même façon, en comptant les fils avec précision tout au long de la ligne.

Vous pouvez exécuter le point de reprise de droite à gauche ou de gauche à droite sur un nombre différent de fils du tissu et dans n'importe quelle direction. Voyez-en quelques exemples ci-dessous.

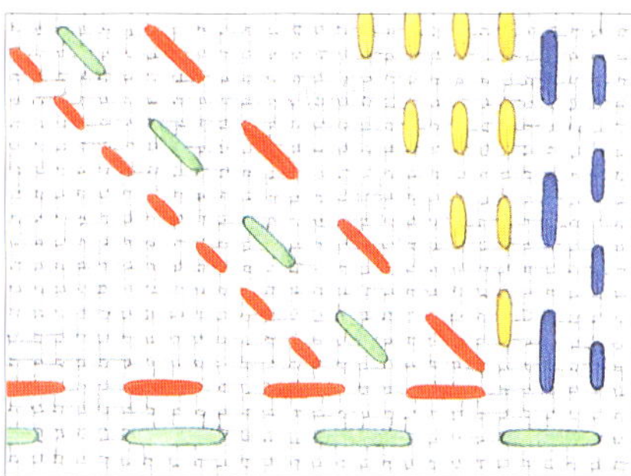

Point de reprise dans plusieurs directions

LE POINT PASSÉ VANNERIE

Le point passé vannerie est un point de reprise composé de pavés de points brodés en une ou deux couleurs. Ici, des groupes de points sont d'abord exécutés dans une couleur, puis les espaces sont remplis avec une autre couleur.

Exécution du point passé vannerie

• Avec la première couleur, brodez une ligne de points comme dans le point de reprise, pour tracer le motif.

• Avec la seconde couleur, remplissez les espaces entre les points comme il est montré sur l'illustration ci-dessous. L'aiguille doit ressortir par un trou qui contient déjà un point. Tenez l'aiguille verticale, le résultat sera plus net.

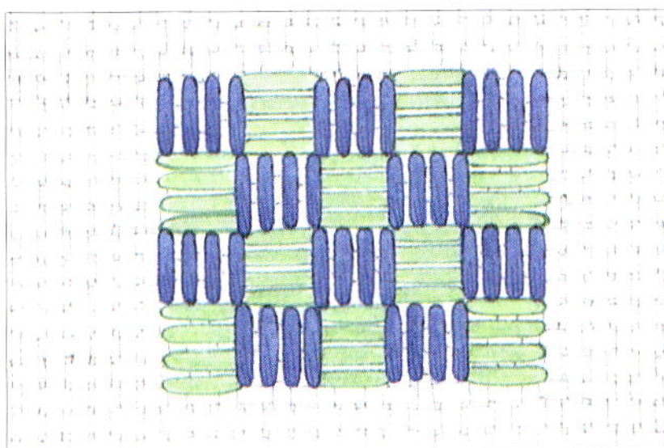

Point passé vannerie bicolore

• Travaillez chaque ligne de la même façon. Gardez vos deux aiguillées enfilées, une de chaque couleur.

Variantes du point de reprise

Vous obtiendrez un effet de tissage damassé si vous travaillez avec deux nuances de la même couleur, surtout en oblique. Vous pouvez varier le point passé vannerie en laissant entre chaque point un seul fil de tissu.

MOTIFS AU POINT DE REPRISE

Même compliqués, les motifs au point de reprise sont faciles à broder à condition d'être conçus selon un plan précis.

Disposition du motif

• Marquez le centre du tissu dans le sens vertical en exécutant une ligne de points de bâti *(voir l'illustration page 90)*.

• Commencez la broderie à cet endroit et, au point de reprise, exécutez un rang vers la gauche (qui pourra constituer la ligne du haut du motif, mais ce n'est pas obligatoire). Laissez un long morceau de fil libre au point de départ du motif.

• Quand vous atteignez le bord gauche du motif, revenez vers le centre et continuez vers le bord droit, si possible en utilisant le morceau de fil laissé au point de départ.

Les rangées suivantes peuvent être brodées de droite à gauche sur toute la largeur du dessin pour mettre en place le motif *(voir l'illustration ci-dessous)*.

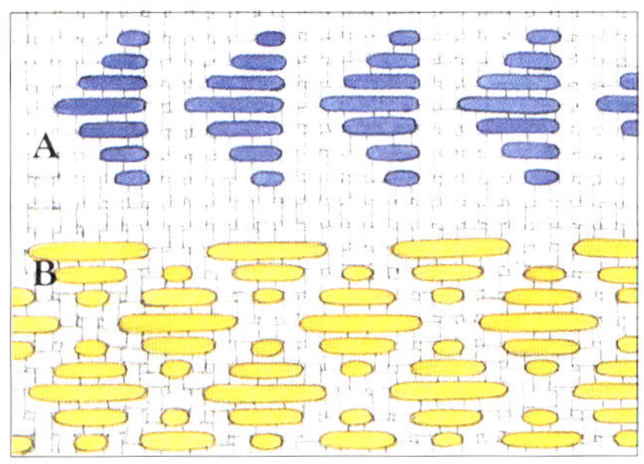

Deux motifs au point de reprise

Compter les fils du tissu sur les bords d'un motif peut aussi faciliter sa mise en place.

ÉLABORATION D'UN MOTIF

Il est assez facile de créer un motif au point de reprise. Dessinez le plan sur du papier millimétré, chaque ligne de la grille représentant un fil du tissu. Puis essayez le motif sur un petit morceau de tissu.

Le modèle de broderie ci-contre a été exécuté sur un tissu à armure régulière n° 27 (27 count), avec trois ou quatre brins de soie moulinée. Il est possible de réaliser un grand nombre de dessins au point de reprise, que vous pouvez modifier en changeant le motif, le fil à broder ou le tissu. Lisez avec attention les instructions concernant le point de reprise avant de créer un ouvrage.

Divers motifs réalisables au point de reprise

Serviettes de toilette d'invités

Ces serviettes de toilette sont vendues garnies d'une bande de toile Aïda, prêtes à coudre, et, une fois brodées, elles font de charmants articles à offrir ou à garder pour soi. Pour les broder, il ne faut que quelques échevettes de coton mouliné six brins et une ou deux soirées libres.

DIMENSIONS
Serviettes présentées : 45 x 26 cm

FOURNITURES
2 serviettes avec bandes Aïda n° 14 (14 count) d'au moins 6 cm de large
Coton mouliné six fils DMC de couleurs contrastées, 2 échevettes
Les couleurs de l'ouvrage illustré ici sont :

995
943

Aiguille à tapisserie n° 20

MOTIF BLEU

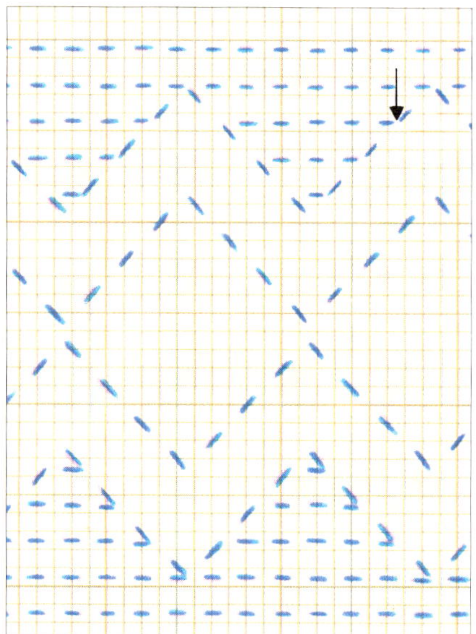

MOTIF BLEU ET VERT

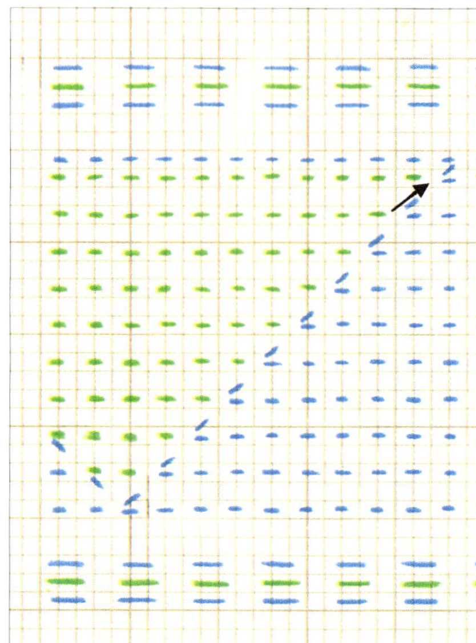

Exécution du motif bleu

1 Marquez le centre de la bande Aïda dans le sens vertical avec une série de points de bâti.

2 Brodez les deux lignes supérieures de points de reprise sur toute la largeur de la serviette avec six brins de fil en suivant la grille *(ci-dessus à gauche)*. Chaque ligne de la grille représente un groupe de fils du tissu.

3 Brodez le haut du motif à partir du centre vers la gauche. En commençant à la flèche, brodez les lignes horizontales de la première pointe à gauche de la marque du milieu. Une fois au bas de la pointe, brodez la ligne oblique qui remonte vers le haut à gauche.

4 Procédez de même pour la pointe suivante vers la gauche en laissant l'oblique de droite non faite. Continuez jusqu'au bord gauche de la serviette.

5 Revenez vers la droite en brodant les obliques laissées non travaillées. Arrêtez le fil sur l'envers en le glissant sous deux points.

6 Terminez le haut du motif depuis le centre jusqu'au bord droit en inversant la méthode des étapes 3 à 5, puis brodez deux lignes centrales en zigzag en suivant la grille.

7 Retournez l'ouvrage de haut en bas. Répétez les étapes 3 à 6 pour broder les pointes du bas. Ajoutez les deux rangées extérieures de points de reprise. Repassez légèrement l'ouvrage terminé sur une planche à repasser molletonnée.

Exécution du motif bleu et vert

1 Marquez le centre de la bande Aïda dans le sens vertical avec une série de points de bâti.

2 Brodez les trois rangs supérieurs du motif en suivant la grille, avec six brins de fil *(voir ci-dessus à droite)*. Chaque ligne de la grille représente un groupe de fils. Puis sautez trois fils horizontaux de tissu et brodez la ligne supérieure du motif principal en bleu.

3 En commençant à la flèche, brodez le premier triangle vert vers la gauche de la marque du milieu; arrêtez le fil. Faites le triangle vert adjacent (incomplet). Brodez les autres triangles verts situés du côté droit. Remplissez les espaces vides avec le fil bleu.

4 Brodez avec le fil bleu la ligne en zigzag séparant les triangles, puis le triple rang du bas du motif. Repassez légèrement la broderie sur une planche à repasser molletonnée.

Variantes

Pour une serviette d'invité traditionnelle, vous pouvez broder ce motif sur n'importe quelle toile de lin ou de coton à tissage régulier.

Rideaux aux chevaux de bois

Ce manège de chevaux de bois est un motif charmant pour des rideaux ou une tenture de chambre d'enfant. Adaptez ses couleurs aux tons de la pièce.

DIMENSIONS
Rideau terminé : 117 x 80 cm

FOURNITURES
2 morceaux de toile de coton n° 28 (28 count)

(Chaque morceau doit avoir la largeur de la fenêtre)

Coton mouliné six fils DMC, 5 échevettes des coloris suivants :

562
740
783
793
977
606
826

Fil à coudre assorti
Feutre lavable
Ruban fronceur

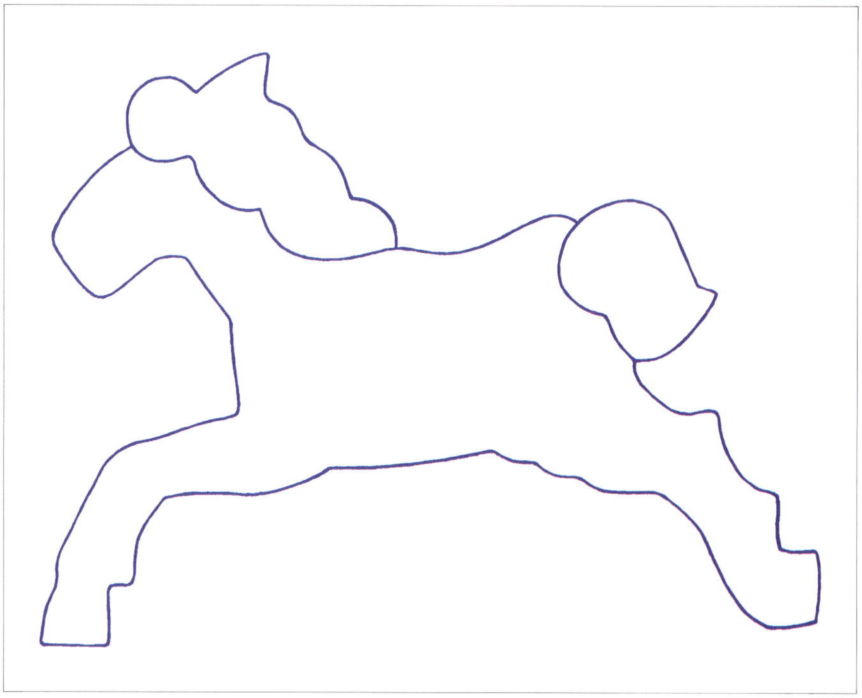

Gabarit pour les chevaux du manège

Mise en place du motif

1 Mesurez la fenêtre, ajoutez 38 cm à la longueur pour les ourlets du haut et du bas (ce motif exige un large ourlet du bas, la couture de l'ourlet correspondant au bas du manège). Piquez à la machine au point zigzag le haut et le bas pour éviter l'effilochage.
Note : si la fenêtre est très large, il vaut mieux faire quatre panneaux et non deux. On peut assembler les panneaux, mais l'épaisseur des coutures peut gâcher l'effet de la broderie.

2 Repliez de 15 cm et repassez, en suivant bien la ligne de trame. Mesurez 14,5 cm à partir du pli, tracez une ligne avec un feutre sur toute la largeur du tissu *(voir l'illustration ci-dessous)*. Cette ligne marque le bas du manège.

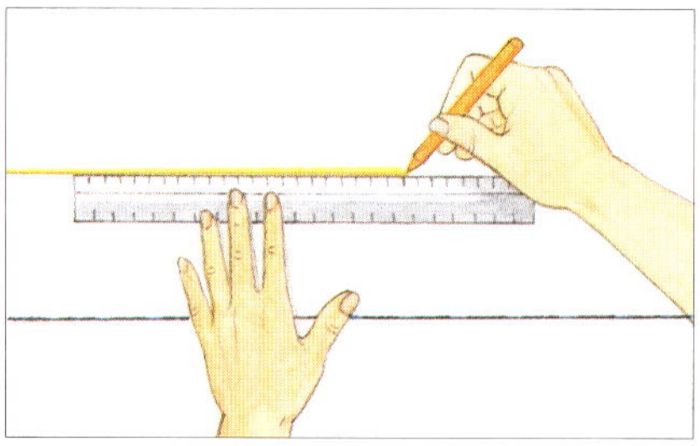

Marquage de la base du manège

3 À 2 cm au-dessus de ce trait, tracez une autre ligne sur toute la largeur du tissu en restant sur un fil horizontal *(voir l'illustration ci-après :* **1***)*. Mesurez 10 cm à partir des bords latéraux, sur un fil horizontal. Tirez un trait joignant les deux lignes horizontales (**2**). Ce tracé délimite la longueur et la hauteur de la plate-forme du manège sur le dessin.

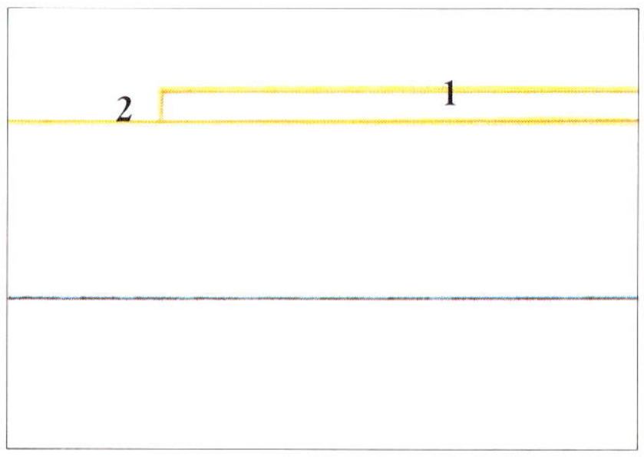

Marquage du bord gauche de la plate-forme

4 Mesurez 18,5 cm au-dessus de la plate-forme et 1 cm à partir de ses bords. Marquez sur un fil horizontal.

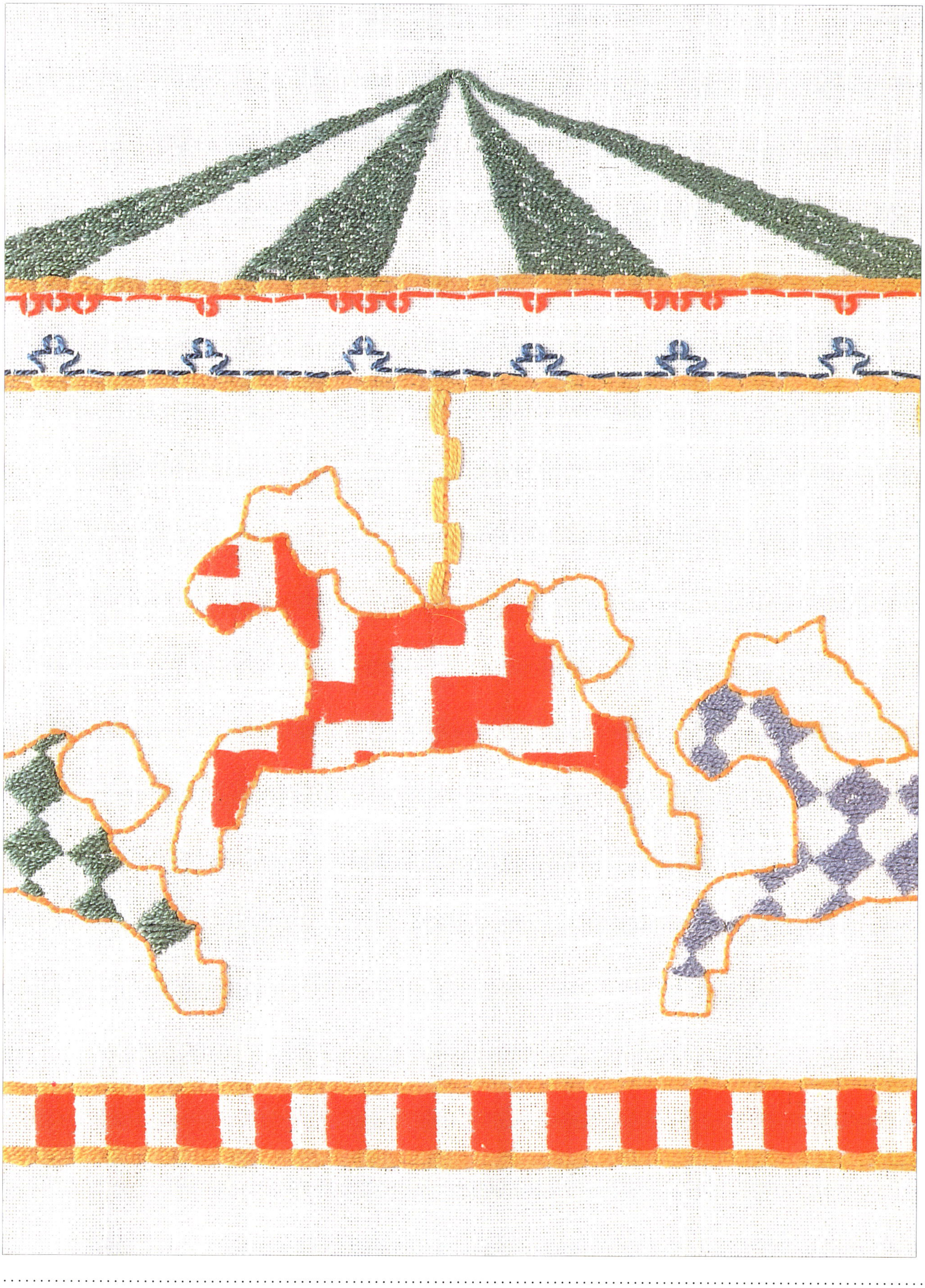

C'est la base du toit. Mesurez 3 cm au-dessus de ce trait et marquez sur un fil horizontal.

À partir du centre de la ligne du toit, marquez un point à 4,5 cm au-dessus. Puis tracez deux points à 18 cm à partir des bords extérieurs du toit et joignez ces trois points pour former le triangle *(voir l'illustration ci-dessous).*

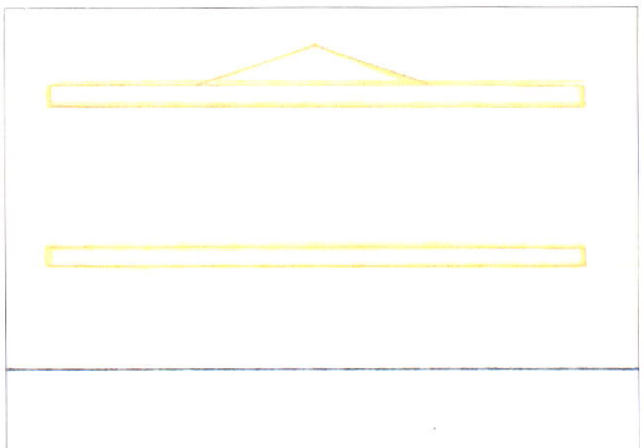

Tracé de la ligne du toit et de son faîte triangulaire

5 Divisez la base du triangle en sept parties égales et tracez une ligne de l'extrémité de chaque section vers le sommet du triangle *(voir l'illustration ci-dessous).*

6 Commencez par dessiner un poteau court partant du milieu de la base du toit, puis alternez poteaux longs et courts en les espaçant de 12,75 cm *(voir l'illustration ci-dessous).* Les poteaux courts ont 5 cm de long et les longs 12 cm. Le nombre de poteaux dépend de la largeur du tissu.

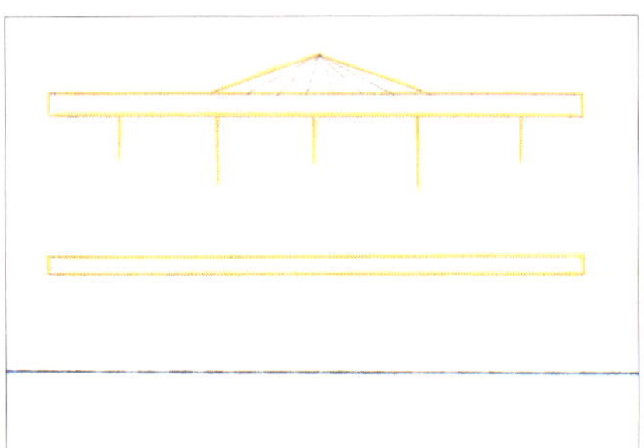

Tracé des poteaux du manège

7 Photocopiez le gabarit du cheval *(page 94)* à 130 %, de façon que le cheval soit environ 1/3 plus grand que celui du livre. Puis placez le gabarit sur le tissu en le disposant avec soin à l'extrémité d'un poteau. Tracez son contour.

Exécution de la broderie

1 Faites un point arrière *(voir page 98)* sur chaque poteau du manège et sur le contour des chevaux *(voir ci-dessous).* Vous pouvez modifier la couleur du fil pour chaque cheval, selon le nombre de chevaux que comporte le motif.

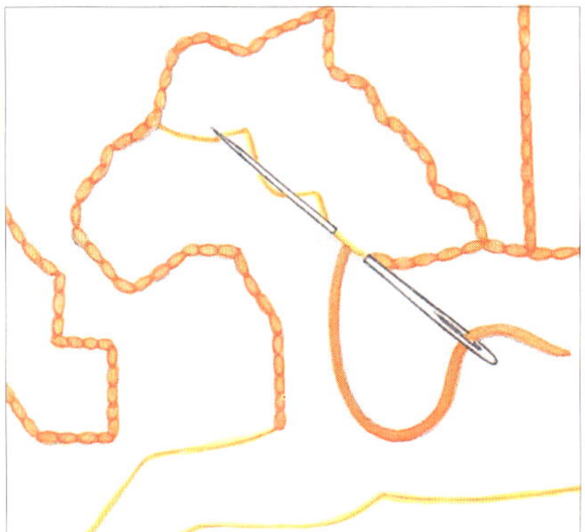

Tracé du contour des chevaux au point arrière

2 Brodez trois rangs de points de reprise *(voir page 90)* en fil jaune d'or pour marquer les lignes du haut et du bas de la plate-forme du manège. Les points doivent avoir la même longueur, de façon à former des colonnes verticales. Utilisez des aiguillées courtes et ne tendez pas trop le fil pour ne pas tirer sur le tissu.

3 Brodez des colonnes rouges au point de reprise pour créer un effet de damier entre les deux rangs jaune d'or *(voir l'illustration ci-dessous).*

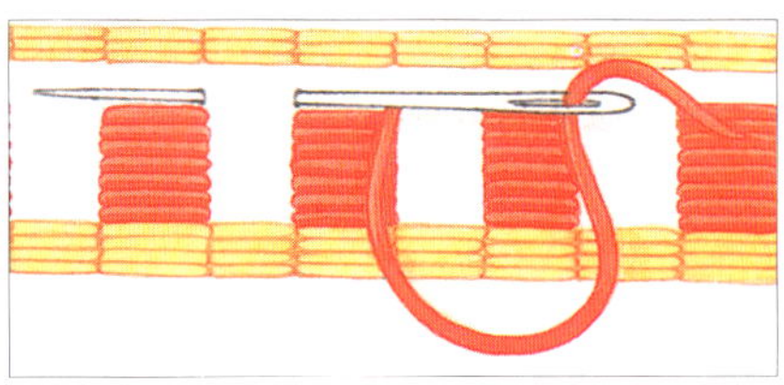

Remplissage du motif en damier de la base du manège

4 De même, brodez trois rangées de points de reprise jaune d'or le long du haut et du bas de la bordure du toit ; puis un rang de points avant rouges sous la rangée jaune du haut, en formant des boucles à intervalles réguliers (pour maintenir chaque boucle en place, passez l'aiguillée sous un fil du tissu). Brodez un rang de points avant bleus en formant des boucles à intervalles réguliers au-dessus de la bande jaune du bas sur toute la largeur du toit *(voir l'illustration ci-dessus).*

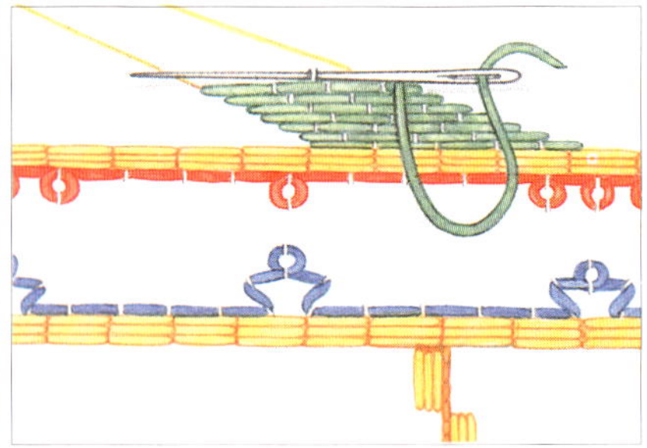

Broderie du toit du manège

5 Garnissez le toit de la base vers le sommet. À 6 mm du sommet, passez directement au triangle voisin par un point, pour relier les sections.

6 Brodez les chevaux. Remplissez les chevaux à losanges verts avec les mêmes points que ceux du toit, et ceux à chevrons rouges avec le même point que pour les colonnes rouges de la base du manège.

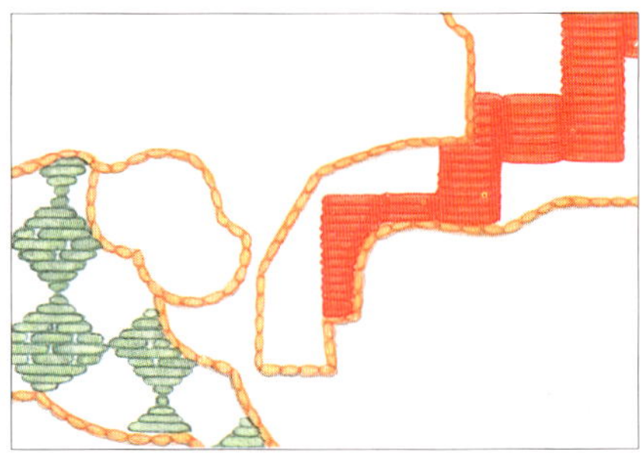

Remplissage des motifs à losanges et à chevrons

7 Repassez la broderie terminée. Repliez les bords latéraux de 3 cm, repassez, cousez au point d'ourlet. Rabattez le bas de 15 cm en rentrant de 6 mm la piqûre zigzag du bord. Cousez au point d'ourlet. Cousez le ruban fronceur au haut des rideaux.

Variantes

Les mesures données pour cette paire de rideaux doivent être adaptées aux dimensions de vos fenêtres. La base et le toit du manège peuvent être brodés au simple point arrière au lieu du point de reprise.

Techniques de la broderie noire

Vieille de plusieurs siècles, la broderie noire peut orner aussi bien le linge de maison que des panneaux décoratifs. Ses dessins géométriques conviennent à tout, depuis les serviettes de table jusqu'aux bordures de rideaux.

TECHNIQUES DE BASE

La broderie noire est plus facile qu'il n'y paraît. On peut créer des modèles au moyen de quelques points différents : point arrière, point avant, point de Holbein (ou double point avant, voir page 29), *point de croix* (voir page 26), *point de Smyrne* (voir page 27) *et point d'œillet algérien. Le plus souvent, un modèle n'associe que deux ou trois de ces points. Une fois qu'on a brodé quelques motifs du modèle, il est facile de répéter les motifs autant qu'il le faut pour remplir les surfaces ou broder le contour d'un dessin.*

Choix des fournitures pour la broderie noire

La broderie noire s'effectue en général avec un fil dont la grosseur s'accorde avec les fils du tissu. Les tissus traditionnels sont les toiles de lin ou de coton à armure régulière, mais d'autres tissages réguliers, de la soie au canevas, peuvent aussi être employés. Pour les tissus fins, un brin de soie moulinée ou un fil à coudre (en soie, à cause de son brillant) conviennent; pour les tissus de grosseur moyenne, il vaut mieux utiliser un coton à broder ou du coton perlé; pour les tissus plus grossiers, essayez un coton à broder plus mou. La laine, en général, est trop gonflante pour cette technique car l'aspect d'une broderie noire doit rester « sec ».

Traditionnellement brodés en noir sur un tissu blanc, les motifs de broderie noire peuvent aussi associer deux couleurs *(voir le coussin bleu et blanc des pages 102-103).* Plusieurs nuances d'un même coloris rendent aussi un très bel effet. Le plus important est cependant de réussir le contraste coloré entre le tissu et le fil à broder.

LES POINTS DE BRODERIE NOIRE

Les motifs géométriques se fondent sur des tracés linéaires. Ces derniers exigent des points droits, qui peuvent être verticaux, horizontaux ou obliques. Dans la broderie noire, les motifs sont liés à la longueur et à la configuration des points. On modifie les modèles, peu ou beaucoup, en changeant soit le nombre des fils de tissu sur lesquels est brodé le point, soit le nombre des points exécutés.

Exécution du point arrière ou point de piqûre

Presque toutes les broderies noires utilisent le point arrière.

- Le principe du point est illustré ci-dessous. Comme dans d'autres points à fils comptés, chaque point se travaille sur le même nombre de fils de tissu, ici trois. Commencez par sortir l'aiguille en avant de la ligne à couvrir (**1**). Puis repiquez-la au début de la ligne (**2**).
- Sortez l'aiguille à la même distance, en avant du dernier point (**3**), et repiquez-la en faisant un « pas » en arrière.

Notez bien que, pour le premier point, l'aiguille sort en avant du point de départ.

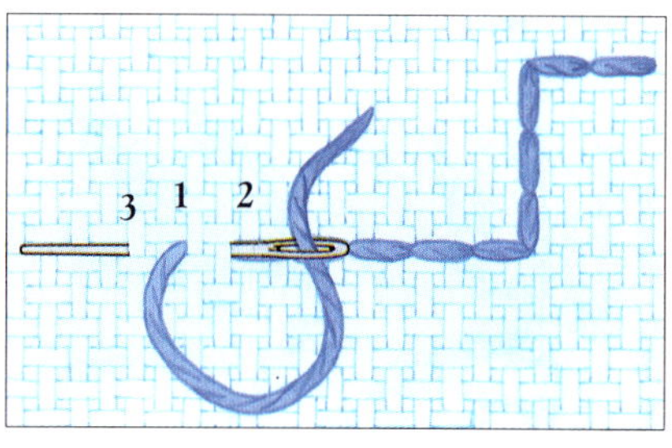

Un point arrière travaillé en ligne droite

MOTIFS DE BRODERIE NOIRE

Il n'existe pas de règle absolue pour l'exécution de la broderie noire. Examinez le modèle pour reconnaître les points utilisés et brodez quelques motifs en guise d'exercice, puis travaillez dans l'ordre qui vous convient.

Commencement et fin de la broderie

Commencez et terminez votre travail comme pour un point de croix *(voir page 26).* En règle générale, ne laissez pas de longs ponts de fil sur l'envers de l'ouvrage.

Exercez-vous toujours sur un morceau de tissu pour vérifier que le fil ne se voit pas par transparence sur l'endroit. S'il se voit, choisissez un tissu plus épais, ou changez l'ordre du travail de façon à faire moins de ponts de fils sur l'envers. Vous pouvez aussi doubler l'ouvrage terminé avec un tissu foncé pour réduire le risque de voir transparaître le fil noir.

L'ordre du travail

Dans certains cas, il faut achever un motif avant de passer au suivant, mais, dans d'autres, il paraît plus simple de broder certains éléments du dessin pour établir un cadre, puis de revenir en arrière pour remplir les autres parties. Par exemple, dans le motif de treillis octogonal illustré page 101, il faut commencer par broder toutes les lignes verticales, puis surbroder les octogones avec leur étoile centrale.

- Dans la broderie noire, le point arrière permet de réaliser quantité de formes. Dans les angles, suivez le dessin du motif en travaillant sur et sous le nombre de fils voulus. Entre autres figures, le point arrière permet de dessiner des zigzags, des triangles à raies, des carrés *(voir l'illustration ci-dessous).*

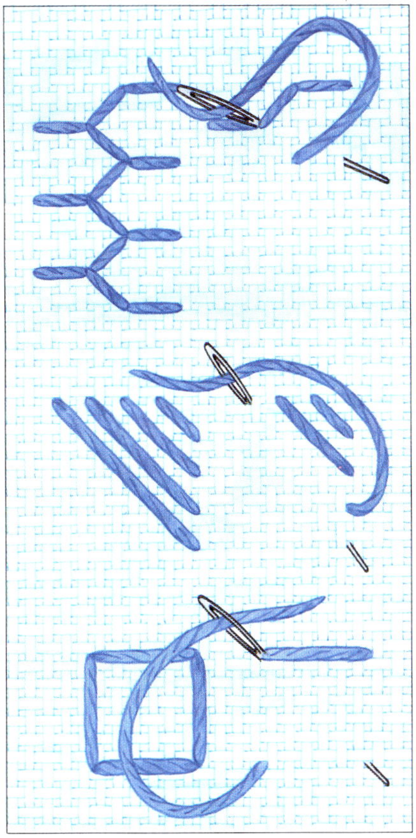

Un point arrière en zigzag, en triangle à raies, en carré

Vous pouvez remplacer le point arrière par le point de Holbein *(ou double point avant, voir page 29)* pour varier le dessin.
Voyez les différents motifs dans l'encadré.

Le point de Holbein se brode en deux étapes. La première consiste à exécuter une ligne de points avant simples et la seconde à remplir les vides entre les points en revenant vers le point de départ.

Point d'œillet algérien

Ce point ressemble au point de Smyrne *(voir page 27),* mais les fils ne se croisent pas au centre.

- Sortez l'aiguille au bord de la forme *(voir l'illustration ci-dessous :* **1***)*
- Piquez l'aiguille au centre (**2**) en recouvrant le nombre voulu de fils du tissu.

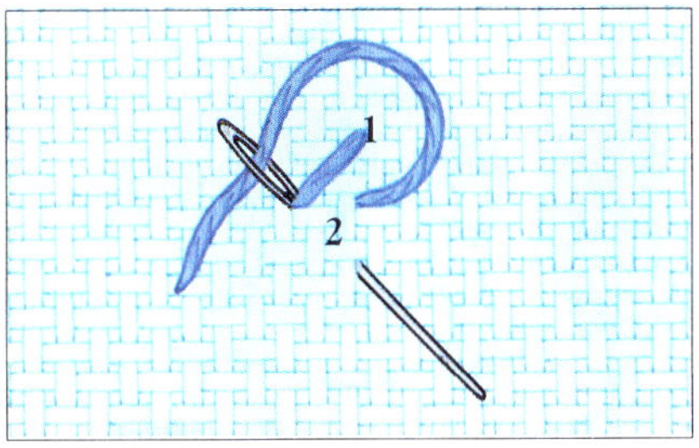

Début du point d'œillet algérien

- Continuez à suivre le pourtour du carré selon l'ordre montré *(voir l'illustration ci-dessous).* Faites attention à sortir et bien piquer l'aiguille au centre.

Exécution d'un point d'œillet algérien

La disposition des dessins

Pour déterminer l'emplacement d'une broderie noire dans une forme régulière, cercle ou rectangle par exemple, marquez le centre du tissu par des lignes de bâti *(voir pages 18-19),* puis brodez le motif du centre vers l'extérieur.

Note : un dessin à petits motifs n'a pas besoin d'être centré. Il est en général plus facile de commencer près du milieu de la forme pour le placer, puis de broder les parties de motifs qui se trouvent le long des bords.

- Si le dessin est une forme libre, commencez par transférer ses contours sur le tissu *(voir page 21).* Si le dessin est constitué de grands motifs séparés, placez-en un au point focal de la figure d'ensemble. Déterminez ce point au jugé, puis marquez-le avec des épingles.

CRÉATION DE NUANCES

Un des avantages de la broderie noire est qu'elle permet de nuancer un motif et de créer des variations de densité. Pour obtenir des nuances, faites varier l'épaisseur du fil *(voir la photographie ci-dessous, à gauche).*

On peut aussi ajouter ou enlever des éléments. Le motif de carrés et de croix ci-dessous à droite illustre ce principe : la rangée supérieure est formée de doubles carrés. Dans les autres rangées, les carrés intérieurs ont été remplis de points de croix de plus en plus complexes : les carrés extérieurs sont d'abord reliés par des points de croix simples, puis par des points de Smyrne.

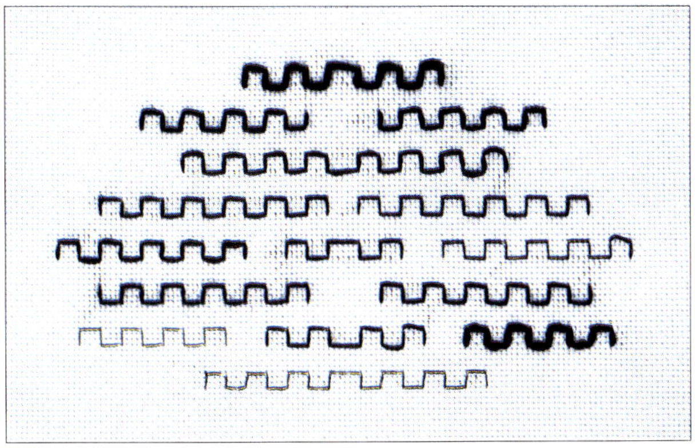

Modification de l'épaisseur du fil pour nuancer l'effet

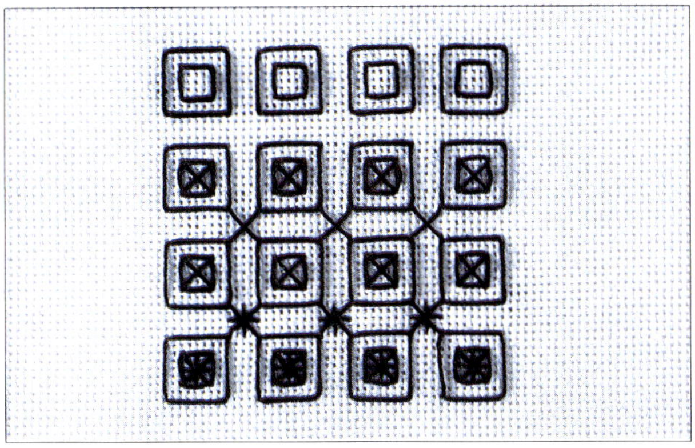

Motif de broderie noire associant des éléments variés

• Brodez le premier motif, puis travaillez vers l'extérieur dans toutes les directions. Au bord d'une forme libre ou de motifs courbes, il faut parfois broder des parties de motif *(voir la photographie ci-dessous).*

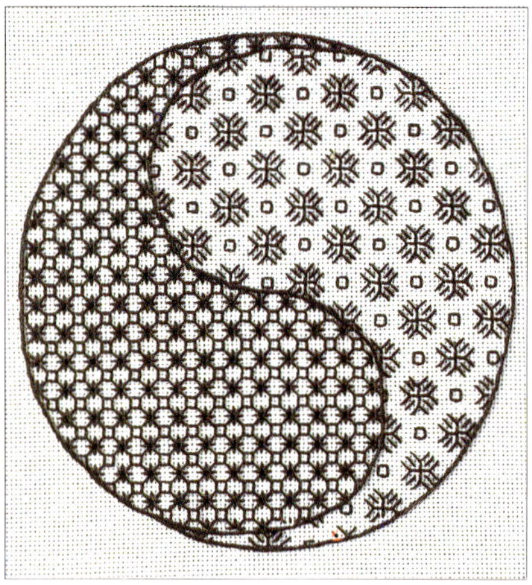

Parties de motifs

Création d'un dessin de broderie noire

La broderie noire se prête si bien au dessin qu'elle donne envie de créer des motifs originaux. Les sources d'inspiration sont nombreuses.

Pour créer un motif, commencez par agrafer un morceau de tissu à armure régulière sur un carton et photocopiez le tout. Utilisez cette photocopie comme grille pour élaborer votre dessin.

Les motifs présentés ci-dessous ont été brodés sur une toile à tissage régulier n° 18 qui les met en valeur.

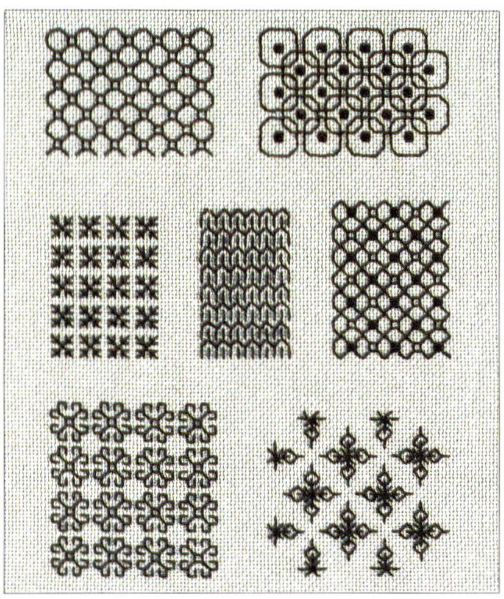

Dessins de broderie noire

LES CONTOURS DES BRODERIES NOIRES

Une fois le motif brodé, le contour de la broderie peut être souligné par un point de broderie linéaire. Traditionnellement, on utilise le point de Holbein (voir page 29) *ou le point arrière, mais le point de tige est aussi très plaisant. D'autres points de remplissage, comme le point de chaînette ou les couchures, rendent un bel effet, surtout sur les courbes et les sinuosités, car ils créent des traits plus épais. Dans certaines broderies modernes* (voir l'illustration de la page 107), *on ne trace pas les contours.*

Exécution du point de tige

• Le point de tige se travaille de gauche à droite ou de bas en haut. Sortez l'aiguillée au début de la rangée de points *(voir l'illustration ci-dessous :* **1***).*

• Piquez l'aiguille plus loin sur la ligne (**2**) et ressortez-la un peu inclinée (**3**).

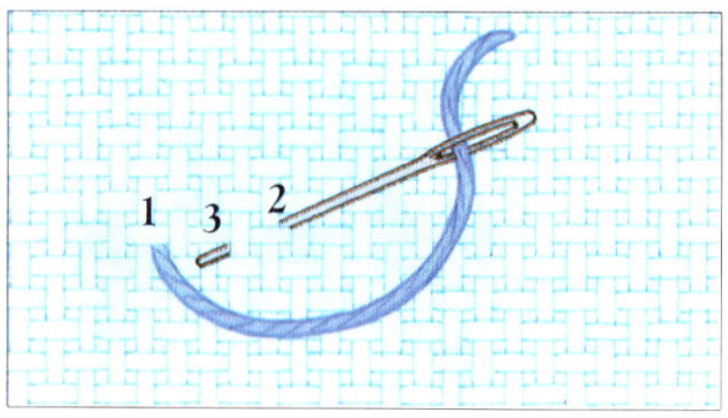

Exécution d'un point de tige

• Continuez à travailler en donnant la même longueur à tous les points *(voir illustration ci-dessous :* **4***).* Ramenez l'aiguille chaque fois sur le tracé de la ligne de points (**5**).

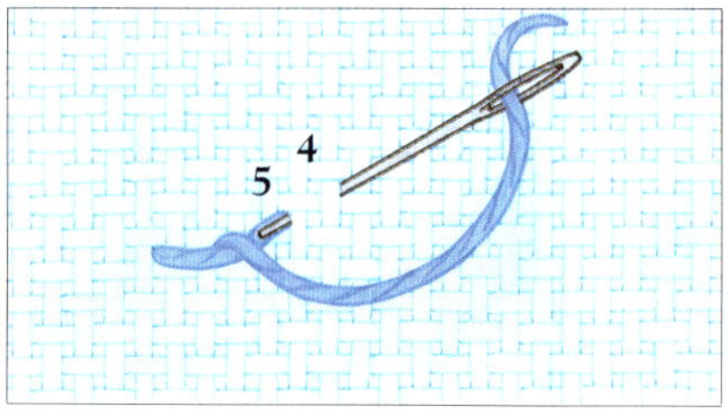

Exécution d'une ligne de points de tige

Gardez toujours le fil du même côté de l'aiguille, en dessous ou à droite. Si vous placez le fil à gauche, l'aspect diffère un peu (point de tige contrarié).

Exécution du point de chaînette

• Sortez l'aiguillée au début de la ligne *(voir l'illustration ci-dessous :* **1***)* et maintenez le fil avec le pouce. Repiquez l'aiguille en **1**.

• Sortez l'aiguille sur la ligne de points (**2**) en vérifiant que le fil forme une boucle sous l'aiguille. Resserrez la boucle avec précaution pour former le premier maillon de la chaîne.

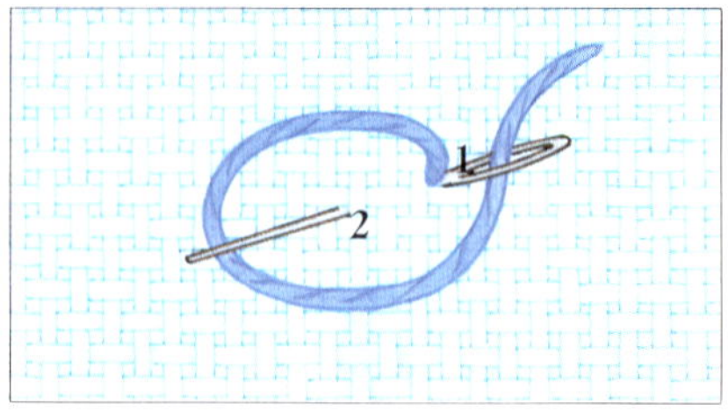

Exécution de la première boucle d'un point de chaînette

• Maintenez le fil vers le bas, piquez de nouveau l'aiguille en **2**.

• Maintenez la boucle sous le pouce et sortez l'aiguille *(voir l'illustration ci-dessous :* **3***).* Resserrez la boucle.

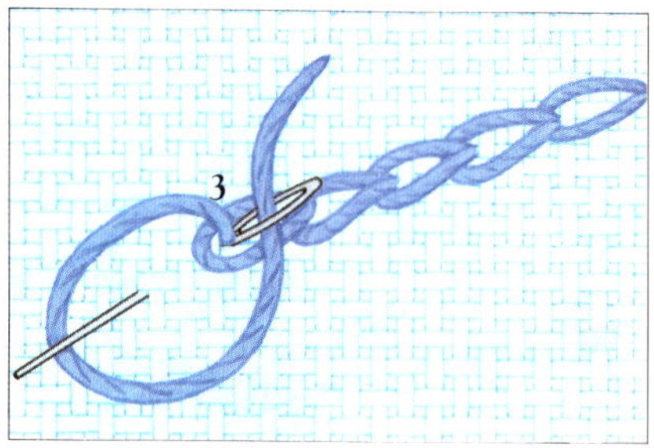

Exécution d'une ligne de points de chaînette

• Pour arrêter la dernière boucle d'une chaînette, faites un point par-dessus.

Exécution des couchures

Les couchures sont variées : on peut « coucher » un ou plusieurs fils, et les points qui les lient sont divers : minuscule point simple ou double, point de croix, point de chausson, point de boutonnière, et même point de chaînette échelle.

Le schéma de la page ci-contre montre clairement comment faire une ligne de couchure simple.

• Amenez le fil à fixer au début de la ligne de broderie *(voir l'illustration de la page ci-contre :* **1***).*

• Maintenez le fil avec le pouce et sortez une autre aiguilllée (**2**). Passez le fil de cette aiguillée à cheval sur le fil à fixer, piquez l'aiguille de l'autre côté (**3**).

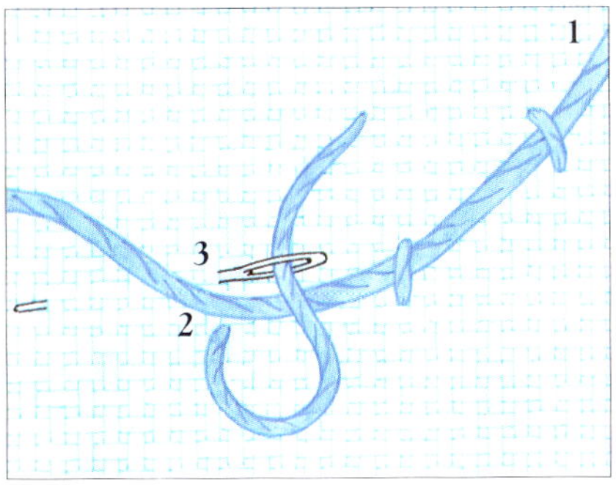

Exécution d'une couchure

• Continuez en posant les points de fixation à intervalles réguliers.
• Pour terminer une ligne de couchure, faites passer les deux fils sur l'envers de l'ouvrage et arrêtez-les solidement.

Note : un point de chaînette ou une couchure créent une ligne plus épaisse que le point de tige ou le point de Holbein.

Variantes de broderie noire
La plupart des livres de broderie contiennent un chapitre sur la broderie noire et proposent des modèles. On en trouve aussi des exemples sur des portraits du XVIe siècle, ainsi que dans les livres d'art et sur des cartes postales.

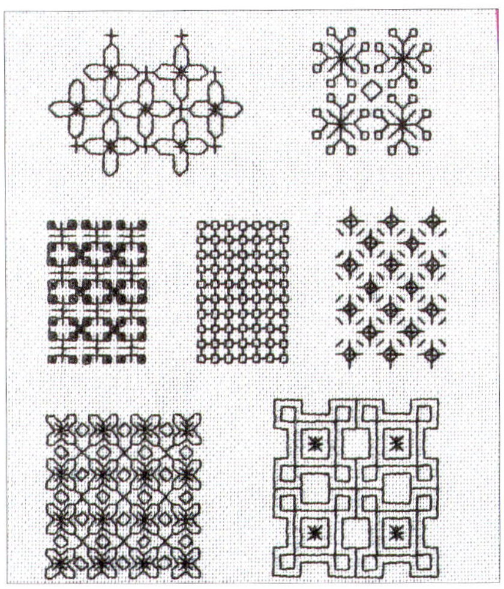

Dessins de broderie noire

TREILLIS OCTOGONAL

Charmant exemple de motif de surbroderie, cet octogone se travaille de différentes façons, l'ordre donné ci-après étant un des plus simples. Vous pouvez essayer de broder le motif dans un ordre différent pour voir s'il vous convient mieux avant d'entreprendre cet ouvrage.

Exécution du motif
• Commencez par les lignes verticales de points arrière sur deux fils de tissu en laissant six fils entre les lignes *(voir l'illustration ci-dessous).*

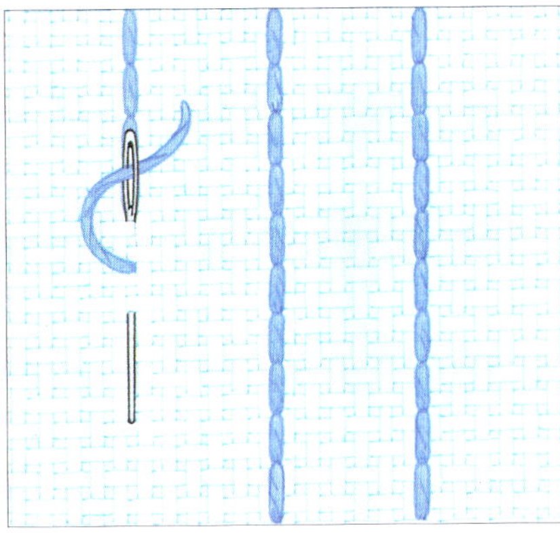

Exécution de lignes verticales de points arrière

• Brodez un octogone au point arrière par-dessus une ligne sur deux. Notez que les obliques de l'octogone couvrent deux intersections de fil et les autres côtés quatre fils *(voir l'illustration ci-dessous).*

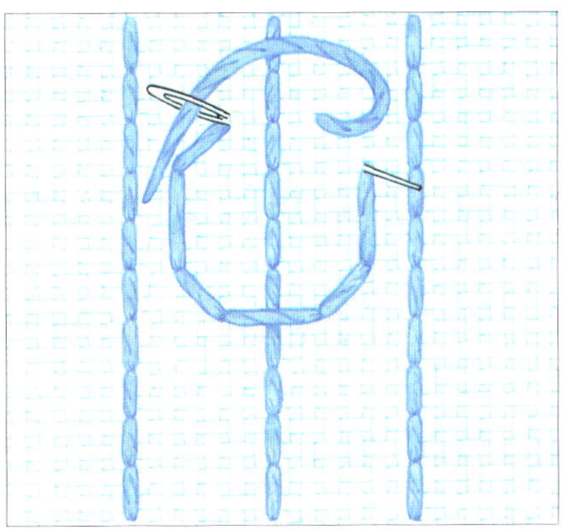

Exécution de l'octogone

• Brodez un point de croix au centre sur quatre intersections en travaillant comme suit : sortez l'aiguille en haut à droite, piquez-la en bas à gauche, ressortez-la en haut à gauche, piquez-la en bas à droite. Ressortez l'aiguille à l'endroit indiqué *(voir l'illustration ci-dessous).*

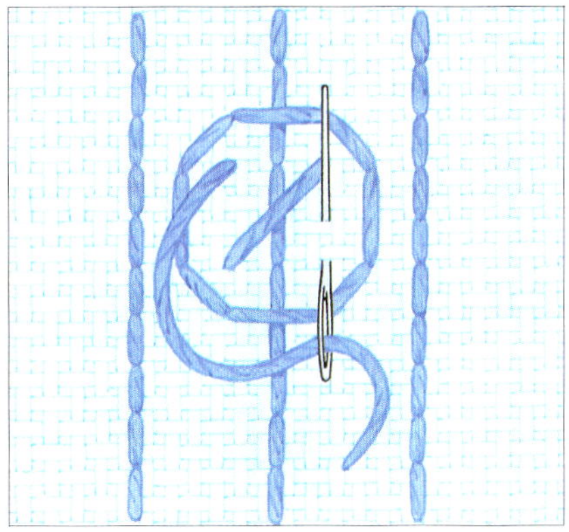

Exécution du motif central

• Brodez deux points avant sur quatre fils en croisant le point de croix puis la ligne verticale adjacente. Sortez l'aiguille au début de l'octogone suivant *(voir l'illustration ci-dessous).*

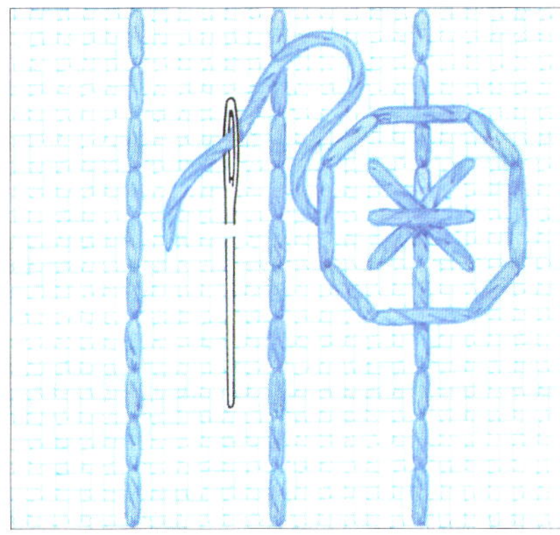

Finition du motif octogonal

• Brodez tous les octogones jusqu'au bout de la rangée.
• Pour le rang suivant, travaillez en sens inverse en plaçant les octogones sur les lignes verticales restées libres. Laissez un fil de tissu entre le bas des octogones d'une rangée et le haut de la rangée suivante *(voir la photographie ci-dessous).*

Exemple de treillis octogonal

Coussins bleu et blanc

Ces frais coussins bleu et blanc, ornés de trois motifs différents, font penser à un patchwork. Brodé avec du coton perlé sur une toile rustique à tissage régulier, l'ouvrage est facile à réaliser en une ou deux soirées.

DIMENSIONS

Coussins terminés : un carré de 38 cm de côté

FOURNITURES

Pour chaque coussin : 50 cm de toile Aïda n° 18 (18 count)

Coton perlé DMC n° 5,
2 échevettes de chaque coloris :
798
blanc neige

1,70 m de ganse ronde assortie aux broderies (ou échevette supplémentaire de coton pour faire vous-même un cordonnet torsadé)
4 boutons
Fil à coudre assorti au tissu et à la ganse
Forme de coussin carrée rembourrée de 40 cm de côté
Aiguille à tapisserie n° 20

GRILLE DES COUSSINS BLEU ET BLANC

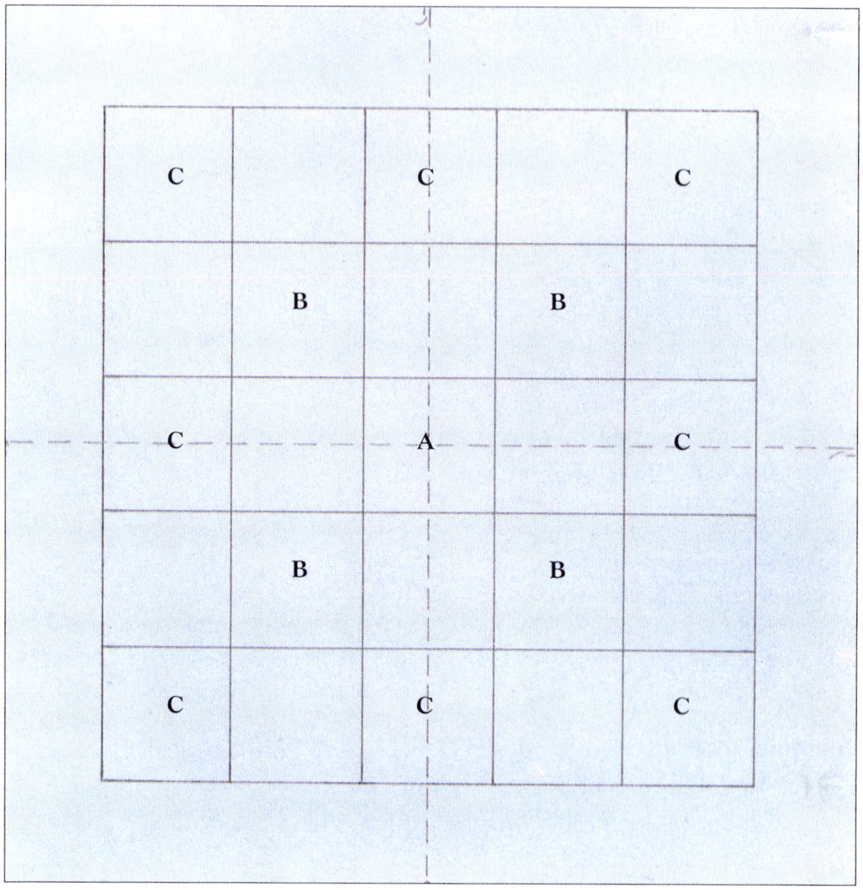

Exécution de la broderie

1 Coupez un carré de tissu de 50 cm de côté pour le devant de la housse. Pour éviter l'effilochage, arrêtez les bords au point zigzag ou au point de surjet; ou bien posez du ruban de masquage à cheval sur les bords.

2 Faites deux lignes de bâti horizontale et verticale qui se croisent au centre.

3 Brodez le motif en vous référant aux instructions ci-dessous et à la grille. Tous les blocs de petits motifs se suivent sans solution de continuité : aucun fil de tissu ne sépare un bloc de ses voisins. Chaque bloc de motifs contient 25 petits motifs individuels.

4 Une fois qu'un des motifs individuels est disposé dans un bloc, il est facile de placer les autres. Chaque motif individuel couvre huit fils du tissu et est séparé des motifs adjacents par deux fils du tissu. Brodez le premier motif en le centrant exactement sur l'intersection des lignes de points de bâti, puis brodez les autres.

5 Commencez par le centre d'un bloc en suivant le modèle A :

- Brodez d'abord le carré intérieur au point arrière sur quatre fils du tissu, puis le carré extérieur au point arrière sur huit fils *(voir l'illustration ci-dessous).*

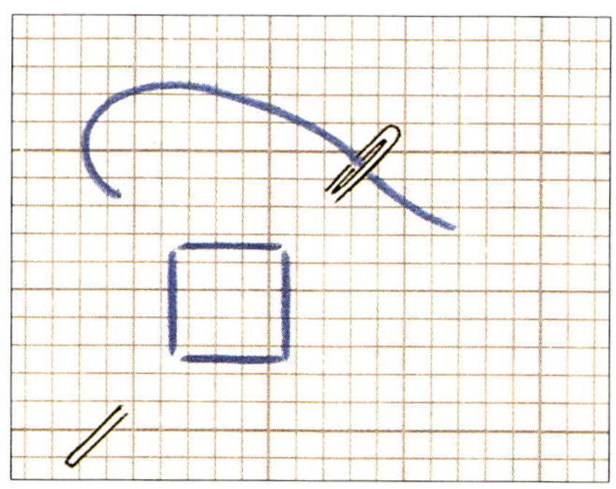

Début du carré extérieur (modèle A)

• Puis brodez quatre traits en diagonale en sortant l'aiguille à chaque coin et en la piquant dans le trou du centre *(voir l'illustration ci-dessous).*

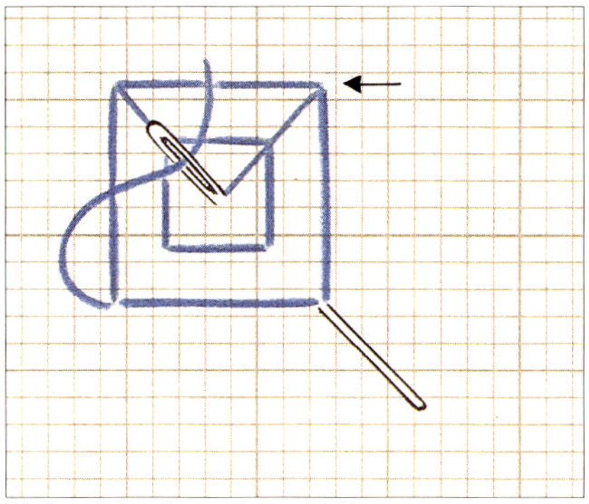

Exécution des points obliques

6 Brodez les quatre blocs du modèle B :

• Commencez au coin inférieur droit *(voir la flèche sur l'illustration ci-dessous)* et faites un point oblique, sur deux fils du tissu.

• Effectuez d'autres points obliques, mais sur quatre, puis six, puis huit fils.

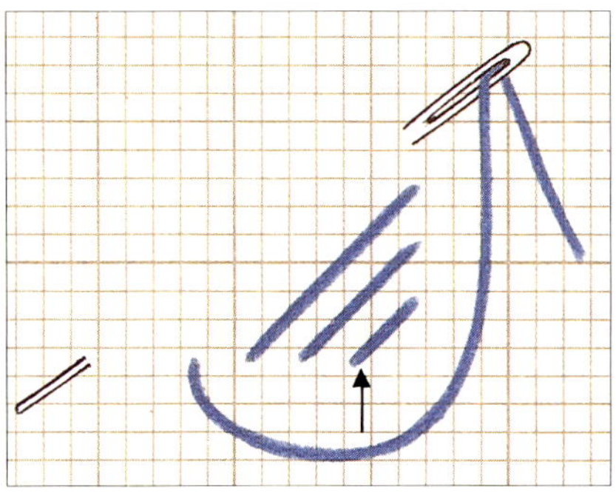

Exécution du modèle B

• Pour commencer le motif suivant, sortez l'aiguille à quatre fils de distance à gauche de l'endroit où le fil a émergé pour le dernier point *(voir l'illustration ci-dessus).*

Tous les triangles brodés de cette façon doivent être orientés dans la même direction, les points les plus longs étant situés en haut et à gauche.

Note : sur les blocs en haut à droite et en bas à gauche, les longs points vont jusqu'aux angles *(voir la photographie de la page 103).*

7 Brodez les huit blocs du modèle C :

• Commencez par le coin supérieur droit du bloc indiqué par la flèche. Brodez quatre points horizontaux et quatre verticaux sur deux, quatre, six et huit fils de tissu *(voir l'illustration ci-dessous).* Vous pouvez associer les dessins A, B et C de la page 102 à votre guise.

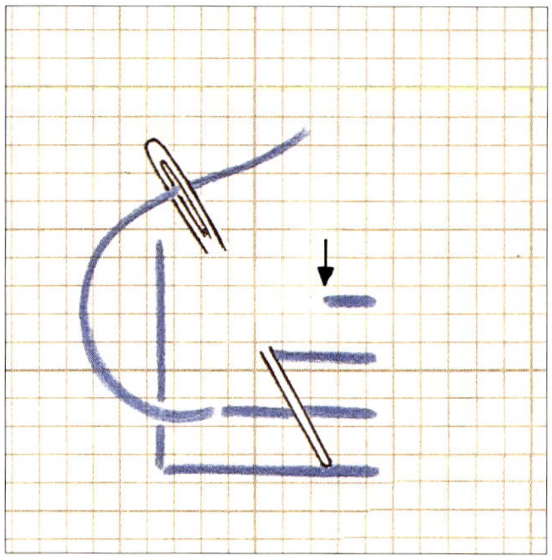

Exécution du modèle C

• Brodez un point sur huit fils à partir du coin inférieur, en diagonale. L'aiguille sort au début du motif suivant.

Note : tous ces motifs sont orientés vers le coin supérieur droit.

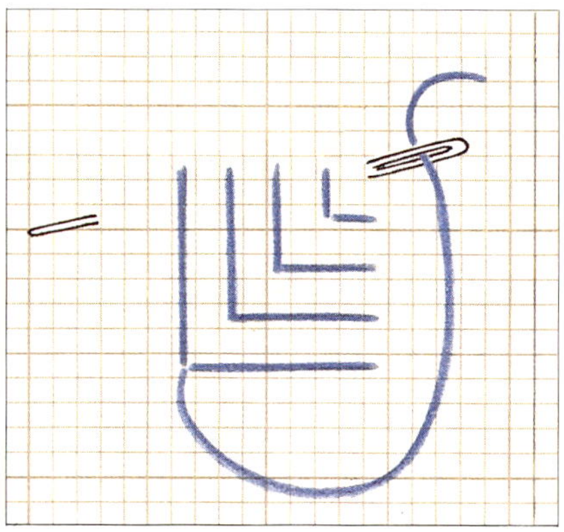

Achèvement du modèle C

8 Une fois les blocs terminés, brodez tout autour un bord au point de croix, à deux fils des blocs externes. Brodez chaque croix sur deux fils de tissu.

Fabrication du coussin

1 Repassez l'ouvrage légèrement sur l'envers. N'écrasez pas les points.

2 Comptez dix-huit fils de tissu à partir du bord et faites une ligne de points de bâti tout autour de cette face de la housse : elle représente la ligne de la couture. Éliminez l'excès de tissu en réservant 2 cm de marge tout autour. Le morceau mesure 44 cm de côté. Vous trouverez sans doute une différence minime entre les mesures horizontale et verticale, car très peu de tissages réguliers sont rigoureusement exacts.

3 Coupez deux rectangles pour le dos de la housse : un de 44 x 33 cm et un de 44 x 20 cm (adaptez le plus grand morceau en fonction du devant, si nécessaire).

4 Rentrez 1 cm sur les deux morceaux pour faire un ourlet le long d'un long côté; cousez. Repliez 3 cm du bord ourlé du grand morceau. Repassez.

5 Étalez les deux morceaux sur une surface plane, à l'envers, de façon que les bords ourlés se superposent sur 5 cm. La mesure des deux morceaux doit correspondre à la largeur du devant du coussin; corrigez si nécessaire. Bâtissez les morceaux au niveau du chevauchement.

6 Posez le devant de la housse sur le dos, endroit contre endroit, et bâtissez les deux morceaux au ras et à l'extérieur de la ligne de bâti. Piquez la couture en laissant une fente de 3 cm sur le côté inférieur pour rentrer les extrémités de la ganse. Coupez les coins en biais. Si vous le désirez, terminez les bords vifs du tissu par un point zigzag à la machine ou un surjet à la main. Retournez la housse à l'endroit.

7 Cousez les boutons à intervalles réguliers sur la partie du dos placée dessous, juste à côté du repli formé par l'autre pièce du dos. Sur cette dernière, brodez une bride à bouton *(voir page 155)* au bord, en regard de chaque bouton. Si vous préférez broder des boutonnières à la machine, faites-le avant d'assembler les deux parties du dos.

8 Insérez la forme de coussin. Cousez la ganse sur la couture *(voir page 155)* en superposant ses extrémités et en les enfonçant dans la petite fente. Fermez celle-ci au point glissé, avec soin et très solidement, autour de la ganse *(voir page 155).*

Petit tableau méditerranéen

Ce charmant tableau de broderie noire associe la délicatesse d'un dessin à la plume et la séduisante texture du tissu et du fil. La plupart des points sont comptés, mais, çà et là, on les a interrompus pour conférer à l'ouvrage un caractère spontané.

DIMENSIONS

Motif terminé : 26 x 14 cm

FOURNITURES

Un carré de toile de lin n° 32 (32 count) de 40 cm de côté
Coton mouliné six brins DMC noir, 1 échevette
Coton perlé DMC n° 8 noir ou coton à broder spécial DMC n° 16 noir, 1 pelote
Carton de 50 x 76 cm
Aiguilles à tapisserie n° 22 et n° 24
Aiguille à laine fine n° 5

Exécution de la broderie

1 Montez le tissu sur un métier en vérifiant l'aplomb.

2 Brodez le motif en suivant la grille ci-dessous. Commencez soit du côté gauche, à environ 8 cm du bord du tissu, soit du côté droit, à environ 10 cm du bord. Brodez avec un brin de fil. Utilisez le coton mouliné six brins pour les points marqués en noir sur la grille et soit du coton perlé, soit un coton à broder spécial DMC n° 16 pour les points marqués en rouge. Chaque carreau de la grille représente deux fils de tissu; tous les points à fils comptés sont travaillés suivant cette grille à deux fils.

GRILLE POUR LE TABLEAU MÉDITERRANÉEN

3 Après avoir fini tous les points à fils comptés, brodez des points de croix au hasard pour figurer le feuillage (représenté par des aplats colorés sur la grille). Servez-vous de coton perlé ou de coton à broder et de l'aiguille à laine fine.

Suivez les lignes discontinues de la grille page 105 pour broder les contours ou tracez d'abord ces contours au point de bâti sur l'ouvrage pour vous guider.

Détail du tableau méditerranéen

Le montage du tableau

1 Enlevez l'ouvrage du métier. Repassez-le à l'envers sur une planche à repasser molletonnée.

2 Montez l'ouvrage sur le carton *(voir page 152)*. Il est prêt à encadrer.

Fabrication d'un passe-partout

Si vous ne confiez pas l'ouvrage à un professionnel, vous pouvez l'encadrer vous-même en fabricant un passe-partout.

Il y a deux sortes de passe-partout : à bords droits ou à bords en biseau. Les bords droits sont plus faciles à réaliser.

1 Pour un passe-partout à bords droits, mesurez et tracez les quatre bords de la fenêtre. Avec une règle en métal à bords droits, dessinez le rectangle à découper. Pour les angles, utilisez une équerre *(voir l'illustration ci-dessous)*.

Tracé de la fenêtre

2 Percez les coins avec une punaise et coupez avec soin le long des lignes tracées *(voir l'illustration ci-dessous)*.

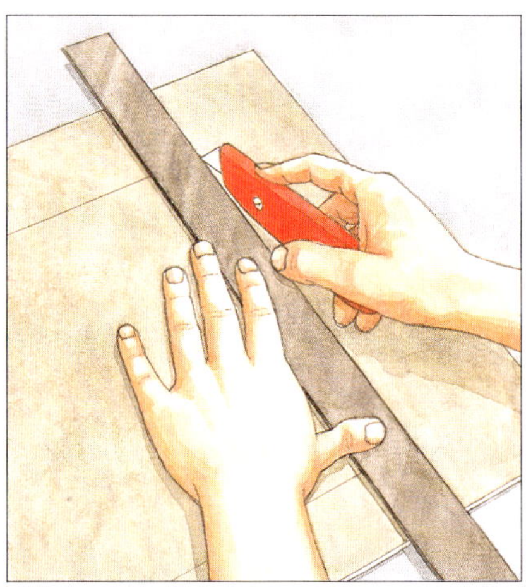

Découpe de la fenêtre

Utilisez un couteau à lame réglable (cutter) et une règle métallique. Arrêtez-vous quand vous parvenez aux trous percés par la punaise.

3 Pour découper un passe-partout biseauté, il vous faut un couteau à lame inclinée. Exercez-vous auparavant sur des chutes de carton, car cette technique n'est guère aisée.

Il existe dans le commerce un grand choix de cartons pour passe-partout. Choisissez-en un d'une couleur qui s'harmonise avec la broderie et avec la couleur du tissu. Pour le tableau méditerranéen, il faut une couleur qui contraste avec le fond crème pour mettre la broderie en valeur.

La broderie ajourée

Les broderies ajourées regroupent des techniques de broderie à fils comptés qui permettent d'obtenir toutes sortes d'effets de dentelle en supprimant des fils du tissu ou en les resserrant au moyen de points variés. Depuis plusieurs siècles, les broderies ajourées ornent le linge de maison et les vêtements. De nos jours, elles servent plutôt à réaliser des ouvrages purement décoratifs, panneaux muraux ou tableaux de broderie. Nous vous présentons ici trois des plus jolies formes de broderie ajourée : les ajours, la broderie à fils tirés et la broderie Hardanger.

Techniques des ajours

La délicatesse des ajours permet de classer les ouvrages réalisés selon cette technique au premier rang des broderies à fils comptés. Vous trouverez ci-après la description de quelques points qui permettent d'obtenir des effets extrêmement variés.

TECHNIQUES DE BASE

On crée les ajours en resserrant les fils du tissu au moyen de points spéciaux qui produisent dans le tissu des trous décoratifs. D'autres points de broderie, qui soulignent les détails et les contours, sont souvent associés à ces motifs.

À la différence des techniques à fils tirés, celle des ajours n'exige pas la suppression de fils du tissu, si bien que les ouvrages terminés, malgré leur aspect ajouré, restent très solides. Cette technique se prête à la décoration du linge de maison et de la lingerie délicate.

Le choix du tissu

Le tissu doit avoir un tissage régulier dont les fils se comptent et se séparent facilement. Au cours des siècles, le type de tissu employé a changé. La très fine mousseline utilisée au XVIIIe siècle est aujourd'hui peu appréciée en raison du temps de travail qu'elle exige, mais on peut à l'occasion se laisser tenter par le défi que constitue une petite broderie de mousseline, car le résultat en est toujours charmant. Une toile à tissage régulier assez gros et assez lâche en lin ou en coton, dont la jauge se situe entre 26 et 18 fils par 2,5 cm, convient au linge de table et à la plupart des ornements d'ameublement. Pour s'exercer, on peut utiliser un canevas léger ou de la toile de jute, moins coûteux.

On peut aussi choisir un voilage pour rideaux ou pour moustiquaires, ou encore, selon la mode, certains tissus de confection.

Le choix du fil

Normalement, le fil doit avoir la grosseur de ceux du tissu, mais, dans certains cas, un fil plus gros peut permettre d'obtenir une texture plus intéressante. Le fil doit être solide, car il supportera une forte tension.

Si le coton perlé et le coton à broder sont les plus utilisés, le fil retors pour boutonnières, les cotons à crocheter et les fils à dentelle conviennent aussi. En général, la soie moulinée n'est pas recommandée, car elle se casse ou s'effiloche facilement.

Le choix des couleurs

Aujourd'hui, comme autrefois, les ajours sont le plus souvent brodés en blanc ou en écru, parfois sur un fond de couleur, ce qui met en valeur les contrastes entre les textures. Cependant, la techique se travaille aussi en couleur, la seule condition étant d'utiliser un fil à broder le mieux assorti possible au tissu du fond, parce que les points, en soi, ne sont pas spécialement décoratifs. Ils servent essentiellement à créer des textures dont l'effet se trouverait occulté par des points trop voyants.

Préparation et fournitures

Pour faire des ajours, employez toujours un métier. Mieux tendus, les fils du tissu sont plus visibles et le tissu se déforme moins. Certains points, cependant, ont tendance à déformer le tissu en diagonale, et il faut compenser ces déformations au cours du travail en ajustant le tension du fil, ou redresser l'ouvrage terminé dans un cadre *(voir page 151).*

Comme dans les broderies à fils comptés, utilisez une aiguille à tapisserie.

Les points de remplissage et de bordure

De très nombreux points s'emploient pour remplir les motifs d'ajours ou pour les entourer d'un fond ajouré, Vous n'en trouverez ci-après que quelques-uns, mais, même restreint, ce choix permet la création d'un grand nombre de textures et d'effets.

Les points de remplissage ajourés ne se classent pas facilement par catégories, car leurs structures, leurs techniques d'exécution et leur aspect final sont très variés. Dans les pages ci-après, ils ont été groupés selon les types de textures obtenues.

Presque tous les points d'ajour servent à remplir des zones précises d'un motif. Quelques-uns, toutefois, sont employés pour des frises ou des bordures *(voir page 117).*

Lecture d'un diagramme de point

Il suffit d'un peu de patience et de pratique pour maîtriser la technique des ajours. Avant d'entreprendre un ouvrage, faites toujours un essai du point.

Un diagramme de travail pour des ajours ne montre pas l'aspect de la broderie terminée puisque les fils de la broderie sont montrés non serrés.

La flèche n° 1 sur un diagramme chiffré indique le point de départ, où l'aiguille sort pour exécuter le premier point. Pour les flèches suivantes, le talon montre l'endroit où l'aiguille est piquée et la tête son lieu de sortie pour le point suivant.

LE POINT LANCÉ

Le point lancé est un des plus employés de la broderie ajourée. Il est parfois utilisé pour remplir les figures qui coexistent avec les motifs ajourés ou pour souligner les contours des ajours. Mais le point lancé s'utilise aussi dans la broderie à fils comptés, et un « point lancé compté » peut être brodé très serré pour produire divers effets d'ajours.

Pour vous exercer aux ajours et découvrir leurs effets, brodez des rangées et des pavés de points lancés. Dans la plupart des ajours, les points sont très tirés, de façon à serrer fortement les fils du tissu, mais dans certains cas la tension doit rester modérée. On associe parfois des points tendus à des points peu tendus. À mesure que vous prendrez de l'assurance, essayez diverses tensions de fil.

Pour tous les modèles des pages 118 à 127, il faut une tension ferme, sauf indication contraire.

Les rangées de points lancés

- Pour exécuter une rangée de points lancés, commencez par sortir l'aiguille au point de départ *(voir la flèche sur l'illustration ci-dessous).* Faites un point sur le nombre de fils indiqué.
- Travaillez les points suivants sur le même nombre de fils *(voir ci-dessous).* Dans le rang du bas de

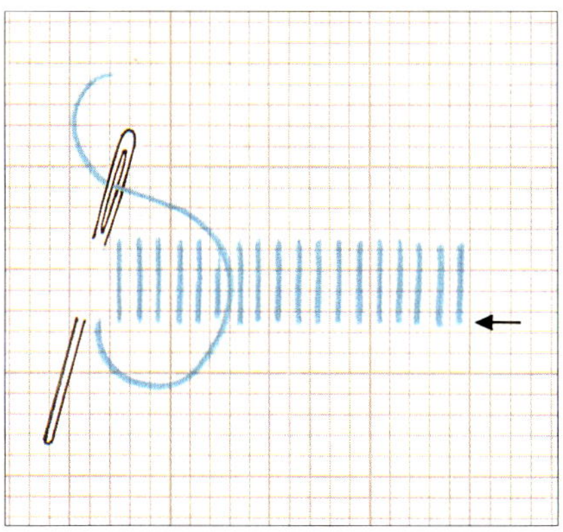

Exécution d'une rangée de points lancés (de droite à gauche)

l'exemple photographié, le point lancé a été brodé sur quatre fils de tissu : peu tendu, modérément tendu et bien tendu. Dans les trois premiers rangs, le point lancé a été brodé bien tendu sur trois, quatre et cinq fils *(voir la photographie ci-dessous).*

Exemple de rangées de points lancés à fils comptés

Les pavés de points lancés

Les pavés de points lancés sont exécutés en diagonale sur un nombre donné de fils du tissu, trois à cinq le

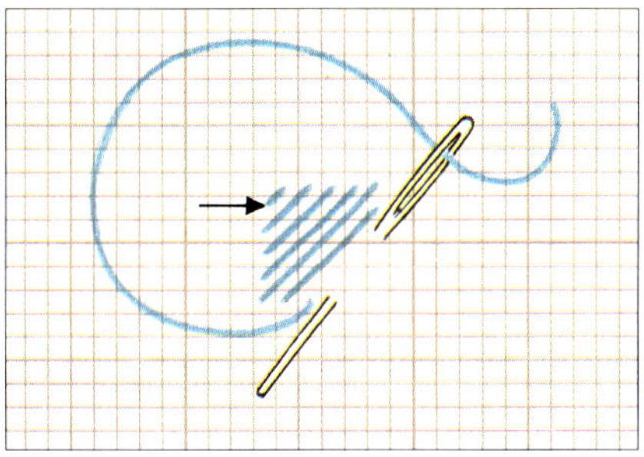

Exécution d'un pavé de points lancés

plus souvent *(voir l'illustration ci-dessus).* Les blocs peuvent être tous brodés dans le même sens *(voir la photographie ci-dessous, rang du haut)* ou en sens

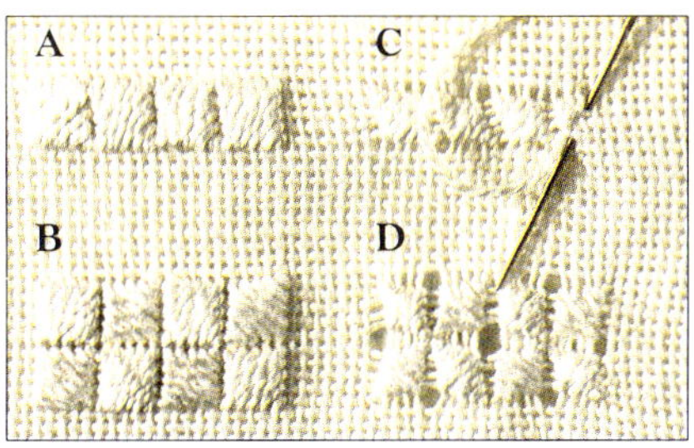

Exemples de pavés de points lancés

contraire (rang du bas). Exercez-vous à broder des pavés au point lancé avec tension faible *(voir la photographie ci-dessus :* **A, B***)* ou modérée (**C, D**) pour créer différents effets de texture. Note : le point central d'un pavé au point lancé ne doit pas être trop tendu, sinon il déformera le pavé.

REMPLISSAGE AU POINT LANCÉ

Les fonds à motif de damier, de vannerie et de mosaïque sont obtenus à partir du point lancé. Ces points de remplissage produisent un effet plus plein que les autres points proposés dans ce chapitre parce qu'en général on ne les serre pas autant.

Exécution du fond damier ajouré

Ce remplissage est formé de rangs de dix points travaillés sur trois fils, chaque pavé étant composé de trois rangées. Chaque pavé est brodé perpendiculairement au précédent.

- Sortez l'aiguille comme le montre la flèche sur l'illustration ci-dessous (**1**) et brodez le premier rang horizontal de dix points lancés.
- Après le dixième point, sortez l'aiguille à la base de la rangée horizontale suivante (**2**) et brodez dix autres points.
- Sortez l'aiguille à la base de la rangée suivante (**3**) et faites encore une rangée de dix points.
- Sortez l'aiguille comme il est indiqué (**4**) pour commencer le pavé suivant, composé de trois rangées verticales.
- Brodez la première des trois rangées verticales de bas en haut, la deuxième de haut en bas et la troisième de bas en haut.

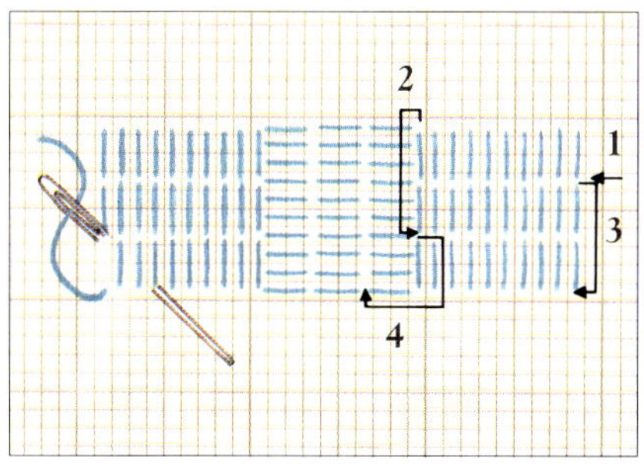

Exécution d'un remplissage damier sur trois pavés perpendiculaires

- Brodez le pavé suivant (trois rangées horizontales de dix points) de la même façon que le premier pavé.
- Continuez à remplir la surface de tissu de rangées alternativement horizontales et verticales.

Sur les rangées avoisinant les extrémités du rang d'un autre pavé, brodez de façon que l'aiguille pique dans l'extrémité des rangées : il est plus facile alors de piquer l'aiguille entre les fils du tissu, dont certains sont parfois déjà resserrés en faisceaux.

Le remplissage damier exécuté ci-dessous avec une tension de fil ferme *(voir la photographie)* est aussi très joli exécuté avec une tension faible.

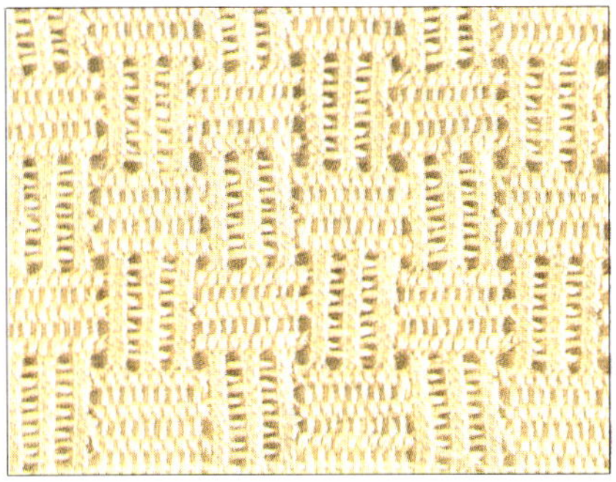

Exemple de remplissage damier

Exécution du fond vannerie ajouré

Le remplissage vannerie est composé de rangées de six points serrés sur trois fils de tissu.

• Commencez dans un coin supérieur de la broderie en sortant l'aiguille au point marqué par la flèche de départ *(voir l'illustration :* **1***)* et brodez un rang horizontal de six points lancés de droite à gauche.

• Après le sixième rang, sortez l'aiguille en **2** pour commencer la deuxième rangée verticale et brodez les six points suivants.

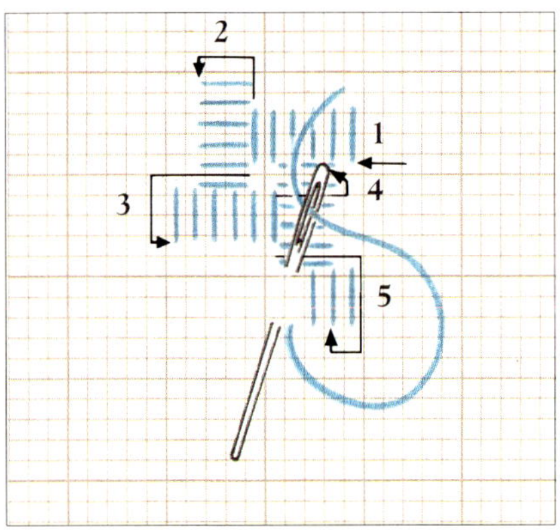

Pavés de points horizontaux puis verticaux

• Continuez de la même façon (**3, 4, 5**) en brodant chaque rangée de six points perpendiculairement à la rangée précédente.

Bien que très long à faire, le remplissage vannerie, à texture très fine, est indiqué pour suggérer l'idée d'un store ou

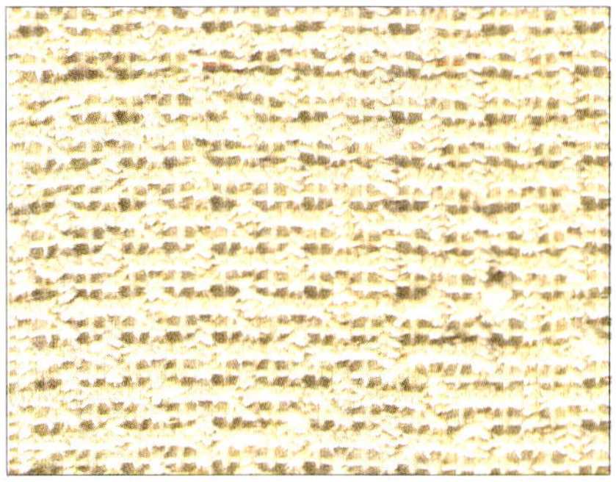

Exemple de remplissage vannerie

d'un grillage. N'oubliez pas que la broderie terminée est très différente du diagramme du point *(voir la photographie ci-dessus).*

Exécution du fond mosaïque ajouré

L'effet d'oblique produit par ce motif est dû au travail des pavés de cinq points sur quatre fils et au fait que chaque bloc est perpendiculaire au précédent.

• Sortez l'aiguille au coin supérieur droit *(voir l'illustration ci-dessous :* **1***)* et brodez une rangée verticale de cinq points lancés.

• Après avoir terminé le cinquième point, sortez l'aiguille à la base du rang horizontal suivant (**2**) et brodez un rang de cinq points.

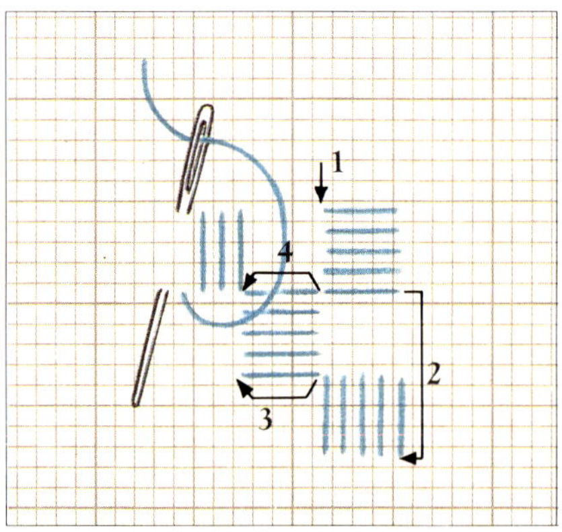

Exécution du fond mosaïque en diagonale vers le haut

• En travaillant en diagonale, brodez une rangée de points verticaux suivie par une rangée horizontale (**3** et **4**).

• Sortez l'aiguille en **5** pour commencer le rang vertical suivant et brodez cinq points.

• Après le cinquième point, sortez l'aiguille à la base du rang horizontal suivant (**6**) et brodez une rangée de cinq points.

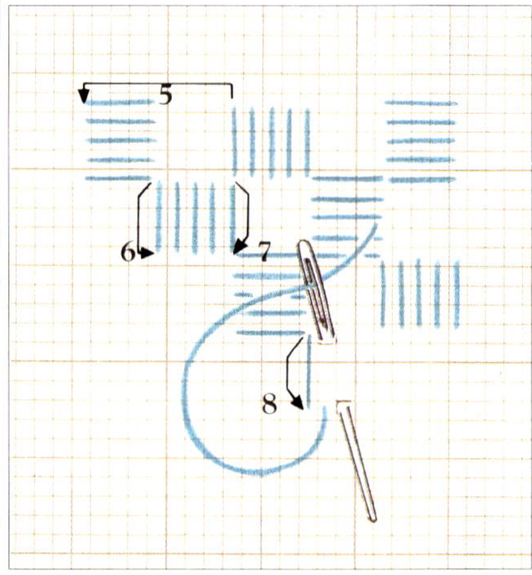

Exécution du fond mosaïque en diagonale vers le bas

• Brodez une rangée verticale de cinq points en vous déplaçant en diagonale vers le bas, puis une rangée

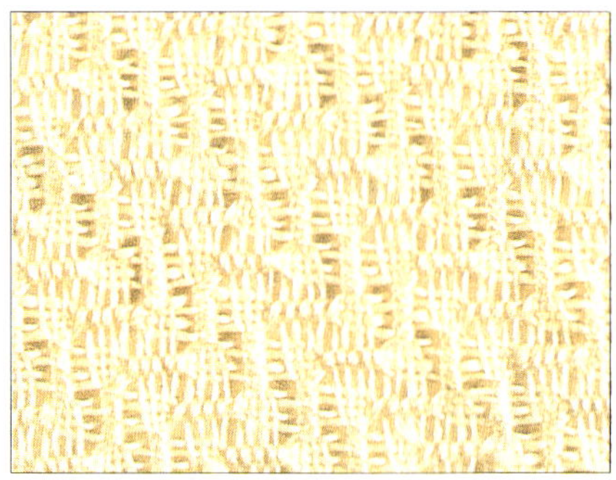

Exemple de remplissage mosaïque

horizontale de cinq points (**7** et **8**). Le remplissage se fait ainsi, les pavés étant brodés en diagonale tour à tour en montant et en descendant *(voir la photographie ci-dessus).*

ŒILLETS

Les figures formées par les œillets comptent parmi les plus gracieuses des fonds ajourés. Les œillets tirés avec ou sans croix centrale peuvent se disposer isolés, par rangées ou en groupes. On crée des effets très intéressants en les disposant de façon asymétrique.

Exécution d'un œillet tiré

La structure de cet œillet carré est simple, mais son exécution nécessite une certaine pratique. Le carré est brodé sur un nombre égal de fils (ici, huit).

- Localisez la maille centrale et agrandissez-la avec un poinçon ou une aiguille à tricoter.
- En commençant au milieu d'un côté, sortez l'aiguille *(voir la flèche sur l'illustration ci-dessous)* et piquez-la au centre.
- Continuez autour du carré en sortant l'aiguille au bord et en la piquant au centre. Tendez les points des côtés un peu plus que ceux des angles.

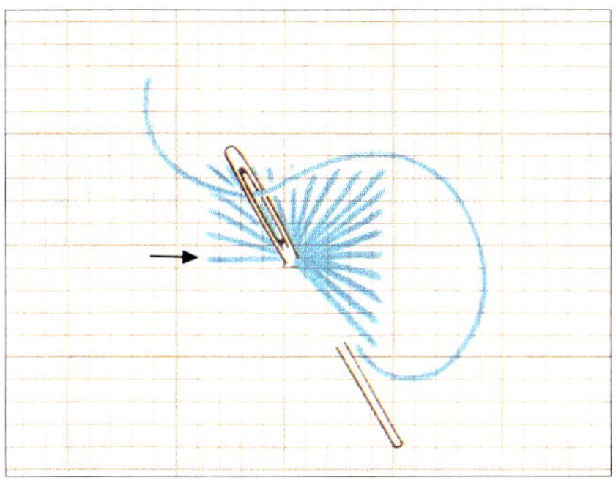

Piquez l'aiguille au centre et sortez-la au bord

- Tout en brodant, aplatissez les points avec l'ongle ou avec l'aiguille. Les œillets tirés forment de très jolis motifs de fond *(voir la photographie ci-dessous).*

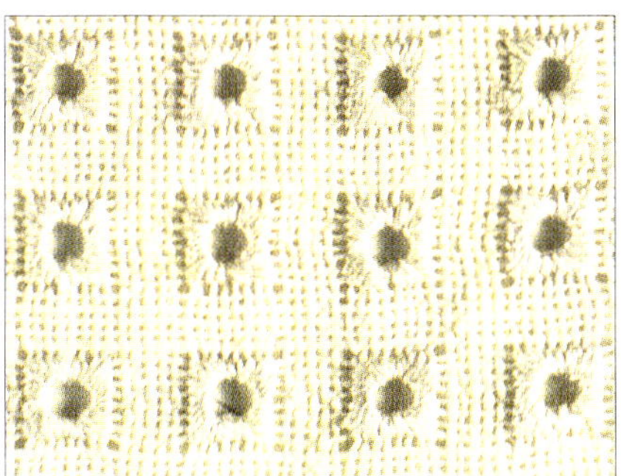

Œillets tirés brodés sur cinq fils

Les œillets peuvent aussi se travailler avec une faible tension de fil, ce qui diminue la taille du trou central, mais il faut alors utiliser un fil assez fin pour éviter le bourrage des fils au milieu.

Exécution d'un œillet à croix

Cet œillet est travaillé sur un nombre quelconque de fils (sept dans l'exemple) en sautant un fil horizontalement et verticalement au centre.

- Brodez le point comme pour l'œillet tiré mais ne couvrez pas les fils au milieu de chaque côté *(voir l'illustration ci-dessous).*

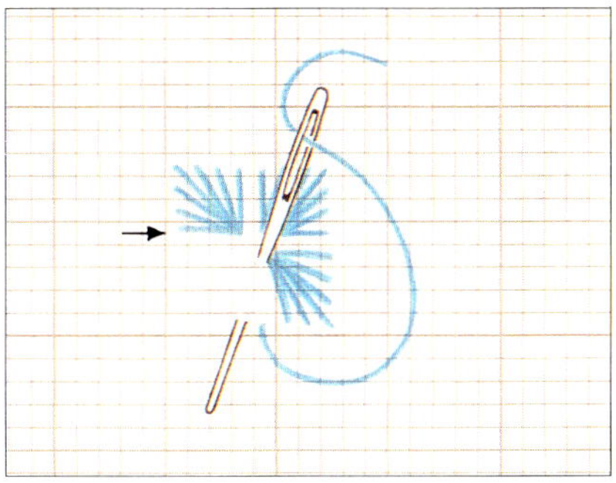

Laissez non travaillée l'intersection des fils au centre de l'œillet

Les fils horizontaux et verticaux laissés libres au centre de l'œillet dessinent une croix *(voir la photographie ci-dessous).*

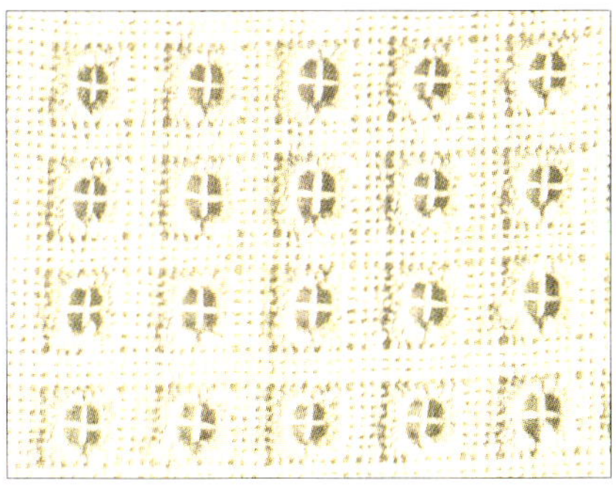

Œillets tirés avec croix centrale brodés sur trois fils de tissu

Œillets tirés et fond mosaïque

Ce ravissant motif est formé de rangées obliques de fond mosaïque (six points sur trois fils de tissu) alternant avec des œillets tirés brodés sur huit fils de tissu. Préparez bien les trous des œillets avec une grosse aiguille à tricoter et serrez les points du fond mosaïque.

- Commencez en haut à gauche de l'ouvrage (flèche **1**) et faites le premier œillet *(voir l'illustration ci-dessous).*
- Brodez quatre bandes de fond mosaïque (**2, 3, 4, 5**) puis un deuxième œillet (**6**).
- Commencez le troisième œillet au *deuxième point de départ* et

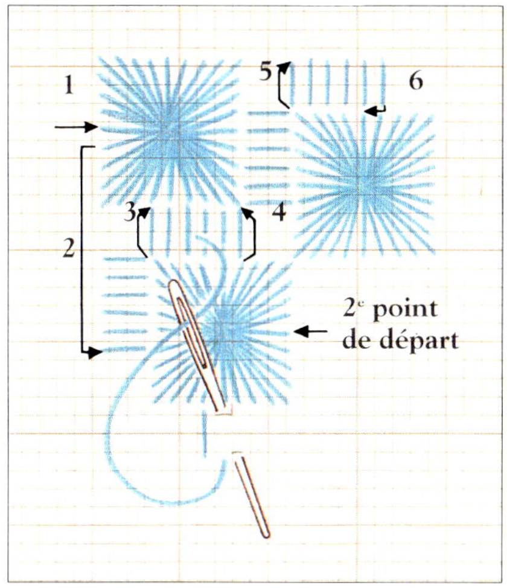

Exécution d'une rangée de points mosaïque sous le troisième œillet

continuez de la même façon en exécutant le motif en diagonale. Quand vous choisissez ce fond, commencez toujours par tracer le dessin : vous obtiendrez

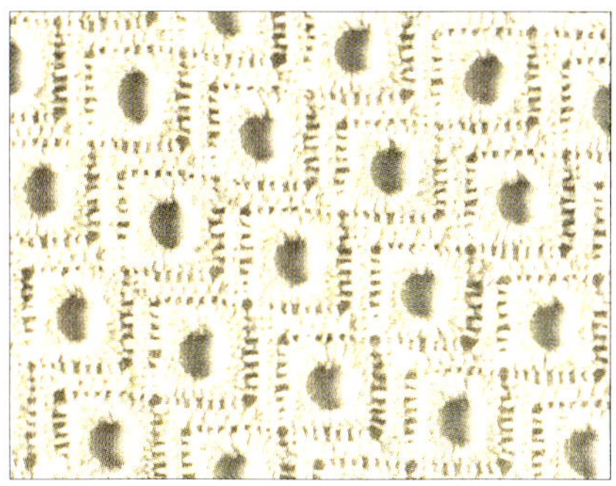

Exemple de fond mosaïque avec œillets

obligatoirement des bords obliques que vous pourrez corriger en ajoutant des morceaux de fond mosaïque et des œillets.

EFFETS DE TREILLIS

Les trois points de remplissage ci-après sont des points de piqûre.

Demi-point quadrillé et fond treillis tiré

Il s'agit de suites de points de piqûre brodés en zigzag sur quatre fils et en diagonale.

Exécution du demi-point quadrillé

- Pour exécuter le demi-point quadrillé, commencez au coin supérieur gauche et faites un point arrière horizontal vers la droite *(voir l'illustration ci-dessous :* **1***).* Sortez l'aiguille à quatre fils sous le point de départ (**2**).
- Continuez par un point arrière piqué dans le point de départ, en ressortant l'aiguille au même endroit (**3**).

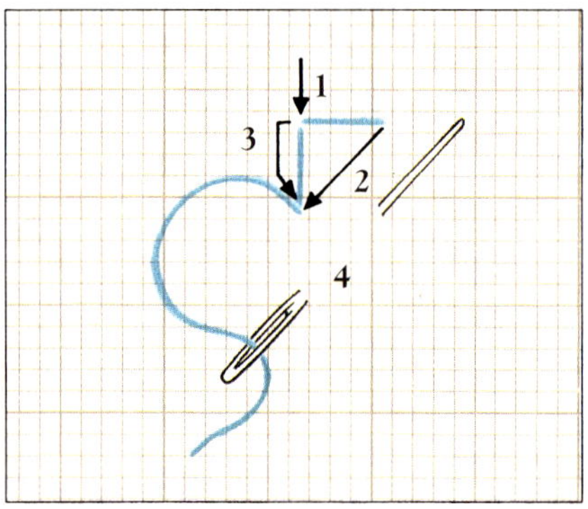

Exécution du demi-point quadrillé en diagonale, en montant

- Piquez l'aiguille à quatre fils au-dessous et ressortez-la à quatre intersections au-dessus et à droite (**4**).
- Formez les points en diagonale vers le haut et vers le bas sur toute la surface à broder.

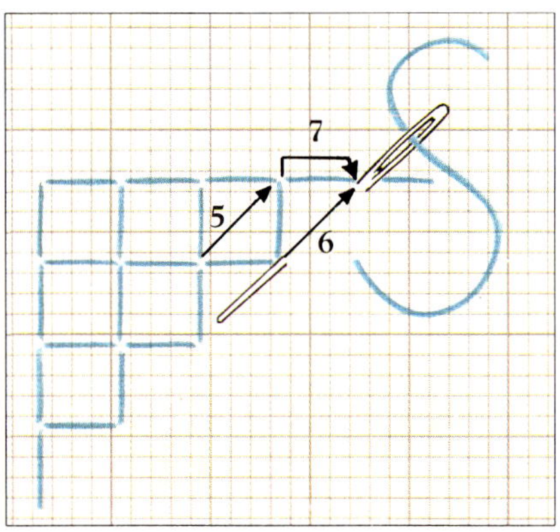

Exécution du demi-point quadrillé en diagonale, en descendant

- Un fond en demi-points quadrillés a une texture de treillis fin *(voir la photographie ci-dessous).*

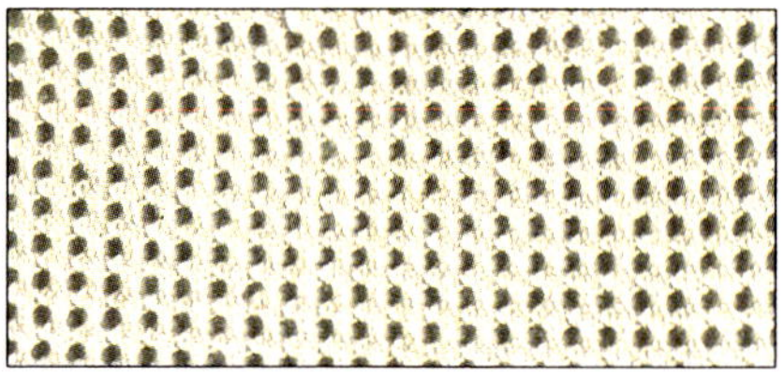

Exemple de demi-point quadrillé

Exécution du fond treillis tiré

Pour réaliser ce fond, faites des demi-points quadrillés que vous travaillerez deux fois. L'effet d'ajours est plus accusé.

Exécution du point diagonal croisé

Le point diagonal croisé est simple mais très long à exécuter.

- Commencez au coin supérieur droit. Brodez une croix verticale sur quatre fils, le bras horizontal étant par-dessus *(voir l'illustration ci-dessous :* **1** et **2***).*
- Sortez l'aiguille à quatre fils de distance sous la croix (**3**) et faites des points verticaux en remontant en diagonale vers la gauche (**4**), en les décalant comme il est indiqué.

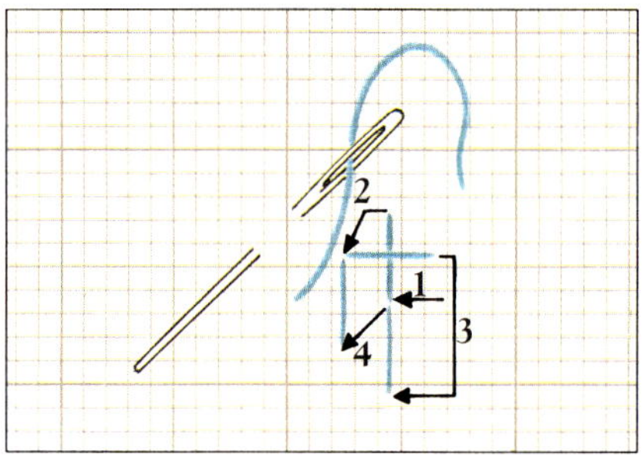

Début du point diagonal croisé

- Croisez les points verticaux dans les rangées diagonales avec les points horizontaux *(voir l'illustration ci-dessous).*

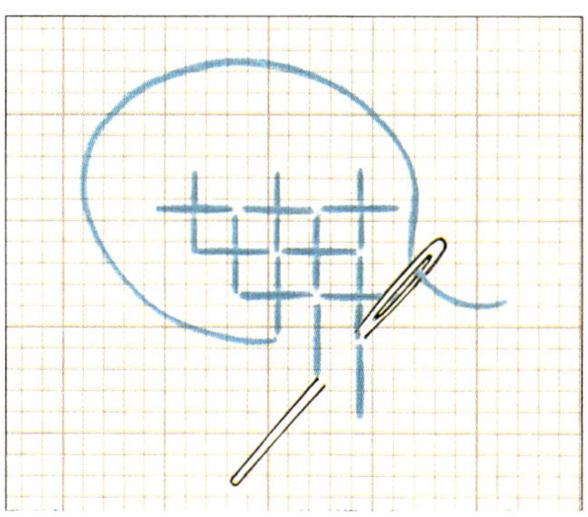

Croisement des fils verticaux

- Continuez de la même façon en formant d'abord les verticales et en les croisant avec les horizontales. Continuez les rangées diagonales vers le haut et le bas jusqu'à ce que le fond soit rempli.

Exécution du fond en carrés

Ce point est simple et d'exécution assez rapide. Tous les points se travaillent sur quatre fils.

- Commencez au coin supérieur droit. Travaillez les verticales du premier rang, de droite à gauche *(voir l'illustration ci-dessous :* **1, 2, 3***).*
- Au bout de la rangée, sortez l'aiguille à la base du rang suivant (**4**) et travaillez le rang suivant de gauche à droite.
- Travaillez les points verticaux sur le nombre voulu de rangs.
- Travaillez les points horizontaux comme il est indiqué pour achever les carrés (**2ᵉ point de départ).**

Le fond en carrés forme un bel ensemble de lignes alternativement épaisses et fines *(voir la photographie ci-dessous).*

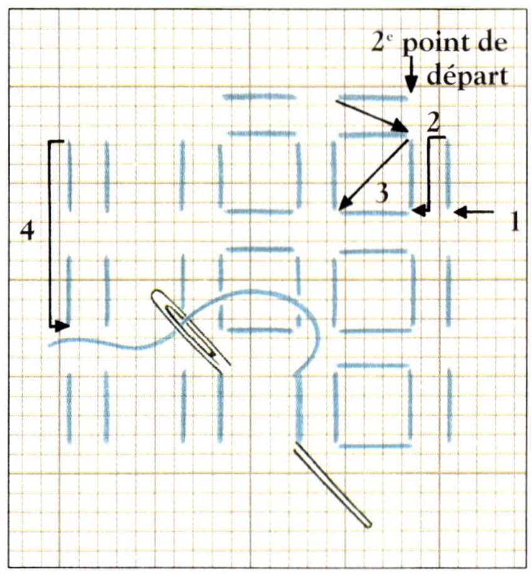

Exécution des points horizontaux après les verticaux

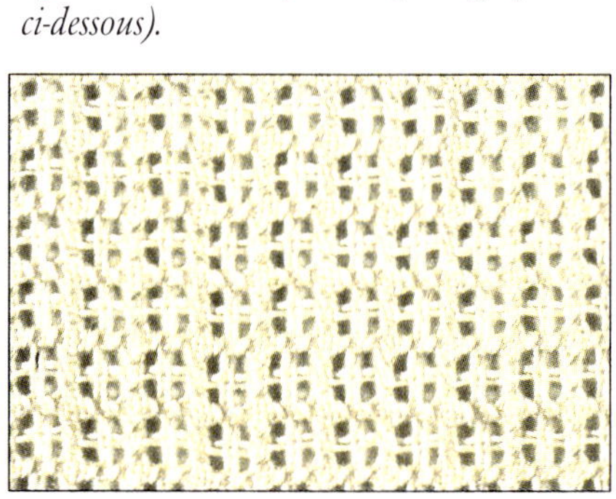

Exemple de fond en carrés

TEXTURES RICHES

Les fonds ajourés au point de croix allongé, au point octogonal et au point hexagonal sont riches d'effets.

Point de croix allongé

Il est parfois plus facile de commencer le fond par un rang de plusieurs points au lieu de commencer par un coin. Terminez d'abord tous les rangs montant du bas à droite vers le haut à gauche.

- Sortez l'aiguille au bord inférieur (**1**).
- Piquez l'aiguille en comptant deux fils vers la gauche et six fils vers le haut, sortez-la à deux fils à gauche et deux au-dessous (**2**). Continuez jusqu'au bord supérieur.
- Pour redescendre, piquez l'aiguille à six fils à droite et deux au-dessous, puis sortez-la à deux fils à gauche et deux au-dessous.
- Continuez le remplissage de la même façon jusqu'au bout de la rangée.

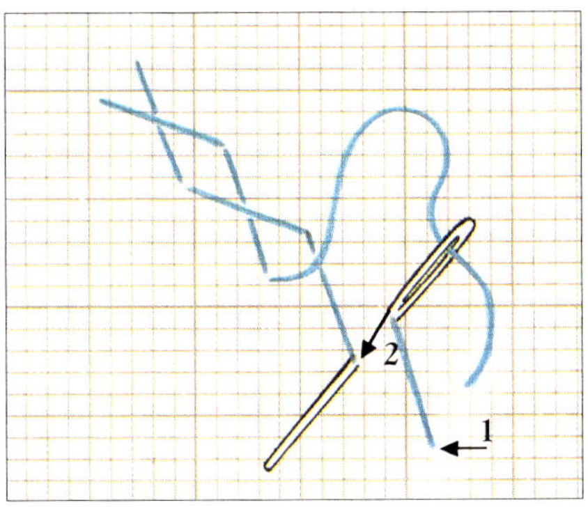

Début du point de croix allongé

- Remplissez tout l'espace de rangs en diagonale de points de croix allongés.
- Tournez le tissu d'un quart de tour vers la droite et faites des rangs de points de croix allongés sur les premiers, en travaillant toujours en deux étapes *(voir l'illustration ci-dessous).*

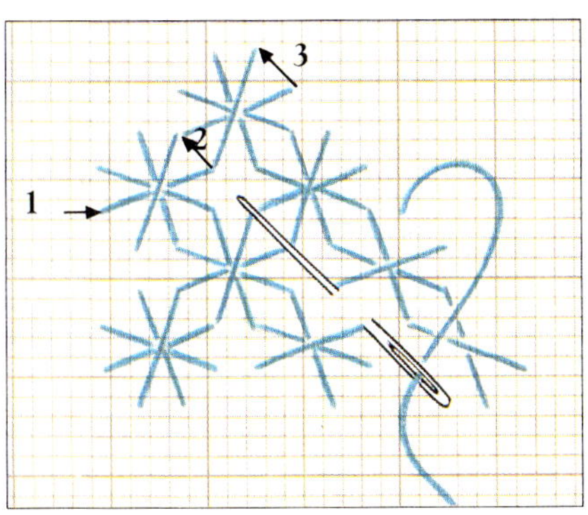

Continuation du point de croix allongé

Le serrage des points se fait en général en travers de la ligne de points, sous les intersections. Les longs points du dessus ne sont que légèrement tendus *(voir la photographie ci-dessous).*

Exemple de fond ajouré au point de croix allongé

Exécution du point octogonal

Ce point de piqûre donne un joli motif à huit trous.

- Commencez dans le coin supérieur droit, travaillez chaque point deux fois sur trois fils du tissu ou trois intersections de fils en formant les moitiés supérieure et inférieure d'un rang d'octogones *(voir la flèche sur l'illustration ci-dessous).*
- Une fois au bout du rang, repartez vers la droite en complétant les

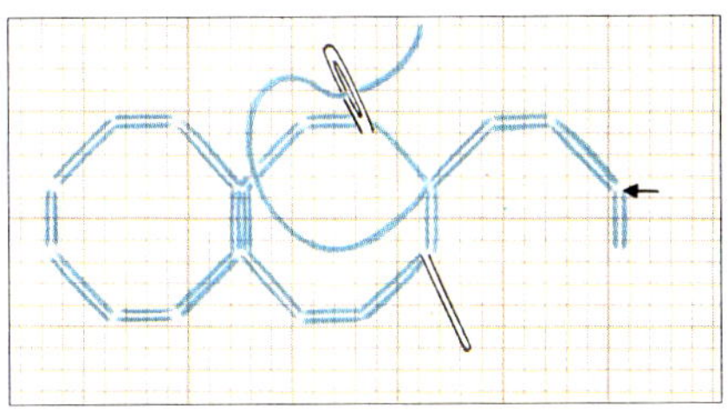

Exécution de la seconde moitié d'un rang d'octogones

octogones *(sur le schéma, l'aiguille achève l'octogone central).* Les quatre points situés entre les octogones *(voir l'illustration ci-dessous)*

Exemple de point octogonal

créent une texture à la fois compacte et délicate.

Exécution du petit point hexagonal

Cet autre point de piqûre ressemble au point octogonal, mais il a une structure plus complexe. Il se travaille en deux étapes.

- Travaillez de droite à gauche en brodant chaque point deux fois, sur trois fils du tissu ou trois intersections de fils, pour former la partie supérieure des hexagones et les côtés supérieur et gauche de chaque carré (**1, 2, 3**).

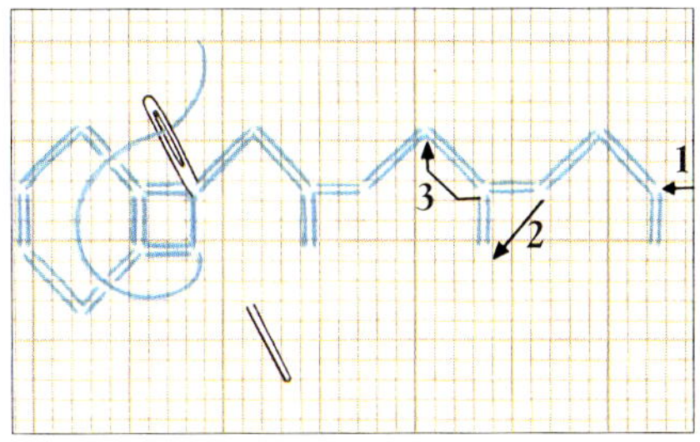

Exécution de la seconde étape

- En revenant dans l'autre sens, complétez les hexagones et les carrés. L'aiguille est représentée achevant

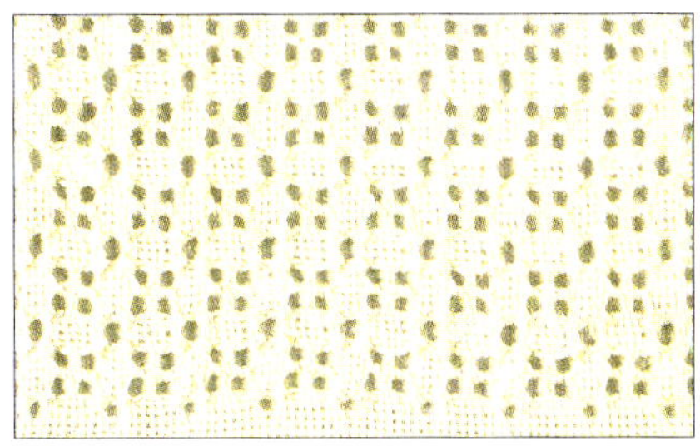

Exemple de point hexagonal

un carré. L'effet du point hexagonal est plus délicat que celui du point octogonal *(voir la photographie ci-dessus).*

LES TEXTURES SOUPLES

La souplesse du fond à chevrons inclinés, du fond à fenêtre et du fond nid-d'abeilles permet d'obtenir des effets subtils de broderie ajourée.

Exécution du fond à chevrons inclinés

Le fond à chevrons inclinés se travaille en diagonale du coin supérieur gauche au coin inférieur droit.

- Brodez un point arrière à la droite du point de départ en sortant l'aiguille deux fils plus bas *(voir l'illustration ci-dessous :* **1** *et* **2***).*
- Piquez l'aiguille au point de départ (**3**).
- Une fois le sommet du chevron brodé, faites deux points arrière de plus, d'un côté puis de l'autre (**4**).
- Continuez de la même façon en disposant les chevrons en rangées diagonales *(voir ci-dessous).*

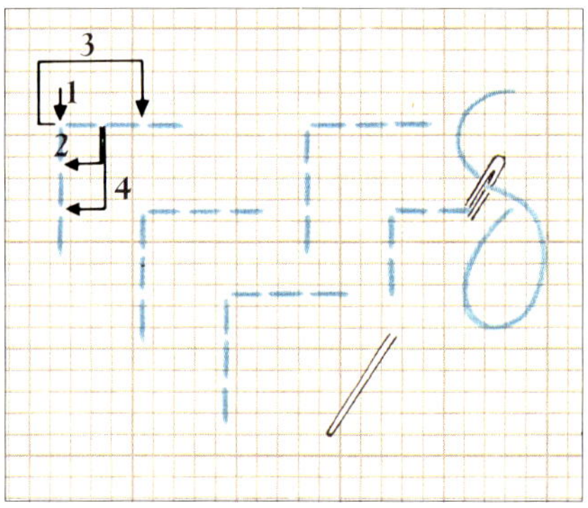

Exécution des rangées diagonales

Le fond à chevrons inclinés produit un effet de texture fine avec des ajours assez petits *(voir ci-dessous).*

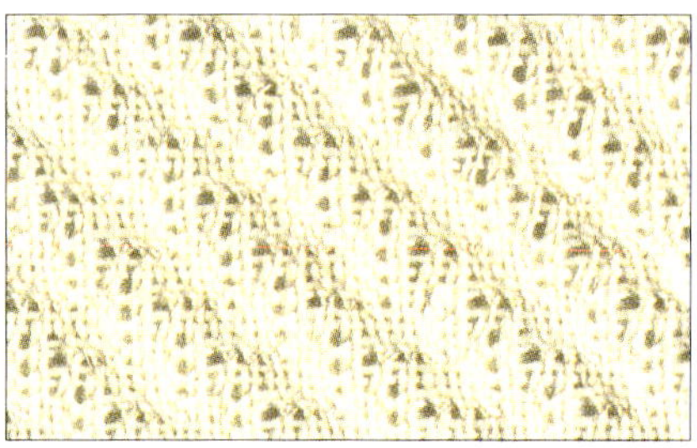

Exemple de fond à chevrons inclinés

Exécution du fond à fenêtres

Ce fond délicat est formé de carrés travaillés sur six fils. Brodez les rangées transversalement, soit toutes dans la même direction comme il est indiqué, soit dans un sens puis dans l'autre.

- Sortez l'aiguille au coin supérieur droit du premier carré *(voir l'illustration ci-dessous :* **1***).*
- Piquez l'aiguille deux fils au-dessous et sortez-la au coin gauche (**2**).
- Piquez l'aiguille deux fils au-dessus.
- Continuez tout autour du carré de gauche à droite, en amenant l'aiguille, sous le tissu, jusqu'au côté opposé après chaque point (**3** et **4**).
- Sortez l'aiguille au coin supérieur droit du carré suivant (**5**) et continuez à former des carrés de la même façon tout au long de la rangée.
- Travaillez le rang suivant de carrés sous le premier rang. L'aiguille est représentée travaillant le rang suivant.

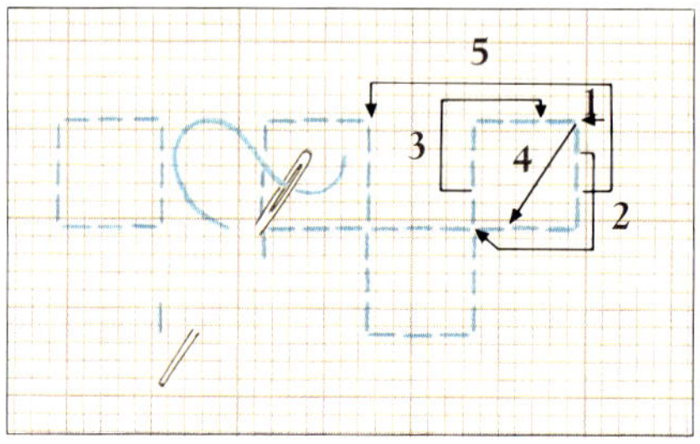

Exécution du deuxième rang de carrés

Terminé, le fond à fenêtres dessine un fond à damier très net *(voir la photographie ci-dessous).*

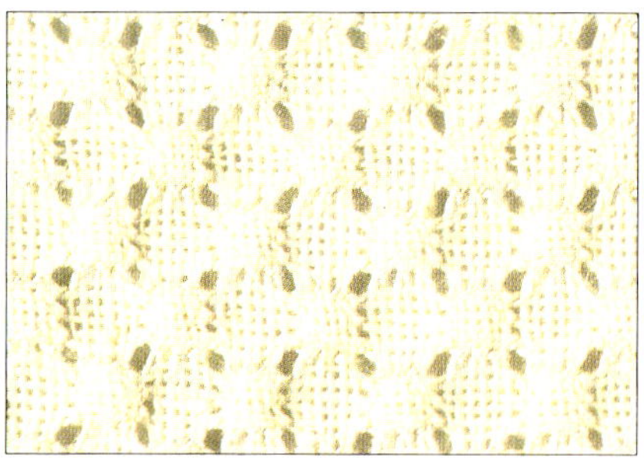

Exemple de fond à fenêtres

Exécution du fond nid-d'abeilles

Chaque point du fond nid-d'abeilles se travaille sur quatre fils de tissu.

- Commencez au coin supérieur droit *(voir l'illustration de la colonne suivante :* **1***).*
- Piquez l'aiguille en prenant quatre fils horizontaux, faites un point arrière sur quatre fils verticaux. Sortez l'aiguille au même endroit (**2** et **3**).
- Amenez l'aiguille quatre fils plus haut, et faites un autre point arrière (**4**).
- Continuez de cette façon jusqu'à l'extrémité du rang.
- En revenant, faites l'inverse : l'aiguille est représentée ci-dessous pendant le retour. Notez que deux points sont brodés au même endroit, là où les rangs sont contigus.

Ces points horizontaux sont les seuls à être fortement serrés.

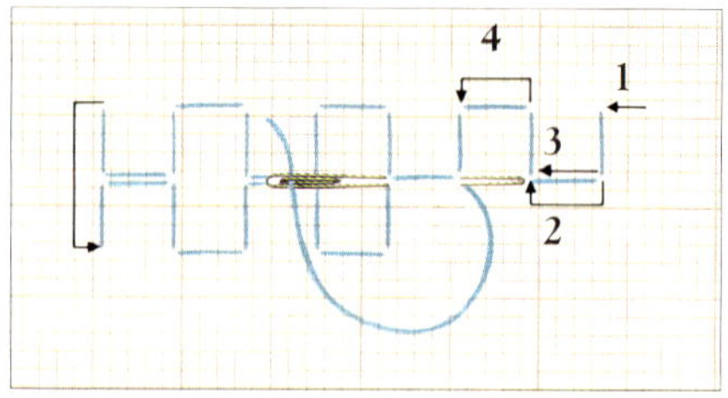

Exécution du rang de retour

Un fil assez épais accentue la texture alvéolée de ce fond. Ici, on a utilisé un coton perlé n° 3 *(voir la photographie ci-dessous).*

Exemple de fond nid-d'abeilles

BORDURES ET FRISES

Pour les bordures et les frises des broderies ajourées, on utilise le point quadrillé et le point triangulaire. Le point de Paris est un très joli point utilisé pour les ourlets à la place de véritables ajours. La technique des ourlets à jours est décrite page 153 au chapitre des finitions.

Exécution du point quadrillé

Chaque point se travaille sur un carré prenant trois fils de tissu.

• Sortez l'aiguille au coin inférieur droit *(voir l'illustration ci-dessous :* **1***).*

• Piquez l'aiguille dans le coin supérieur droit, ressortez-la dans le coin inférieur gauche (**2**).

• Piquez l'aiguille dans le coin inférieur droit, ressortez-la dans le coin supérieur gauche (**3**) pour achever les trois premiers côtés du premier carré.

• En travaillant de droite à gauche, continuez à broder les trois côtés des carrés suivants de la même façon. Vous créez ainsi une ligne de points.

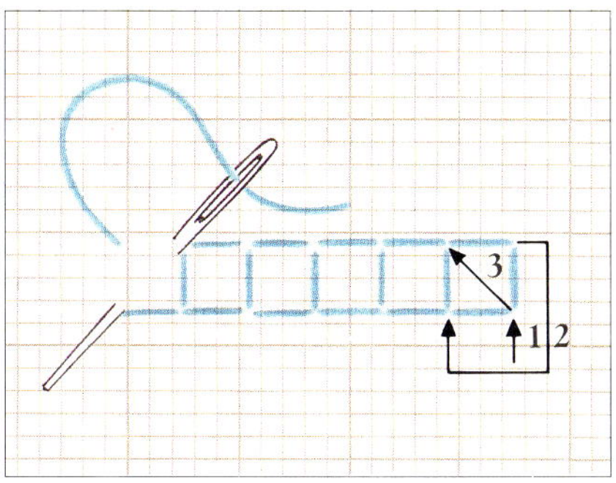

Exécution d'une ligne de points quadrillés

Si vous avez un coin à franchir sur votre ouvrage, il vaut mieux travailler dans le sens inverse des aiguilles d'une montre, car un coin brodé en tournant vers le bas est plus net que vers le haut *(voir l'illustration ci-dessous).*

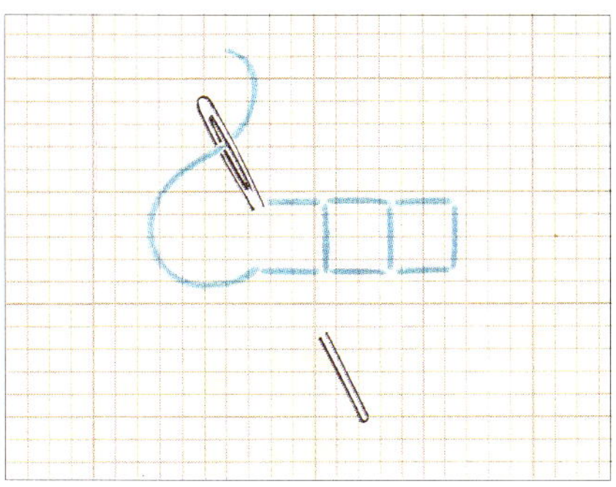

Passage d'un coin

Achevé, un bord au point quadrillé est charmant et délicat *(voir la photographie ci-dessous).*

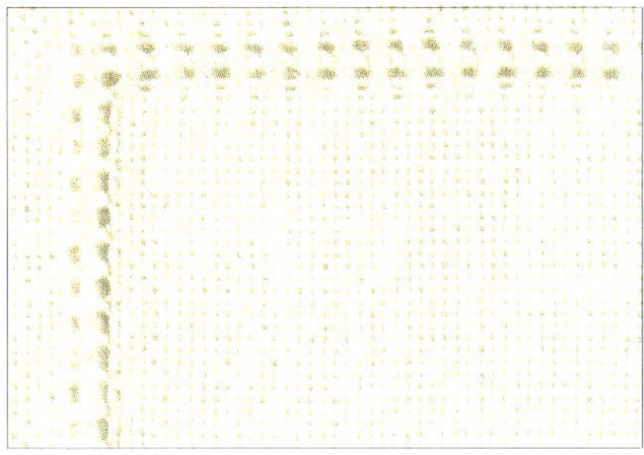

Exemple d'un bord au point quadrillé

Exécution du point triangulaire

Le point triangulaire dessine un zigzag composé de points arrière travaillés deux fois sur quatre fils du tissu.

• Commencez par deux points arrière à la limite supérieure du bord *(voir l'illustration ci-dessous :* **1***).*

• Ressortez l'aiguille au point de départ (**2**) et piquez-la à quatre fils au-dessous et deux fils à droite du point de départ.

• Sortez l'aiguille au point de départ pour la quatrième fois.

• Brodez un deuxième point arrière au même endroit, cette fois, en sortant l'aiguille à la limite inférieure du bas, quatre fils à gauche (**3**)

• Brodez un deuxième point arrière sur la base du triangle, puis piquez l'aiguille au point de départ (**4**) et faites un autre point arrière au même endroit en repiquant encore l'aiguille au point de départ.

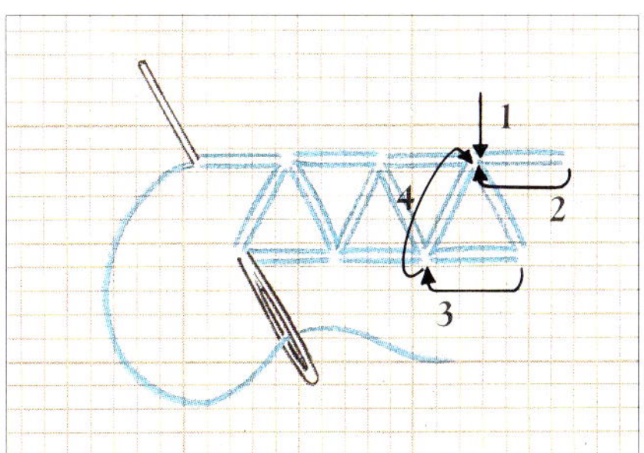

Exécution d'une ligne de points triangulaires

• Continuez la rangée.

• Pour tourner un coin, brodez le dernier point du rang sur six fils.

• Puis faites deux points arrière vers le coin intérieur. Travaillez sur six fils dans la nouvelle direction et continuez.

Le point triangulaire crée un effet plus ajouré que le point quadrillé *(voir la photographie ci-dessous).*

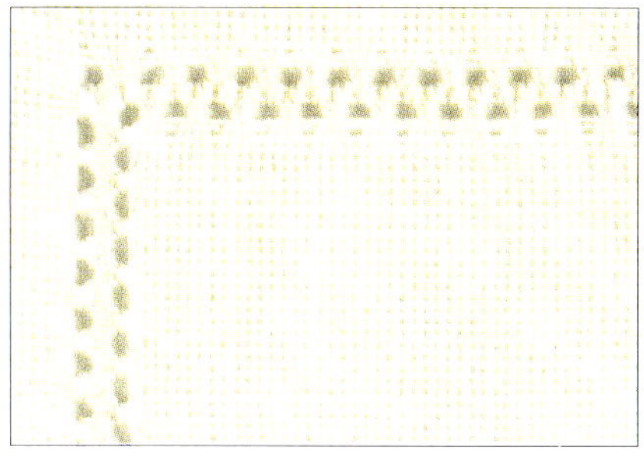

Exemple d'un bord au point triangulaire

Exécution du point de Paris

Il se brode sur un ourlet et est plus facile à exécuter qu'un ourlet à jours.

• Commencez par former un ourlet à double rentré et bâtissez-le.

• Piquez l'aiguille au point de départ juste sous le repli de l'ourlet *(voir la flèche de l'illustration ci-dessous).*

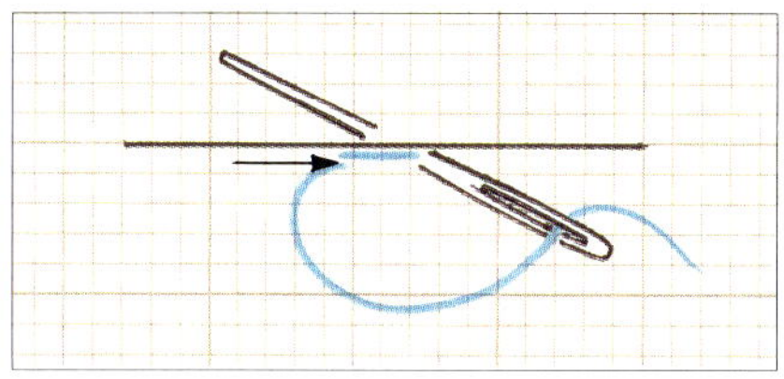

Début du point de Paris

• Sortez l'aiguille trois fils plus loin vers la gauche et faites un point arrière en ressortant bien l'aiguille au même endroit.

• Faites un autre point arrière, en piquant cette fois l'aiguille dans le repli de l'ourlet à un fil au-dessus et un fil à droite. L'aiguille est montrée ainsi sur l'illustration ci-dessus.

• Piquez l'aiguille là où elle est sortie pour la première fois en formant un petit point oblique sur le repli de l'ourlet. Serrez bien le fil à broder.

• Continuez ainsi jusqu'au bout de l'ourlet *(voir l'illustration ci-dessous).*

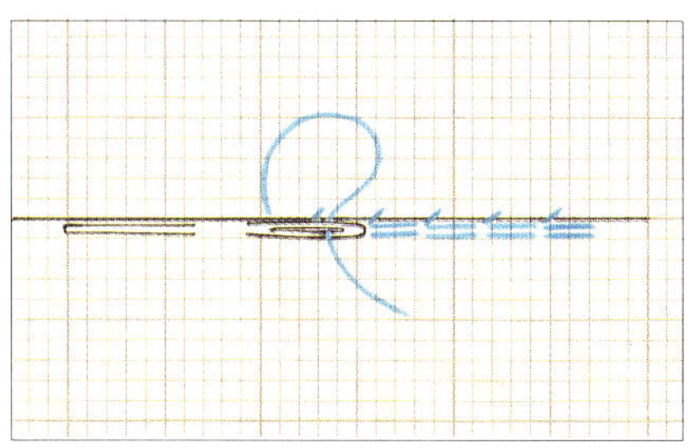

Réalisation d'un ourlet au point de Paris

Abat-jour ajouré

La broderie ajourée offre une texture aérée, mise en valeur par la lumière qui la traverse. Vous pouvez adapter ce motif de chute de feuilles à n'importe quelle forme d'abat-jour.

DIMENSIONS
Abat-jour de 16 cm de haut (à la verticale)

FOURNITURES
Toile de jute n° 18 (18 count) (pour calculer le métrage de tissu nécessaire, prenez votre mesure avec un mètre ruban à partir du bord du bas de l'abat-jour, en passant par-dessus l'ouverture du haut au milieu et en redescendant de l'autre côté vers le bord du bas).
Coton mouliné six brins DMC, d'un coloris assorti au tissu, 3 échevettes
Ganse assortie au tissu : 1,20 m (pour calculer la longueur de la ganse, mesurez la circonférence du bas et du haut de l'abat-jour, et ajoutez 7 cm pour la perte due à l'effilochage)
Colle pour textiles (transparente après séchage)

Dessin du motif

1 Épinglez le papier sur l'extérieur de l'abat-jour, puis tracez le contour du motif en comptant 1,25 cm de plus tout autour.

2 Épinglez le motif sur le tissu et découpez-le.

3 Pour empêcher l'effilochage, arrêtez le bord au point de feston à la main ou à la machine.

Exécution de la broderie

1 En suivant la grille ci-contre, brodez les contours des feuilles au point arrière *(voir page 98)* avec trois

GRILLE POUR LE MOTIF DE CHUTE DE FEUILLES

brins de fil. Comme le tissu sera très tendu sur l'abat-jour, assurez-vous que la broderie est au moins à 2,5 cm des coutures des bords.

2 Une fois les contours brodés au point arrière, glissez l'aiguille sous chaque point en travaillant de droite à gauche. Évitez de percer le tissu *(voir l'illustration ci-dessous).*

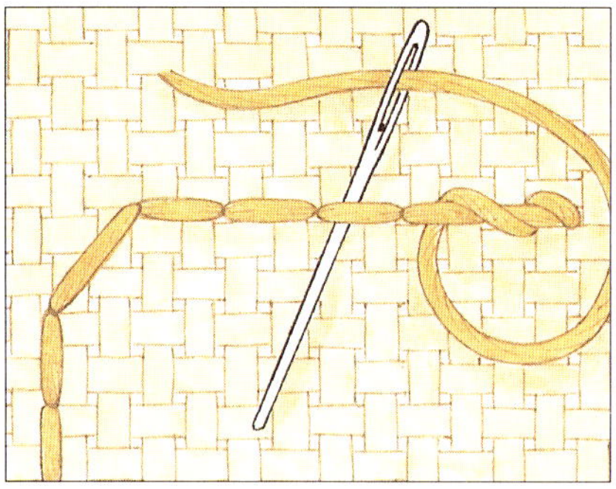

Glisser l'aiguille sous le point arrière

3 Brodez ce point arrière surjeté sur tous les contours. Il donne du relief aux marges des feuilles.

4 En suivant la grille de la page 118, remplissez les feuilles avec le fond voulu : ici, un fond en carrés, un fond treillis tiré et un fond ajouré au point de croix allongé. Mais vous pouvez utiliser tout autre point de remplissage *(voir pages 111-116).*

Montage de l'abat-jour

1 Quand la broderie est terminée, posez le tissu sur l'abat-jour et épinglez-le en effaçant les faux plis. Enlevez le tissu en laissant la couture épinglée et cousez-la au point arrière (ou au point droit si vous piquez à la machine). Repassez à plat.

2 Glissez le tissu sur l'abat-jour. Épinglez le bord du bas pour le maintenir. Tendez bien. Coupez l'excès de tissu au niveau du bord du haut et collez le long du bord supérieur. Appuyez, laissez sécher.

3 Posez une ligne de colle tout autour du bas de l'abat-jour, sous le tissu. Tirez bien sur le tissu et appliquez-le sur la colle. Laissez sécher, coupez l'excès de tissu.

4 Encollez les bords du haut et du bas de l'abat-jour et posez la ganse.

Variante

Si vous partez d'une carcasse d'abat-jour, enroulez des bandes de biais encollées autour des tiges, puis cousez votre abat-jour de tissu sur ces bandes.

Détail de la broderie ajourée

Pétales ajourés

Ces ravissantes corolles, créées en associant des ajours et des remplissages « pleins » sur une toile de lin rose, ornent un charmant ensemble composé d'un napperon et d'une serviette de table.

DIMENSIONS

Napperon : 32 x 46 cm
Serviette : un carré de 40 cm de côté

FOURNITURES

Pour quatre napperons et quatre serviettes de table :
1,90 m de toile de lin rose n° 25 (25 count) en 120 cm de large au moins

Coton perlé DMC n° 5, 4 échevettes, coloris 760

Coton perlé DMC n° 8, 5 pelotes, coloris 760
Aiguilles à tapisserie n° 22 et n° 24

GRILLE DU NAPPERON

Exécution de la broderie : les napperons

1 Lavez le tissu pour qu'il puisse éventuellement rétrécir. Égalisez les extrémités, supprimez les lisières. Pour un napperon, il faut 45 x 60 cm de tissu. Le plus long côté doit être pris dans la largeur du tissu.

2 Délimitez un rectangle de 42 x 56 cm avec des points de bâti qui dessineront la ligne de coupe. Surjetez les bords *(voir page 18)* pour éviter l'effilochage et montez l'ouvrage dans un cadre ou sur un tambour à broder.

3 Reportez les motifs de la grille sur du papier-calque en quatre exemplaires. Disposez le motif A dans le coin supérieur droit de la surface à broder; le pétale du haut et le bord de la feuille du haut doivent être à 9,5 cm des lignes de bâti.

4 Reportez les contours du dessin sur le tissu avec des points de reprise ou des points avant *(voir page 90)*, puis ôtez le papier-calque en le déchirant avec précaution.

5 Transférez les contours du motif B dans le coin inférieur gauche de la même façon. Le pétale de gauche et la tige doivent être à 9 cm de la ligne de bâti.

6 Avec un brin de coton perlé n° 8, brodez un pétale sur deux au demi-point quadrillé *(voir page 114)*, sur deux fils de tissu.

7 Avec un brin de coton perlé n° 8, brodez les œillets *(voir page 113)*. Travaillez les grands sur trois fils, les moyens sur deux fils et les plus petits sur un fil.

8 Avec un brin de coton perlé n° 5, brodez tous les contours au point de tige. La ligne intérieure, plus courte, de chaque pétale doit être brodée avant la ligne extérieure.

9 Avec du coton perlé n° 5, brodez les feuilles et le centre des fleurs au point lancé *(voir page 111)*. Ce point met les motifs en valeur.

GRILLE DU MOTIF DE LA SERVIETTE DE TABLE

DISPOSITION DES MOTIFS SUR LES SERVIETTES DE TABLE

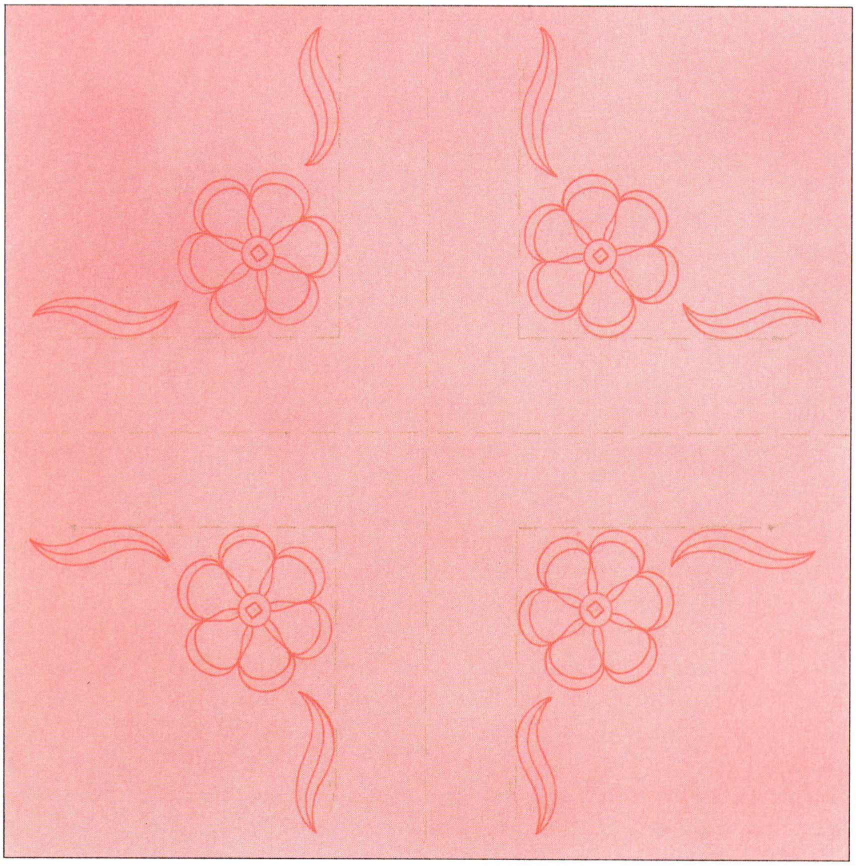

10 Enlevez l'ouvrage du métier et coupez les napperons le long de la ligne de bâti. Faites tout autour un double rentré de 2,5 cm pour l'ourlet en dégarnissant les angles *(voir page 153)*; bâtissez. Fixez l'ourlet au point de Paris avec un brin de coton perlé n° 8 *(voir page 117).*

11 Réalisez les trois autres napperons de la même manière.

12 Repassez les ouvrages terminés sur une planche à repasser molletonnée.

Exécution de la broderie : les serviettes de table

1 Coupez un carré de tissu de 1 m de côté, marquez le centre à l'intersection de deux lignes de points de bâti, horizontale et verticale, qui divisent le tissu en quatre carrés égaux *(voir la grille).*

2 Marquez la position des deux feuilles dans un des carrés en plaçant les épingles à 10,5 cm des points de bâti, puis montez cette partie sur un métier ou un tambour à broder.

3 Marquez les contours du motif de la serviette sur le tissu au point de bâti.

4 Brodez le dessin sur la serviette en suivant les étapes 6 et 7 décrites pour le napperon.

5 Répétez les étapes 2 à 4 ci-dessus pour les trois autres serviettes.

6 Coupez le tissu le long des lignes de bâti, faites un double rentré d'ourlet et fixez l'ourlet au point de Paris avec un brin de coton perlé n° 5. Brodez les contours des motifs puis le bord interne (court) de chaque pétale. Finissez par le bord externe.

7 Repassez les serviettes terminées avec un fer à vapeur tiède sur une planche à repasser molletonnée.

Coussin aux papillons

Voletant avec légèreté sur un délicat fond mosaïque, ces papillons sont mis en relief par des points de remplissage et des œillets. Une bordure de points triangulaires et de points lancés complète le motif.

DIMENSIONS

Coussin : un carré de 38 cm de côté
Motif : un carré de 32 cm de côté

FOURNITURES

Pour la broderie : un carré de 50 cm de côté de toile de lin n° 28 (28 count)
Coton perlé DMC n° 8
1 pelote, d'un coloris assorti au tissu du coussin (coloris représenté : 712)
Coton mouliné six brins DMC, 4 échevettes d'un coloris assorti au tissu
Aiguille à tapisserie n° 24
Aiguilles pointues à laine fine n° 7 et n° 9

Pour la housse : 57 cm de tissu de poids moyen en 1 m de largeur
Tissu utilisé ici : satin duchesse
Une forme de coussin carrée rembourrée de 40 cm de côté
4 boutons
2 m de ganse ronde ou une pelote supplémentaire de coton perlé n° 8 pour fabriquer un cordonnet torsadé
Une feuille carrée de papier-calque d'au moins 32 cm de côté
Fil à coudre assorti

GRILLE DU COUSSIN AUX PAPILLONS

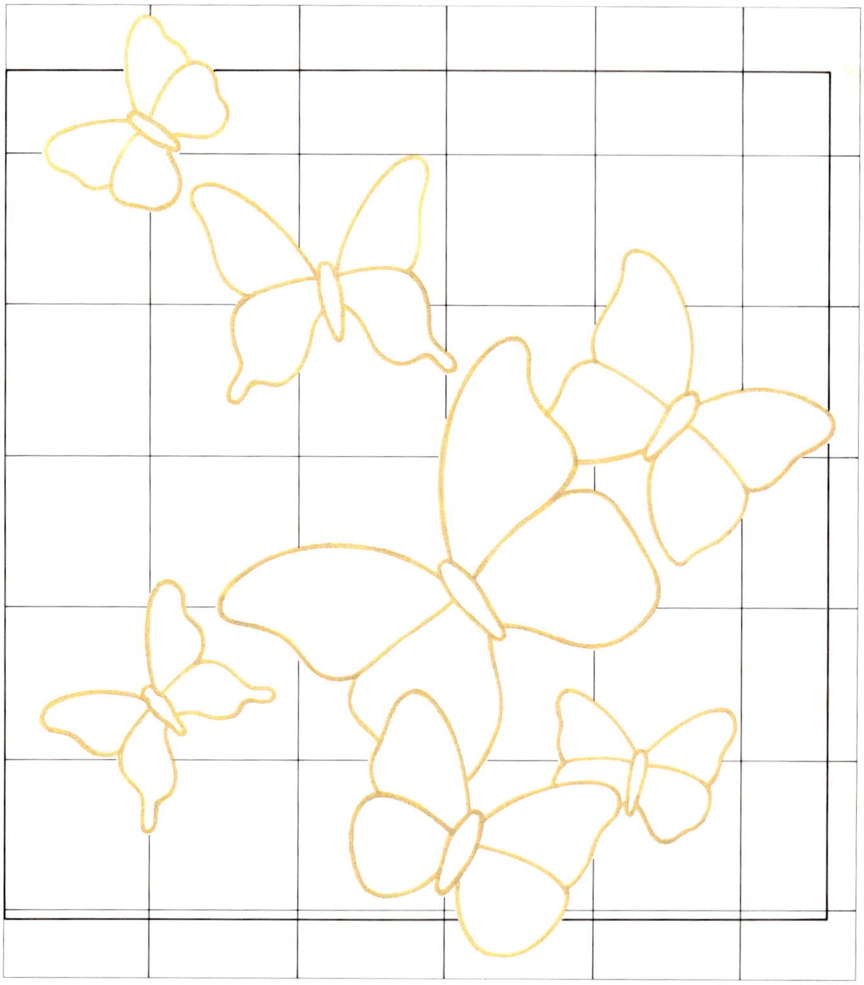

Exécution de la broderie

1 Agrandissez le motif de façon qu'il mesure 27 cm de largeur puis décalquez-le (conservez le dessin d'origine pour l'étape 11). Un carreau de la grille représente 5 cm.

2 Montez le tissu dans un châssis à tendre ou dans un cadre à rouleaux *(voir page 20)*. Bâtissez un carré de 27 cm sur le tissu en laissant 11 cm tout autour. Faites bien les points de bâti entre deux fils du tissu.

3 Épinglez le papier-calque sur le tissu en posant les bords sur les points de bâti et bâtissez avec soin les contours des papillons, puis ôtez le papier-calque en le déchirant avec précaution.

4 Commencez par le coin supérieur droit et brodez avec un brin de coton perlé et l'aiguille à tapisserie. Exécutez le fond mosaïque autour des papillons *(voir page 112)*. Quand vous parviendrez en bas et à gauche, il vous faudra peut-être finir à un ou deux fils au-delà de la ligne de bâti pour compléter un groupe de points.

Note : le coin inférieur droit est détaché du reste du fond. Pour aligner le motif sur le bas, comptez les fils que couvre l'aile sur le bord droit puis reprenez la broderie à sa place correcte sur le fond.

5 Quand le fond est terminé, brodez un rang de points triangulaires *(voir page 117)*, en laissant au moins 6 mm tout autour, avec un brin de coton perlé. Au coin, comptez le nombre de fils de tissu restants pour savoir si le coin se trouve au bon endroit; si c'est le cas, il y aura le même nombre de fils sur le côté adjacent. Sinon, travaillez un des points sur trois ou cinq fils de façon que le coin se place correctement.

6 Brodez une ligne de points lancés comptés *(voir page 111)* avec un brin de coton perlé à 6 mm à l'extérieur du point triangulaire. Travaillez sur trois fils de tissu et ne serrez pas trop les points.

7 Brodez les papillons avec le coton mouliné six brins. Commencez par les contours au point de tige, avec trois brins de fil et la plus grosse des aiguilles à laine. Ôtez le bâti des contours à mesure que la broderie progresse.

- Pour exécuter un point de tige, sortez l'aiguille au point de départ et piquez-la à une longueur de point (3 à 4 mm) en avant *(voir l'illustration ci-dessous :* **1***)*.
- Sortez l'aiguille à mi-chemin entre ces deux points (**2**). Continuez de la même façon en gardant toujours le fil du même côté de l'aiguille. Pour tourner dans les coins, faites des points plus courts.

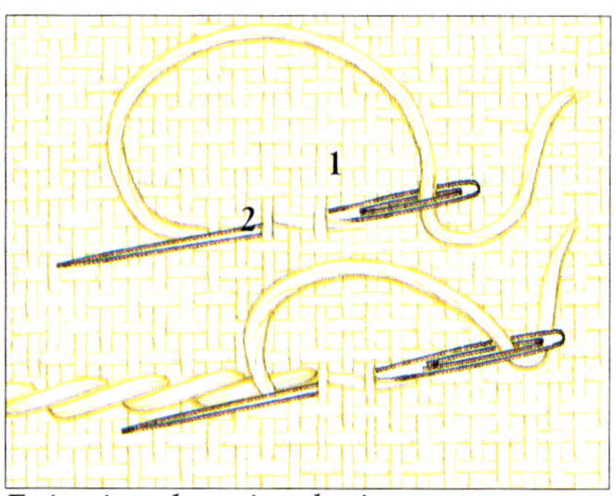

Exécution du point de tige

8 Brodez les antennes au point de tige ou avec une couchure lancée. La couchure lancée est mieux adaptée, mais l'effet de souplesse est difficile à obtenir sur une broderie ajourée.

- Pour broder une antenne avec une couchure lancée, coupez un morceau de coton mouliné six brins de 10 cm de longueur et, sans séparer les brins, posez-le ouvert en V sur l'ouvrage.
- Avec trois autres brins de coton, faites un point au centre du V pour le relier à la tête du papillon.
- Continuez à faire des points sur les fils de base en prenant le tissu dans les points serrés et parallèles *(voir l'illustration ci-dessous)*. Maintenez les fils de base dans la main gauche et piquez l'aiguille sous le fil de base et sans dévier. Continuez sur une longueur de 2 cm.

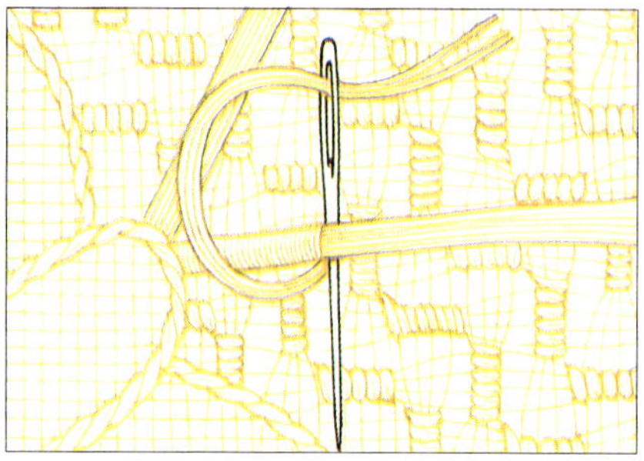
Exécution de l'antenne au moyen d'une couchure lancée

Pour le grand papillon, enfilez des brins de coton non séparés dans l'aiguille et travaillez sur une longueur de 2,5 cm. N'arrêtez pas le fil, mais mettez l'aiguillée de côté et engagez les fils de base dans une aiguille. À l'extrémité de l'antenne, faites un point d'armes.

- Pour broder un point d'armes, sortez l'aiguille au bout de l'antenne et enroulez le fil une fois autour d'elle *(voir l'illustration ci-dessous :* **A***)* puis piquez l'aiguille près du point de départ (**B**).

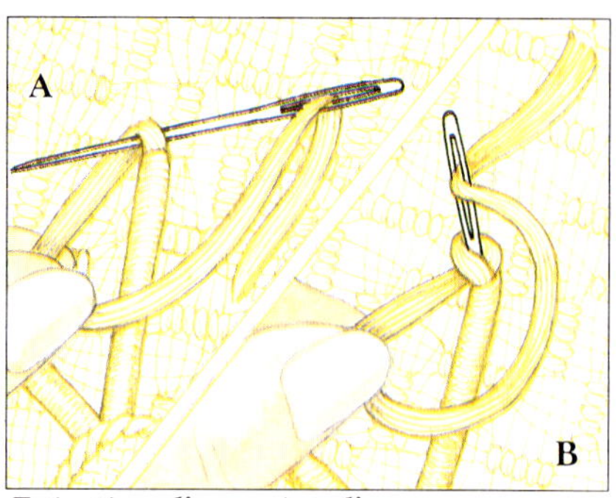

Exécution d'un point d'armes

- Poussez l'aiguille doucement en retenant le fil entre vos doigts jusqu'au dernier moment.
- Faites passer les deux fils sur l'envers de l'ouvrage, désenfilez l'aiguille à tapisserie et nouez les deux fils ensemble.

9 Brodez les corps des papillons au point lancé sur bourrage, par-dessus le contour au point de tige.

- En commençant près du centre du motif à broder, procédez en oblique vers une extrémité par points parallèles et rapprochés *(voir l'illustration ci-dessous)*.

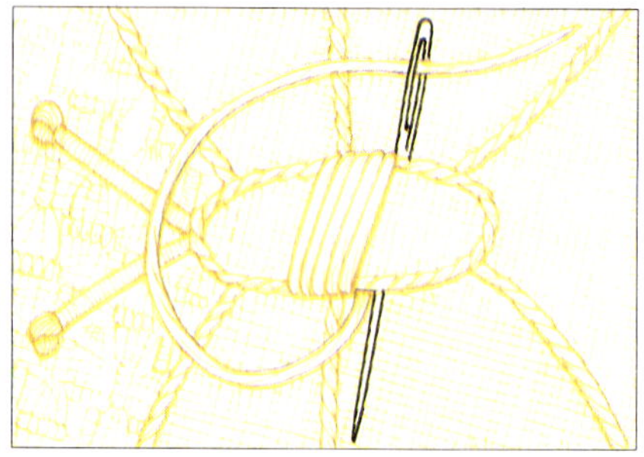
Début du point lancé sur bourrage

- Retournez au point de départ et travaillez vers l'autre extrémité.
- Brodez la seconde épaisseur comme la première mais travaillez dans la direction opposée *(voir ci-dessous)*. Conservez l'inclinaison du point.

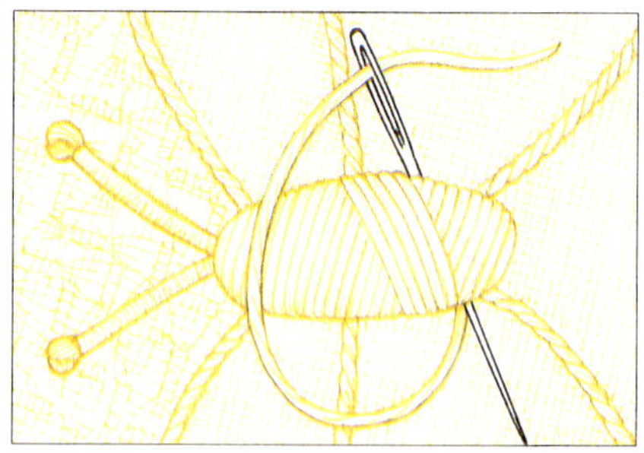
Exécution de la seconde épaisseur

10 Faites les œillets *(voir page 113)* en les disposant à votre gré sur les ailes. Ici, les œillets sont travaillés sur six ou quatre fils; l'un d'eux est même brodé sur huit fils.

11 Brodez les nervures avec un brin de fil (deux brins pour le grand papillon) et la petite aiguille à laine pointue. Procédez à main levée selon le dessin de votre choix.

Vous pouvez aussi dessiner les nervures sur le dessin agrandi : placez le dessin sous l'ouvrage et tracez les contours sur le tissu avec un feutre lavable.

Montage du coussin

1 Enlevez la broderie du métier et placez-la à l'endroit sur une planche molletonnée. Humectez, épinglez tout autour à l'extérieur du bord au point lancé avec des épingles inoxydables et en vous servant d'une règle et d'une équerre. Déplacez les épingles si nécessaire pour redresser l'ouvrage et vérifiez les angles droits.

2 Humectez toute la broderie, laissez-la sécher. Ôtez les épingles et piquez-les au bord du tissu en le tendant bien. Si la broderie n'est pas d'aplomb, redressez-la.

Humidifiez les bords de la broderie, laissez sécher. Les bords doivent être plats, droits et souples.

3 Coupez les trois morceaux de tissu pour la housse : un carré de 42 cm de côté, un morceau de 42 x 33 cm et un morceau de 42 x 21 cm. Si le tissage est orienté dans le sens de la longueur (un satin, par exemple), assurez-vous que la plus grande longueur de ces deux morceaux se trouve dans ce sens.

4 Bâtissez la broderie sur l'endroit du morceau de housse carré en ajustant les bords. Terminez la housse comme il est indiqué page 154. Réduisez le tissu tout autour en réservant 1 cm de marge pour la couture. Dégarnissez les angles. Assemblez les deux morceaux par un surjet au niveau des obliques.

5 Ouvrez les marges pour les coutures et repassez; dans les angles, appuyez avec l'ongle. Cousez des boutons à des intervalles de 8 cm. Faites des brides en coton perlé *(voir page 155)* au bord du panneau qui recouvre l'autre.

6 Pour finir, cousez la ganse à la main tout autour *(voir page 155)*. Commencez dans le coin supérieur gauche et par le milieu de la ganse, puis travaillez dans les deux directions jusqu'au coin opposé en bas et à droite.

Détail du coussin aux papillons

7 Formez un nœud et une boucle avec l'extrémité de la ganse et cousez-la solidement en procédant par points glissés invisibles. Faites un nœud à chaque extrémité à la longueur voulue. Coupez le surplus de ganse.

Variantes
À la place d'un fond mosaïque, vous pouvez utiliser d'autres points de broderie ajourée : le demi-point quadrillé, le point treillis tiré *(page 114)* se brodent vite tout en faisant beaucoup d'effet. Le fond nid-d'abeilles ou le point hexagonal conviennent aussi. Le motif présenté ici a été créé à l'aide de formes en papier découpé, préparées d'après des représentations de papillons grandeur nature. Vous pouvez créer votre propre modèle à partir d'oiseaux ou de fleurs.

Restez libre par rapport aux modèles et ne vous inquiétez pas si les nervures des ailes sont un peu irrégulières : les ailes des vrais papillons ne sont pas symétriques.

Techniques de la broderie Hardanger

Originaire du fjord de Hardanger, dans l'ouest de la Norvège, ce style de broderie ajourée à fils comptés est célèbre dans le monde entier. La broderie Hardanger moderne est souvent utilisée pour orner le linge de table.

TECHNIQUES DE BASE

La structure d'une broderie Hardanger se compose d'une suite de groupes réguliers de points lancés (voir page 111), *les pavés kloster. Ces pavés entourent les ajours obtenus en coupant et en enlevant certains fils du tissu. Les fils qui restent dans la zone ajourée sont alors recouverts avec des points de cordonnet ou un travail de bride qui créent des motifs géométriques caractéristiques suivant de près le tissage de l'étoffe.*

Les différentes broderies créées peuvent être rehaussées de picots, tandis que les espaces qui les séparent sont garnis de divers points. D'autres figures de broderie, comme les œillets (voir page 113) *ou le point lancé et ses variantes, sont souvent utilisées sur les surfaces de tissu restantes. Certaines broderies Hardanger comportent une bordure décorative travaillée au point de boutonnière.*

Fournitures pour la broderie Hardanger

La broderie est le plus souvent exécutée sur une assez grosse toile double-fil à tissage régulier, solide et de bonne tenue. Elle ne s'effiloche pas quand on coupe et qu'on enlève les fils, et est disponible dans le commerce, soit en blanc ou en crème, couleurs traditionnelles, soit en d'autres coloris. D'autres tissus peuvent aussi être employés, à condition de présenter un tissage régulier et de permettre le compte des fils.

Le fil à broder est le coton perlé : son brillant et sa tenue conviennent à l'aspect géométrique des broderies et leur donnent un lustre séduisant. Pour les pavés kloster, choisissez un fil un peu plus gros que les fils du tissu. Un coton perlé n° 5, par exemple, convient à une toile Hardanger n° 22, tandis qu'un fil plus fin, comme un coton perlé n° 8, convient mieux pour les brides et les points de remplissage. Mais vous pouvez aussi employer du coton à broder ou des fils mats.

Traditionnellement, la broderie Hardanger était exécutée en blanc sur du tissu blanc, mais elle se brode aussi en couleur sur du blanc ou du blanc cassé *(voir la photographie ci-dessous)* ou sur un tissu de couleur avec un fil assorti.

Exemple de roue côtelée (ou remplissage araignée) en couleur sur un tissu blanc.

Elle réclame des aiguilles à tapisserie dont la grosseur soit fonction du tissu employé.

Certains professionnels brodent les Hardanger à la main, mais il est conseillé aux débutantes d'utiliser un métier ou un tambour à broder *(voir page 19)*. Leur usage facilite le compte des fils et le maintien d'une tension égale.

LES MOTIFS HARDANGER SIMPLES

Les motifs Hardanger sont très variés et aucune règle ne les codifie. Cependant, les motifs les plus typiques peuvent se travailler selon les principes ci-après. Les pavés kloster au point lancé voisinent avec des brides réalisées au point de cordonnet (brides cordonnées) ou au point de reprise, qui peuvent être ensuite surbrodées selon les goûts. Le simple motif cruciforme proposé ici peut servir d'exercice de base pour la création des pavés kloster. Quand vous maîtriserez l'exécution des brides cordonnées ou au point de reprise, vous pourrez entreprendre les points plus compliqués expliqués dans les pages suivantes.

Mise en place des motifs Hardanger

Elle varie selon le dessin général mais il est essentiel de commencer par marquer le centre avec des points de bâti *(voir page 19)*. Pour placer le premier pavé kloster, comptez vers l'extérieur à partir du centre.

Si le motif se trouve en bordure, il vous suffit d'établir un centre dans le sens vertical ou horizontal.

Exécution d'un pavé kloster

Un pavé kloster se compose de cinq points exécutés sur quatre fils du tissu, bien qu'il puisse aussi comprendre trois, sept ou neuf points et varier également en hauteur.

- Commencez par arrêter l'aiguillée avec des points arrière en laissant libre un morceau de fil assez long pour être repris plus tard *(voir page 98)*.
- Brodez cinq points lancés sur quatre fils du tissu (une paire de fils comptant pour un seul), en sortant chaque fois l'aiguille au bord inférieur. Le premier pavé kloster est terminé.

• Sortez l'aiguille au coin inférieur droit : elle est prête à entamer le pavé suivant *(voir l'illustration ci-dessous).*

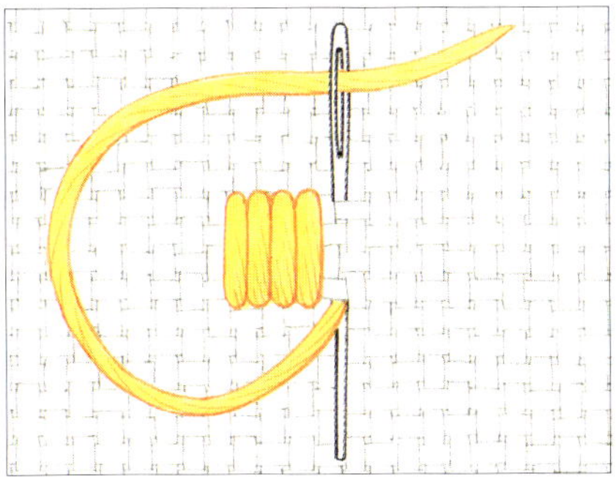

Exécution du premier pavé

• Exécutez le deuxième pavé sur quatre fils, perpendiculaire au premier.
• Le troisième pavé est perpendiculaire au deuxième. Sortez l'aiguille quatre fils plus bas que le dernier point du deuxième pavé *(voir l'illustration ci-dessous).*

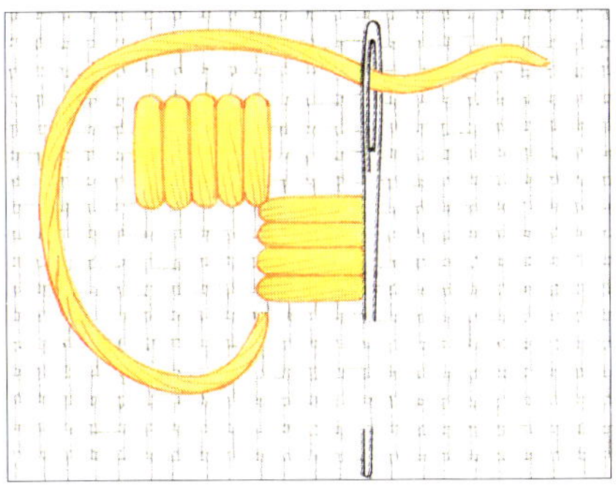

Début du troisième pavé

• Continuez en escalier pour regagner votre point de départ *(voir l'illustration ci-dessous).* Pour arrêter le fil, glissez-le sous plusieurs pavés; coupez l'extrémité.
• Défaites les points arrière du point de départ et enfilez le fil pour l'arrêter en le glissant sous plusieurs pavés.

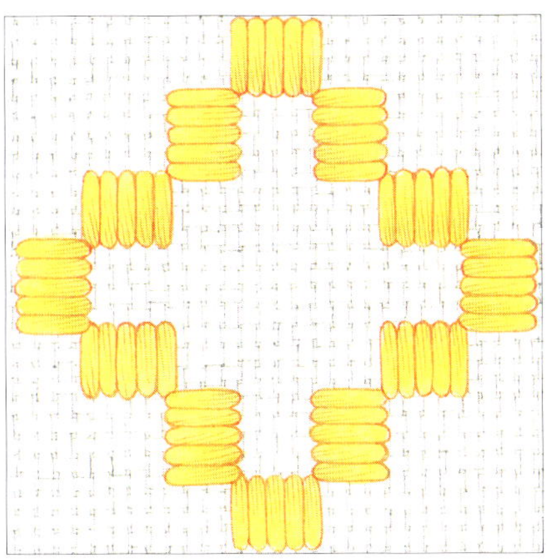

Finition des pavés kloster

Technique de coupe des fils du tissu

• Utilisez des ciseaux pointus.

Ne coupez que les fils situés entre les bases de deux pavés kloster opposés.

• Coupez les quatre fils de la base de chaque pavé, ne coupez surtout pas les points ou les fils perpendiculaires aux points *(voir l'illustration ci-dessous).*
• Coupez les mêmes quatre fils à la base des pavés opposés et enlevez les fils coupés avec une pince à épiler.
• Ôtez tous les fils coupés dans une direction, puis dans l'autre. Seuls restent les fils reliant les bords non brodés.

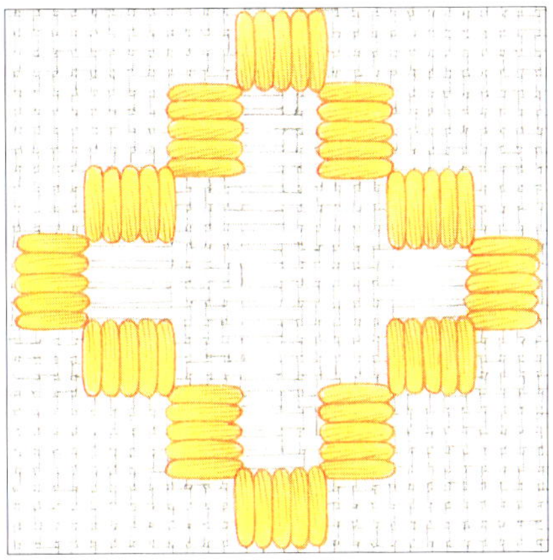

Suppression des fils du tissu

Exécution des brides cordonnées

• Regroupez les fils restants et formez une bride au point de cordonnet (ou de surjet) avec un fil plus fin.
• Arrêtez l'extrémité du fil et travaillez par-dessus.
• Passez votre fil autour des fils du tissu en les recouvrant complètement *(voir l'illustration ci-dessous).*

Pour passer à la bride voisine, glissez l'aiguille sous l'ouvrage.

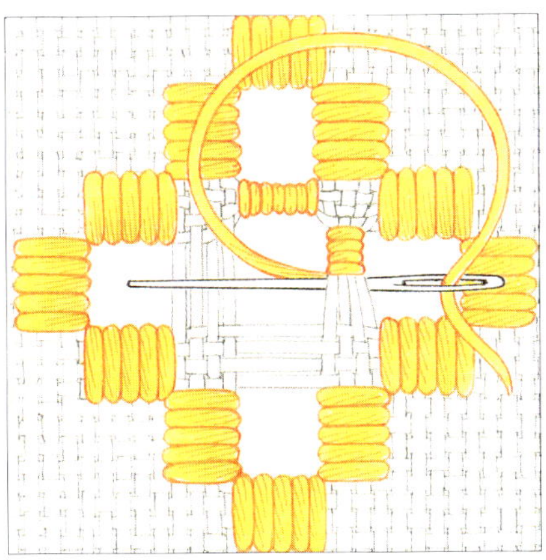

Exécution de brides cordonnées

Exécution des brides au point de reprise

Elles sont une élégante alternative aux brides cordonnées. Sortez l'aiguille au milieu du faisceau de fils puis passez-la tour à tour par-dessus les fils de gauche, puis de droite *(voir l'illustration ci-dessous).*

Exécution de brides au point de reprise

Ce motif de brides a été enrichi d'autres motifs Hardanger. Les œillets du haut et du bas sont brodés comme ceux de la page 113 mais disposés en biais par rapport au droit-fil et exécutés sans serrer le fil *(voir la photographie ci-dessous).*

Motif Hardanger avec brides au point de reprise, enjolivées par d'autres points

ENJOLIVEMENTS

Des effets délicats peuvent être obtenus sur une broderie Hardanger en décorant les brides et les ajours de picots et de points de remplissage variés. Le charme de ce style de broderie est justement lié au jeu entre les contours géométriques stricts des pavés kloster et les remplissages, qui rappellent la dentelle. Ces enjolivements donnent de la souplesse à la technique et permettent à la créativité de la brodeuse de s'exprimer dans ce cadre par ailleurs assez rigide. Ils exigent une certaine expérience, mais ne sont pas difficiles à réaliser.

Autrefois, la broderie Hardanger décorait surtout les costumes de cérémonie, les coiffes et les chemises de mariage, et, pour leur donner un air de fête, toutes sortes d'enjolivements étaient ajoutés aux pavés de base.

Préparation à la pratique de la broderie Hardanger

- Préparez plusieurs carrés consistant en deux groupes de pavés kloster à cinq points de chaque côté.
- Supprimez les fils du tissu de façon que chaque carré ne contienne plus qu'une simple croix de quatre fils.

Exécution des picots

Un picot est une bouclette utilisée comme ornement de la broderie. Il s'exécute sur une bride au point de reprise, d'un côté de la bride, ou des deux côtés.

- Réalisez la bride au point de reprise jusqu'à la moitié.
- Pour le point suivant, sortez l'aiguille au milieu du faisceau de fils, puis faites une bouclette sur ce fil par en dessous *(voir l'illustration ci-dessous).*

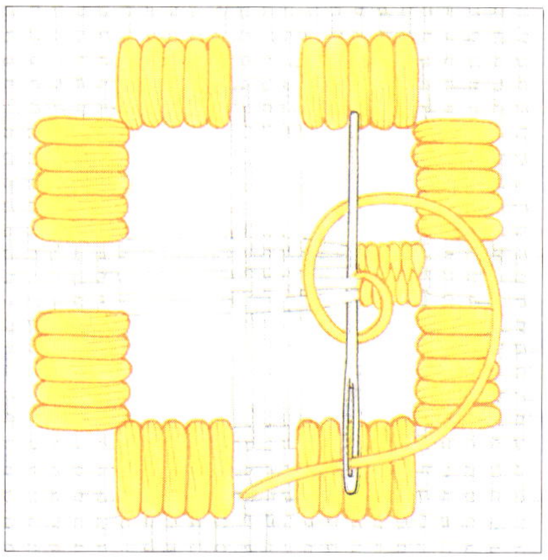

Commencement d'un picot

- Tirez sur le fil doucement pour former un picot.
- Repassez l'aiguillée sous les mêmes deux fils et sortez-la au centre comme précédemment *(voir l'illustration ci-dessous).*

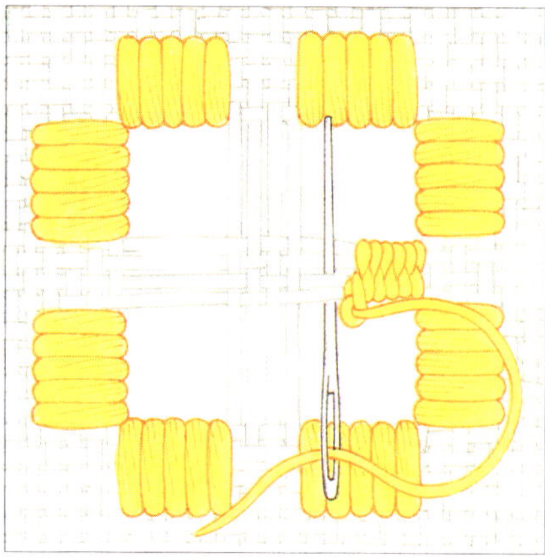

Achèvement d'un picot

- Terminez la bride. Vous pouvez former un autre picot tout de suite après le premier, mais de l'autre côté de la bride *(voir l'illustration ci-dessous).*

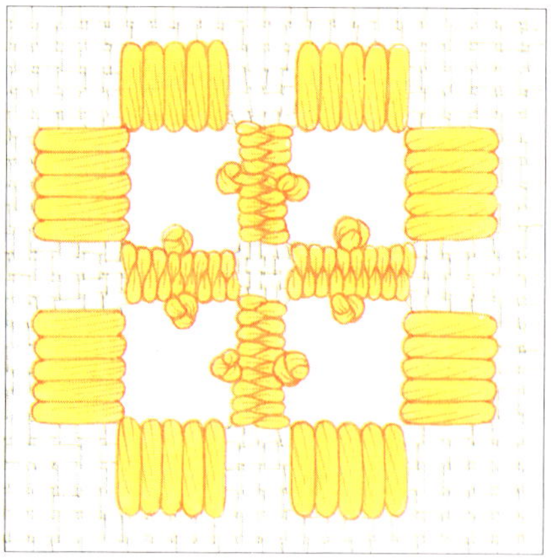

Quatre brides ornées de picots

Exécution d'une boucle oblique (ou point d'esprit en oblique)

Ce point de remplissage peut être exécuté dans toutes sortes de carrés, dont ceux que forment les pavés kloster, les brides ou une association de pavés et de brides.

- Faites les brides du haut et de la gauche du carré.
- Sortez l'aiguille dans le coin inférieur gauche du carré.
- Piquez l'aiguille dans le coin inférieur droit (ici, au centre du grand carré) et sortez-la en passant par-dessus le fil pour former une boucle *(voir l'illustration ci-dessous).*

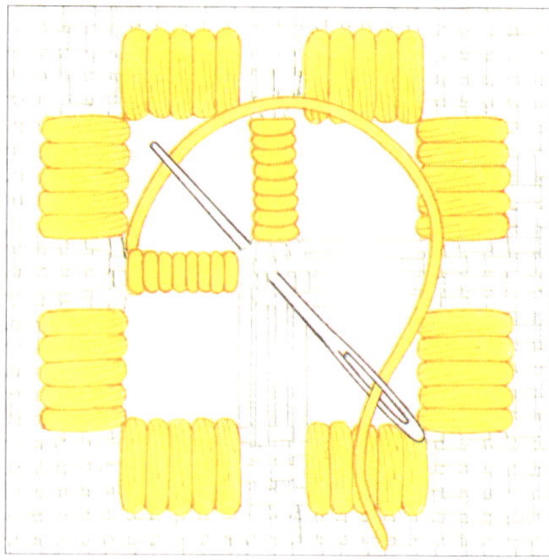

Début d'une boucle oblique

- Piquez l'aiguille dans le coin supérieur droit, puis passez-la par-dessus le fil *(voir l'illustration ci-dessous).*

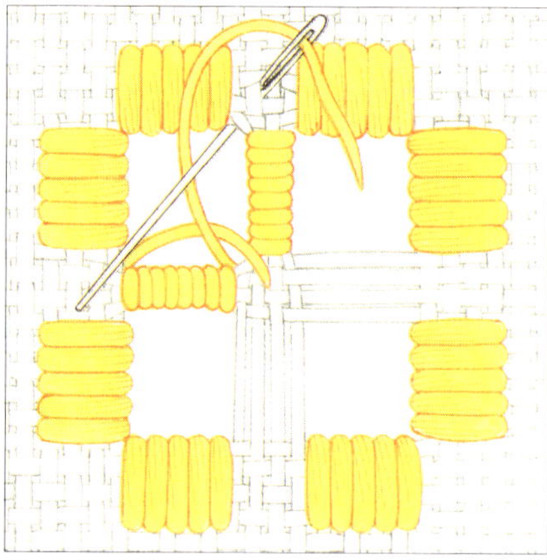

Deuxième étape

- Procédez de même dans le coin supérieur gauche. Pour terminer, passez l'aiguille sur la troisième boucle, puis sous la quatrième et piquez-la dans le tissu *(voir l'illustration ci-dessous).*

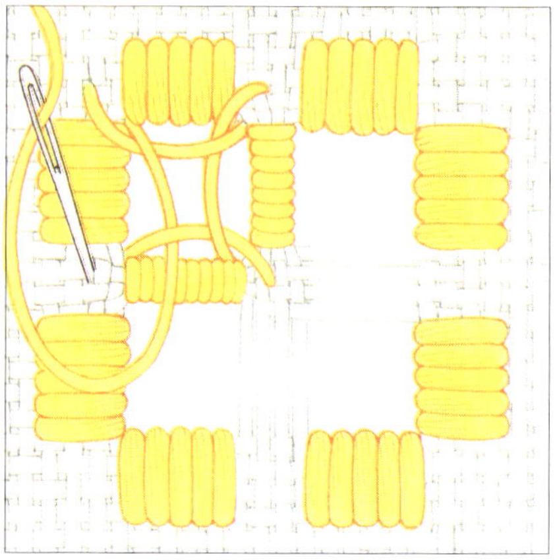

Achèvement de la boucle oblique

• Brodez tout le motif pour remplir le nombre de carrés désirés.

Exécution du point d'esprit isolé

Le point d'esprit forme une boucle droite : ici, il a été travaillé sur les brides au point de reprise et des pavés kloster.

Ce point s'exécute aussi sur les brides cordonnées.

• Faites les brides du haut et de la gauche du carré.

• Sortez l'aiguille sous le point du milieu du pavé kloster, puis passez-la de droite à gauche sous le point du milieu du pavé adjacent, comme il est montré ci-dessous.

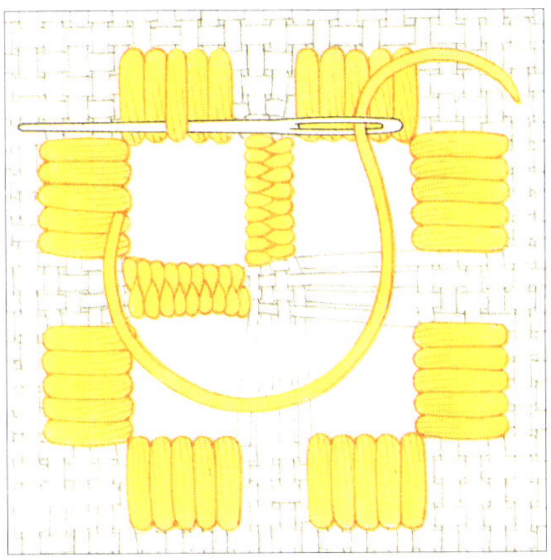

Début du point d'esprit isolé

• Passez l'aiguille sur cette première boucle, puis piquez-la au centre de la bride au point de reprise et ressortez-la par-dessus le fil à broder, comme précédemment *(voir ci-dessous).*

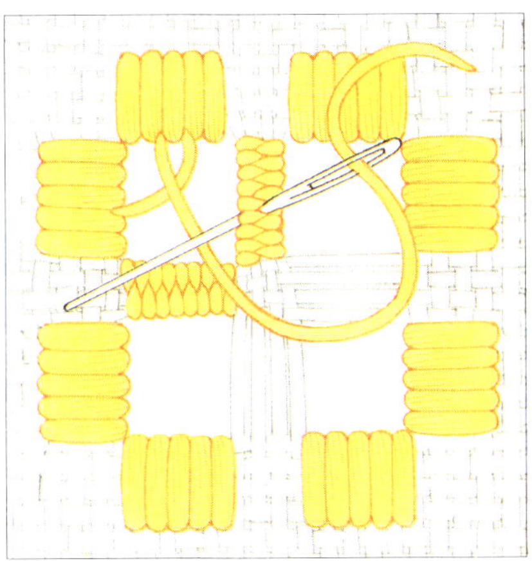

Achèvement de la deuxième boucle

• Procédez de même pour l'autre bride, puis sortez l'aiguille par-dessus le dernier fil et par-dessous le premier fil du point sortant du pavé kloster *(voir l'illustration ci-dessous).*

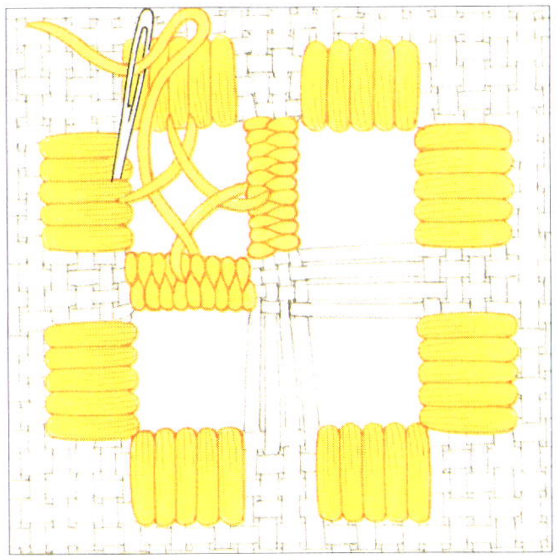

Achèvement du point d'esprit isolé

• Continuez et remplissez le nombre de carrés désiré.

• Le point d'esprit s'exécute aussi à l'intérieur de quatre brides. Commencez la première boucle par le milieu de la quatrième bride après avoir brodé la moitié de la bride. Faites toutes les boucles, puis finissez la bride *(voir l'illustration ci-dessous).*

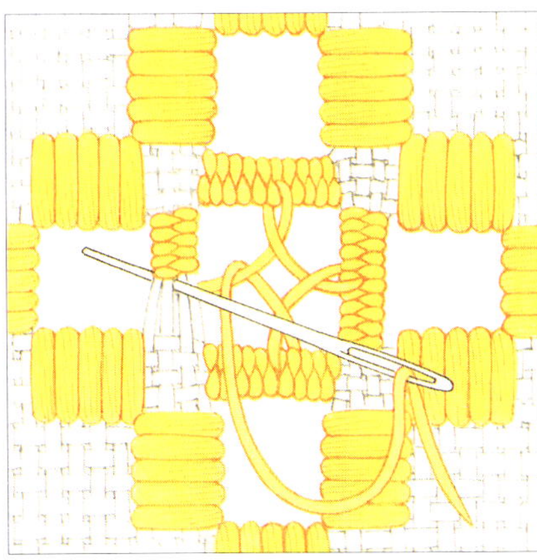

Exécution d'un point d'esprit entre les brides

Le point d'esprit est un des ornements les plus raffinés de la broderie Hardanger *(voir la photographie ci-dessous).*

Exemple de point d'esprit isolé

Brides surjetées croisées avec œil de colombe central

Ces brides ornent les carrés ajourés.

• Surjetez la bride de droite en travaillant de haut en bas. Dirigez-vous vers le centre du grand carré.

• Au centre, sortez l'aiguille et piquez-la dans le coin opposé du carré ajouré ; entourez le fil diagonal de trois ou quatre points de surjet en vous dirigeant vers le centre *(voir l'illustration ci-dessous).*

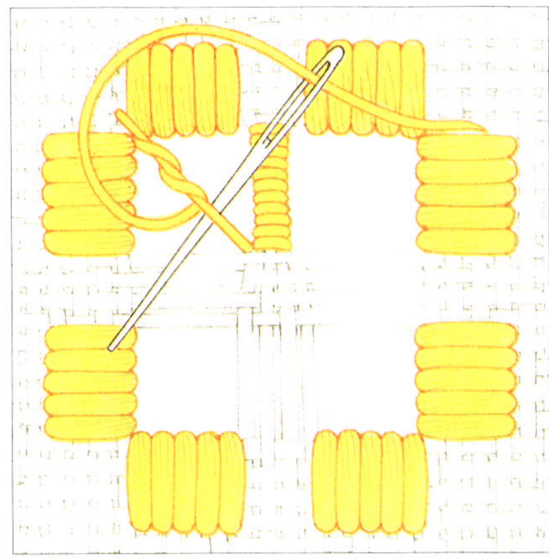

Surjet du fil tendu en diagonale

• Surjetez la bride voisine, puis tendez un fil en croix sur le premier, reliant le coin inférieur gauche au coin supérieur droit.

• Surjetez ce fil jusqu'au centre puis faites un point de boutonnière sur l'intersection *(voir l'illustration ci-dessous).*

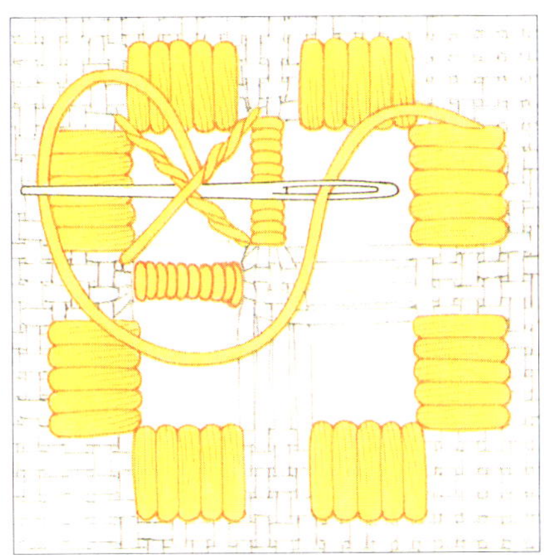

Exécution d'un point de boutonnière à l'intersection des fils en diagonale

• Passez l'aiguille tour à tour par-dessous et par-dessus les fils de droite à gauche pour former l'œil de colombe.

• Surjetez la partie inférieure du deuxième fil *(voir l'illustration ci-dessous).*

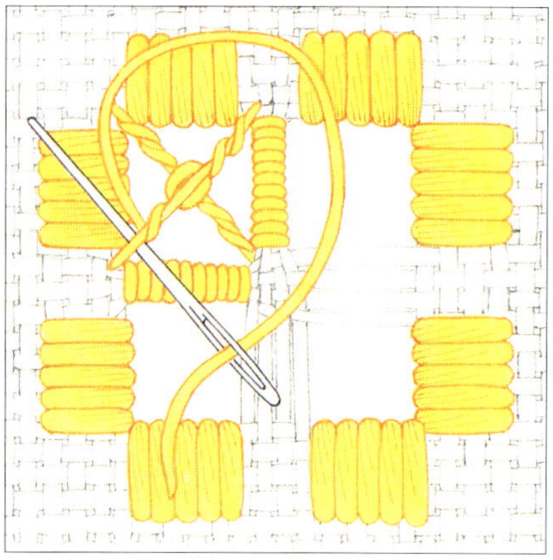

Surjet du fil en diagonale

Si vous exécutez cette broderie sur quatre brides, il vous faut maintenant broder les deux brides restantes, puis les autres carrés du motif *(voir la photographie ci-dessous).*

Exemple d'œil de colombe

Exécution d'une roue côtelée

Cette roue côtelée, ou araignée, est exécutée au point d'araignée surjeté.

• Brodez les brides au point de reprise, puis placez les fils des diagonales et surjetez-les en travaillant du centre vers l'extérieur *(voir l'illustration ci-dessous).*

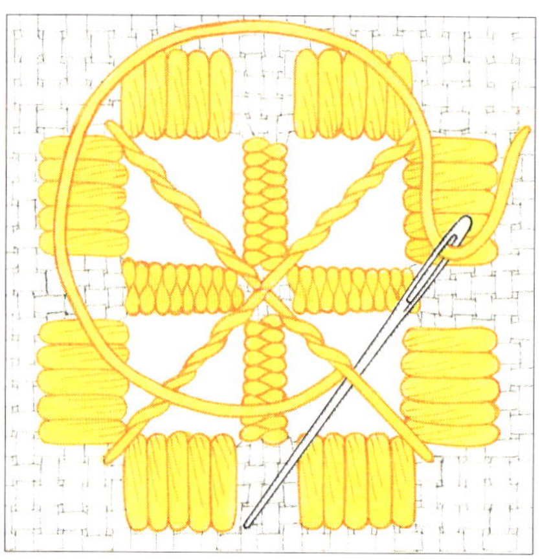

Exécution du surjet

• Une fois le dernier fil en diagonale surjeté, arrêtez le fil à broder.

• Entre-tissez-le avec le dos d'une bride. Faites sortir l'aiguille au centre, au point de croisement des brides.

• Passez l'aiguille sous la première bride de droite à gauche.

• Repassez ensuite l'aiguille sous la première bride et le premier fil tendu vers la gauche *(voir l'illustration ci-dessous).*

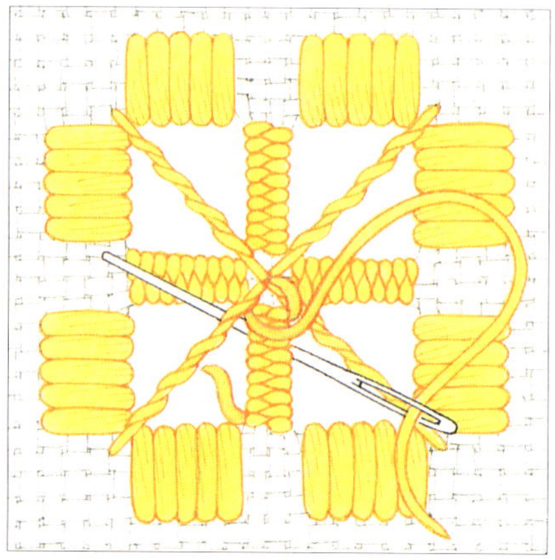

Début de la roue côtelée

• Ramenez l'aiguille par-dessus le fil oblique et sous la bride suivante *(voir l'illustration ci-dessus)* en formant ainsi la « toile d'araignée ».

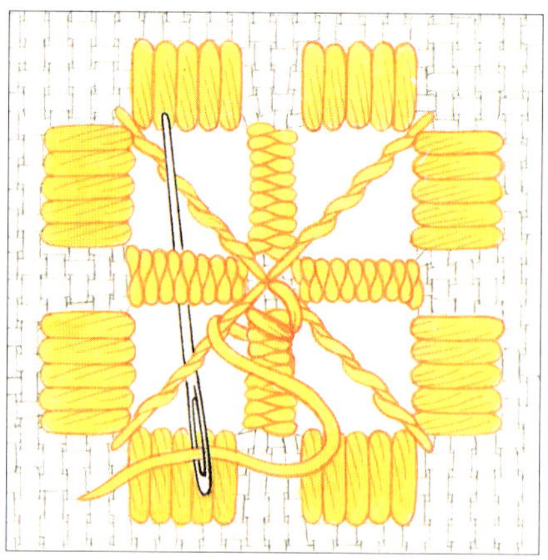

Exécution d'un point arrière sur la bride

• Faites un point arrière sur cette bride, tirez l'aiguille sous le fil oblique surjeté voisin.

• Continuez vos points arrière de la même façon jusqu'à ce que la roue ait la dimension voulue.

• Pour arrêter le fil, sortez l'aiguille au centre de la première bride *(voir l'illustration de la colonne voisine),* puis passez l'aiguillée par-dessus le bord et glissez le fil dans l'envers de la roue.

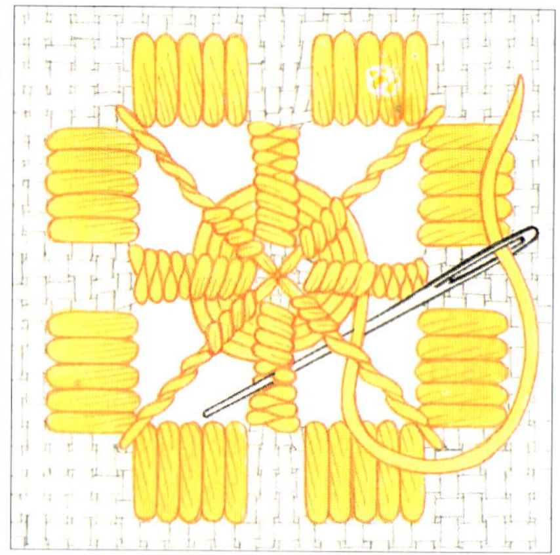

Achèvement d'une roue côtelée

Ordre de travail des brides et des remplissages

Aucune règle ne régit l'ordre du travail des brides ou des points de remplissage, mais il est souvent plus facile de travailler sur les brides en diagonale, comme il est montré sur l'exemple de point d'esprit isolé ci-dessous. Vous devez tour à tour travailler en montant et en descendant, et ajouter les points de remplissage au fur et à mesure.

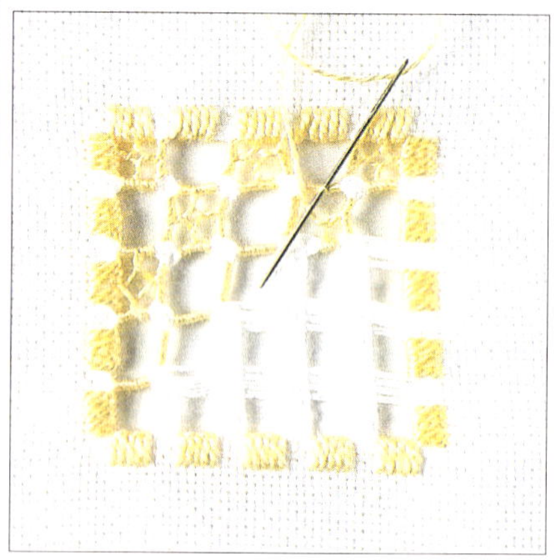

Exemple de point d'esprit travaillé sur des brides surjetées

Store jaune d'or

Le bas de ce ravissant store jaune d'or est orné d'un motif ajouré géométrique enjolivé par des brides au point de reprise et par des picots. Le bord, festonné, est brodé au point de boutonnière. Le motif s'adapte à toutes les largeurs de store.

DIMENSIONS

Store représenté ici : 54,5 cm hors tout
Un motif (du milieu d'un feston au milieu du suivant) : 8 cm

FOURNITURES

3 m de toile Hardanger n° 22 (22 count) ou de toile Aïda n° 22 (22 count) dont la largeur dépend de celle de la fenêtre à garnir

Coton perlé DMC n° 8. Pour le store représenté ici, il a fallu 8 échevettes, coloris 745

Coton perlé DMC n° 5. Pour le store représenté ici, il a fallu 10 échevettes, coloris 745

Aiguille à tapisserie n° 22
Armature de store à rouleau : ici, le système fonctionne à l'aide d'un cordon de tirage
Bombe aérosol d'apprêt

Préparation de l'ouvrage

1 Déterminez les mesures du store. Les instructions données dans la notice d'installation du système permettent de calculer le métrage de tissu nécessaire. Prévoyez 5 cm de plus de chaque côté et en bas (au-delà des festons). La notice vous indique la quantité de tissu à prévoir en plus pour le haut du store. Coupez l'excès de tissu en bas et sur les côtés avant de coudre. Si vous utilisez un métier à broder, prévoyez un peu plus de tissu.

GRILLE POUR LE STORE JAUNE D'OR

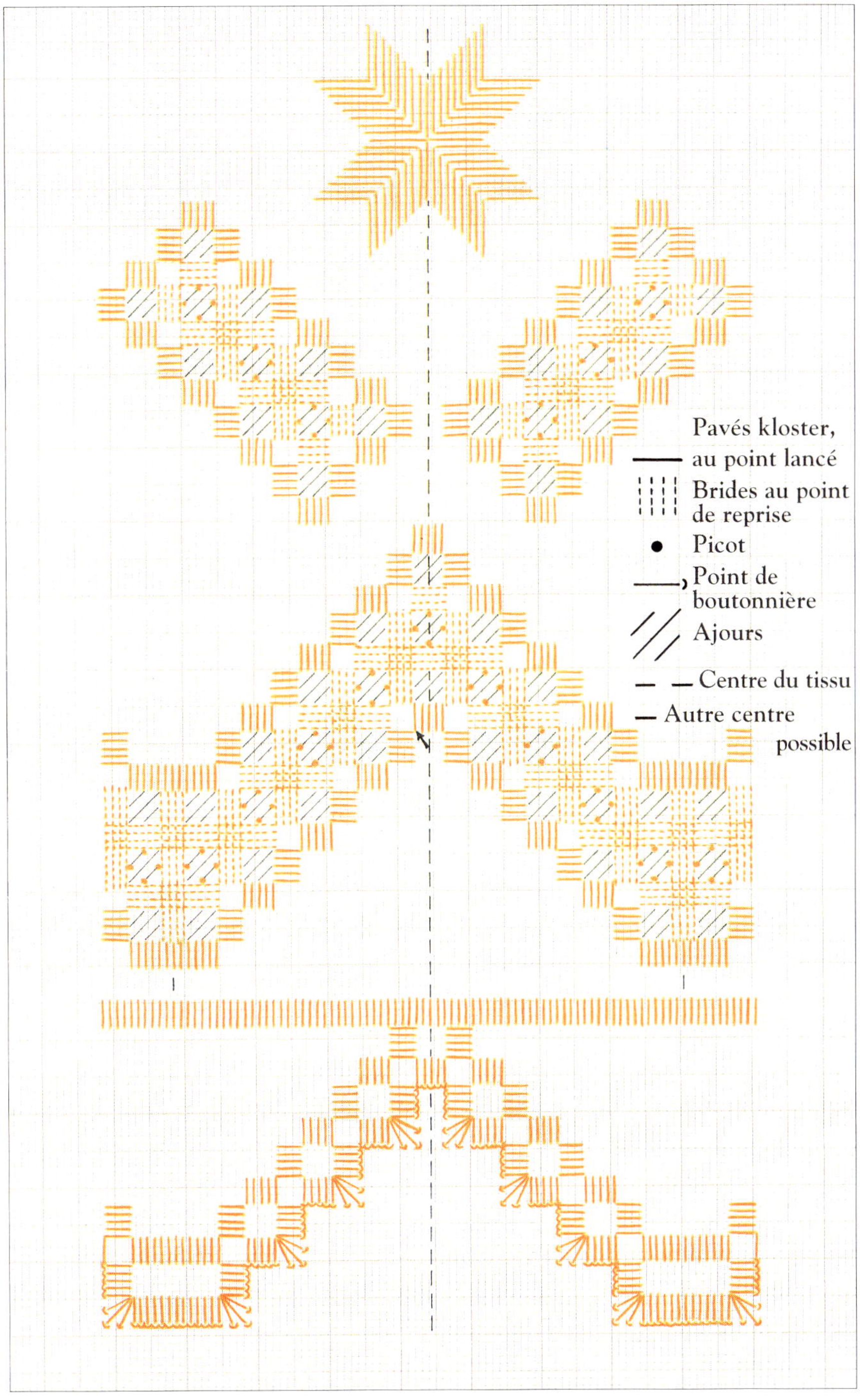

2 Cherchez le meilleur emplacement pour les motifs. Ce store est orné d'une étoile au centre, mais vous pouvez prévoir une étoile de chaque côté de la ligne médiane. Pour vous rendre compte de l'effet que vous obtiendrez par rapport aux bords du store, dessinez la moitié du modèle sur du papier millimétré.

3 Calculez le nombre de lignes nécessaires pour tracer la moitié du motif sur le papier. Il vous faut compter par multiples de 2,5 cm. Multipliez la demi-largeur du store par 22 (nombre de doubles fils par 2,5 cm de toile). Comptez, puis relevez le nombre de lignes sur le papier millimétré.

4 Commencez par le milieu du motif de la page 133 et copiez-en la moitié (ne tracez que les contours des pavés kloster).

5 Continuez à copier le motif jusqu'au bord du store. Si le motif se présente mal, utilisez un des autres centres possibles *(voyez la grille de la page 133)* ou modifiez le dessin au bord.

6 Mesurez à partir du nouveau centre et dessinez le reste du modèle comme il se présentera exactement sur le tissu.

Exécution de la broderie

1 Coupez le tissu aux dimensions requises *(voir ci-dessus)* puis arrêtez les bords solidement *(voir page 18)*.

2 Faites une ligne de points de bâti pour marquer le milieu du tissu dans le sens vertical à partir du bas sur environ 30 cm. Exécutez les points entre deux fils du tissu. Marquez les limites futures des bords latéraux avec des points de bâti.

3 Montez le tissu sur un métier à broder si vous le désirez.

4 Mesurez 12,7 cm à partir du bas. En commençant au milieu, brodez des points lancés sur quatre fils de tissu (une paire de fils compte pour un seul fil) sur toute la largeur du store jusqu'aux bords latéraux. Pour cette partie de la broderie, employez du coton perlé n° 5, sauf indication contraire.

5 Comptez trente-cinq fils le long de la ligne médiane et brodez un pavé kloster *(voir page 128)* au sommet de la ligne en zigzag inférieure. En suivant la grille, brodez le reste de la ligne jusqu'à chaque bord latéral. Ou, encore, commencez par un des pavés kloster à treize points du bas de la ligne. Ne coupez pas les fils entre les pavés.

6 Brodez la ligne supérieure de pavés kloster. Vérifiez le compte : il doit y avoir vingt fils de tissu entre les deux lignes.

7 Brodez les pavés kloster des motifs rectangulaires disposés en oblique.

8 Brodez les motifs d'étoile au point lancé sur huit fils de tissu. Sortez l'aiguille au bord de l'étoile et piquez au centre à chaque fois.

9 Festonnez le bord inférieur. Exécutez la ligne intérieure de pavés kloster, puis les points de boutonnière. Notez que dans les coins extérieurs les points s'étalent en éventail, si bien que cinq points se rejoignent au même endroit *(voir la grille de la page 133)*.

10 Brodez maintenant les ajours, mais, avant de couper les fils, vérifiez l'alignement des pavés. Puis, avec des ciseaux à broder pointus, coupez le nombre voulu de fils sur une petite surface *(voir page 129)*. Le fait de ne couper que quelques fils à la fois évite d'être gêné par les bouts des fils non encore travaillés.

11 Faites des picots *(voir page 130)* sur les brides, là où ils sont indiqués.

12 Brodez au point de boutonnière *(voir page 131)* sur les côtés en commençant par le bord supérieur de l'ajour et en descendant vers le bord festonné du bas.

13 Ôtez le tissu du métier. Coupez l'excès de tissu du bas en prenant garde de ne pas entamer les points de broderie.

14 Faites une rangée de points zigzag en dedans des bords bâtis du store, ce qui donnera de la tenue aux bords. Coupez l'excès de tissu des côtés.

15 Avec le coton perlé n° 8, recouvrez le point zigzag, en brodant des points de boutonnière sur cinq fils verticaux tous les deux fils horizontaux.

Montage du store

1 Repassez la broderie à l'envers sur une planche à repasser molletonnée.

2 Étalez l'ouvrage repassé sur un tissu propre. Vaporisez de l'apprêt en suivant les instructions du fabricant. Laissez sécher.

3 Montez le store en suivant les instructions du fabricant.

Détail du store

Motif à broder sur une poche

Ce charmant motif Hardanger est facile à réaliser. Appliqué sur une poche de poitrine, il donne à un chemisier blanc une note originale. Le bleu-violet doux employé ici peut se remplacer par une autre couleur. Choisissez une couleur assortie à votre tenue.

DIMENSIONS

Motif : 8 cm dans les deux sens

FOURNITURES

Coton perlé DMC n° 5,
1 échevette, coloris 792
Coton perlé DMC n° 8,
1 pelote, coloris 792

Chemisier ou corsage blanc avec une poche de poitrine d'au moins 12 cm de côté
Un morceau de tissu Hardanger blanc ou de toile Aïda n° 22 (22 count) d'au moins 3 cm de plus que la poche de chaque côté
Aiguille à tapisserie n° 22
Aiguille et fil à coudre

GRILLE POUR LE MOTIF DE LA POCHE

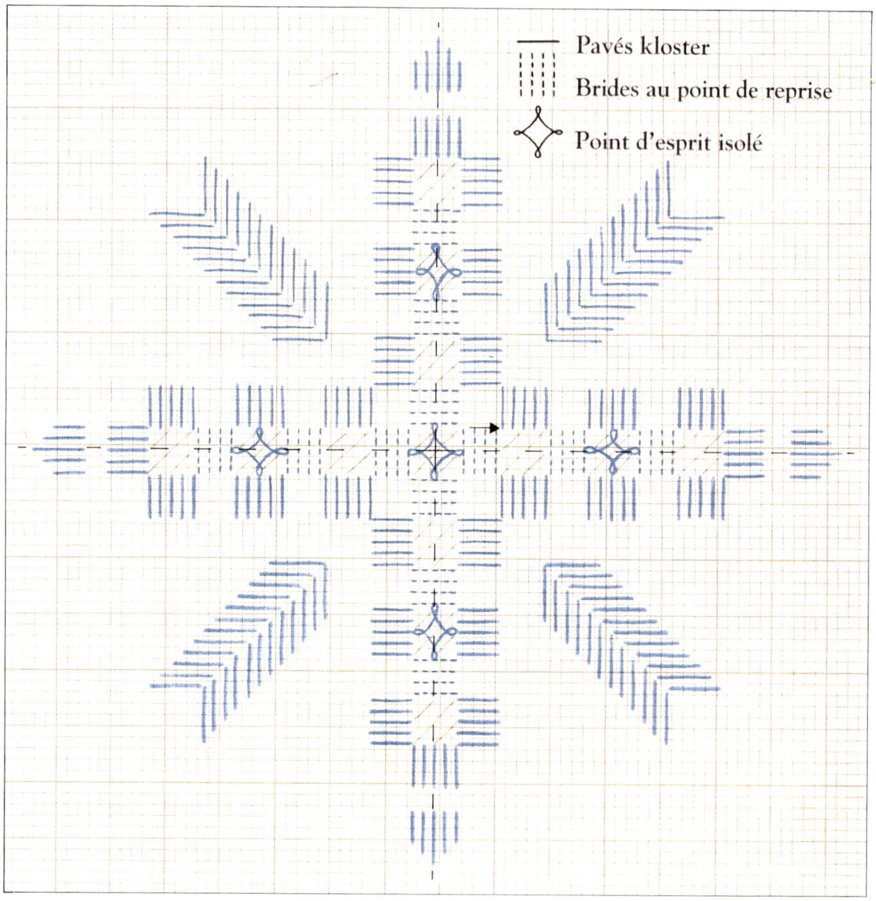

Exécution de la broderie

1 Arrêtez les bords du tissu et marquez le centre dans les deux directions par des points de bâti *(voir page 18)*. Montez l'ouvrage sur un tambour à broder.

2 En suivant la grille ci-dessus, brodez les pavés kloster avec le coton perlé n° 5 *(voir page 128)*. Commencez à l'endroit indiqué par la flèche et travaillez dans le sens des aiguilles d'une montre. Chaque ligne de la grille représente une paire de fils de tissu. Ajoutez les points de reprise damassée (un point lancé imitant les chevrons) et les motifs en pointe à l'extrémité des branches de la croix.

3 Coupez les fils du tissu entre les pavés kloster *(voir page 129)*. Exécutez les brides au point de reprise avec le coton perlé n° 8 sur les fils de tissu entre les pavés. Brodez des points d'esprit entre les brides.

Couture de la poche

1 Découssez la poche du chemisier et posez la broderie à l'endroit sur la poche. Rentrez bien les bords du tissu si nécessaire. Centrez la broderie, épinglez-la et retournez la poche à l'envers. Coupez l'excès de tissu de la broderie en laissant 1,5 cm pour la couture.

2 Repliez les bords de la broderie en les ajustant sur les bords de la poche, dégarnissez les angles droits, bâtissez les bords en place.

3 Cousez la poche de broderie sur les bords de la poche du chemisier avec du fil blanc, au petit point glissé.

4 Épinglez la poche sur le chemisier et bâtissez-la. Cousez au point de piqûre à la main ou piquez à la machine, à 6 mm des bords latéraux et du bas.

Couverture de berceau

Cadeau idéal pour un nouveau-né, cette ravissante couverture est coupée dans un tissu très doux et lavable. Vous pouvez disposer les losanges brodés à votre gré.

DIMENSIONS
Couverture terminée :
81 x 101 cm

FOURNITURES
Pour le dessus de la couverture :
un rectangle de tissu de coton
de 94 x 74 cm
Pour les grands losanges :
cinq morceaux de toile Aïda n° 18
(18 count) de 16,25 x 11,25 cm
Pour les petits losanges :
huit morceaux de toile Aïda n° 18
(18 count) de 8,25 x 6,25 cm

Tissu de doublure : 104 x 84 cm
Bande de biais en même tissu que
le dessus : 3,96 m x 5 cm

Coton perlé DMC n° 5 blanc
Rembourrage en polyester 230 g :
1 morceau de 81 x 101 cm
2 morceaux de 5 x 101 cm
2 morceaux de 5 x 81 cm
8,25 m de dentelle en 1,25 cm de large

GRILLE POUR LA MOITIÉ D'UN GRAND LOSANGE

GRILLE POUR LA MOITIÉ D'UN PETIT LOSANGE

Pour exécuter les broderies, suivez les grilles très attentivement. Les chiffres placés sur la grille du grand losange indiquent votre position lors des différentes étapes. Sur la grille des petits losanges, cette position est indiquée par la lettre A.

Exécution d'un grand losange

1 Pliez en quatre le tissu d'un grand losange. Comptez dix fils à partir du centre vers la pointe la plus proche. Faites un point sur six fils, puis trois points sur quatre fils en travaillant

de droite à gauche *(voir la grille de la page 138 : **1**).*

2 Perpendiculairement à ces trois points, faites cinq points sur quatre fils en commençant par l'extérieur *(voir l'illustration ci-dessous et la grille : **2**).*

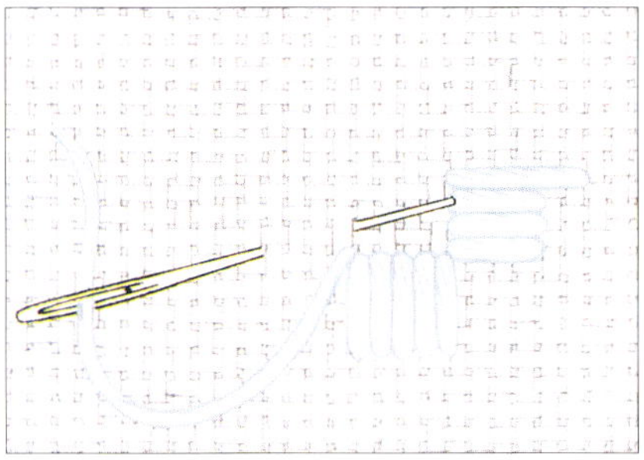

Exécution de cinq points sur quatre fils

3 Perpendiculairement à ces points et en suivant la grille, brodez cinq autres points sur quatre fils puis, encore à angle droit, un point sur quatre fils, trois points sur six fils et un point sur quatre fils. Ces cinq derniers points sont dirigés vers la pointe étroite du losange *(voir la grille : **3**).*

4 À angle droit, et en partant du bord interne, brodez un pavé de cinq points sur quatre fils. Puis, à angle droit et en commençant au bord externe du pavé, brodez cinq autres points sur quatre fils *(voir la grille : **4**).*

5 En commençant sur le bord interne, perpendiculairement au dernier pavé, brodez trois points sur quatre fils et deux points sur six fils, puis trois points sur quatre fils. Vous avez terminé la moitié du motif *(voir la grille : **5**).* Continuez dans le sens des aiguilles d'une montre et répétez les étapes 2 à 5 pour achever le motif.

6 Coupez les fils du centre avec des ciseaux *(voir la grille : **6**)* et procédez de même pour les quatre plus petites surfaces. Enlevez les fils détachés puis, en brodant par-dessus les bandes de quatre fils, faites les brides au point de reprise. Brodez les quatre autres brides de la même façon pour compléter les quatre côtés du carré *(voir l'illustration ci-dessous).*

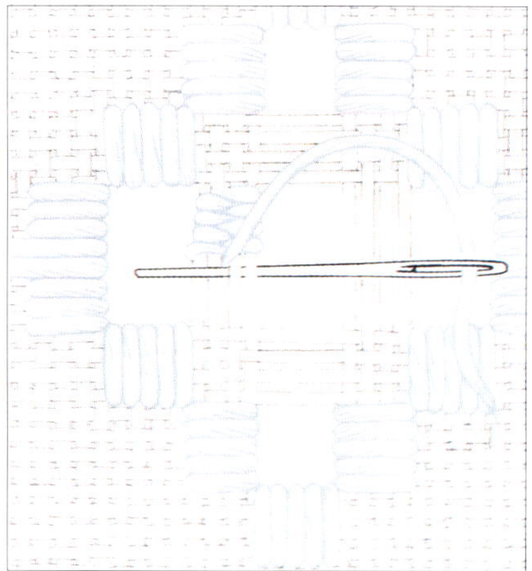

Exécution des pavés pour les fleurs

7 Commencez au centre d'un coin, piquez l'aiguille à l'autre extrémité de la diagonale, puis sortez-la dans le coin adjacent le plus proche.
Au centre de la première diagonale, entrelacez votre fil avec les trois brins en tournant en rond.
Pour finir, sortez l'aiguille en traversant le nœud central, et piquez-la dans le dernier carré *(voir l'illustration ci-dessous).*

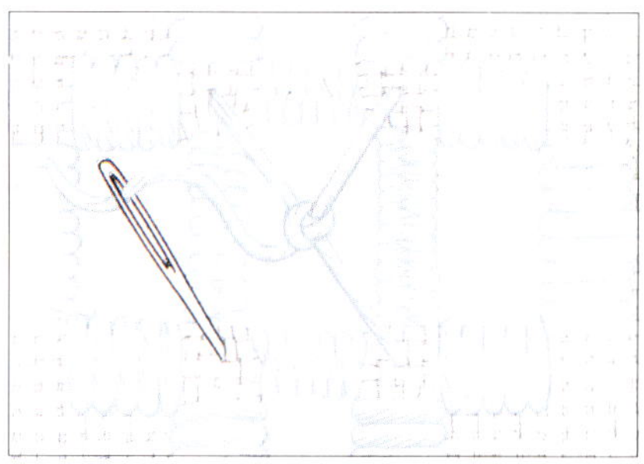

L'aiguille est piquée dans le coin non travaillé après l'exécution du centre du carré

8 Sortez l'aiguille au milieu du bord extérieur du petit carré, puis piquez-la au milieu du côté externe adjacent. Voyez la position de l'aiguille sur le schéma illustrant l'exécution du centre, en haut de la colonne voisine.

En travaillant à partir de la droite du point d'entrée, sortez l'aiguille. Passez le fil derrière le point précédent et vers le bas, sur le côté adjacent du pavé. Répétez ce point pour finir sur les deux derniers côtés du carré.

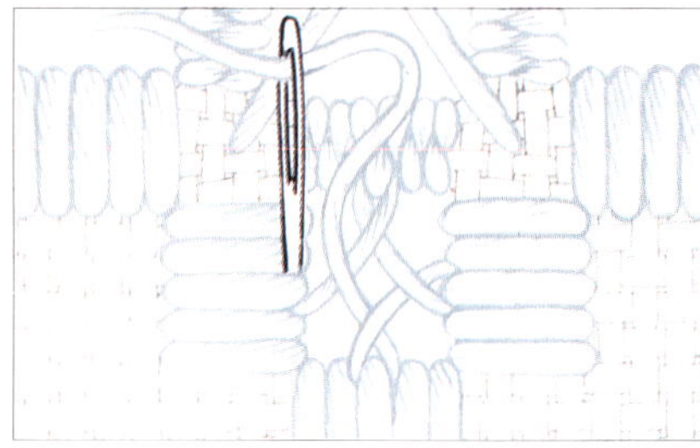

Exécution du centre du petit carré

9 Pour broder les fleurs au pourtour du motif, suivez la grille. Sortez l'aiguille et brodez un pavé de cinq points sur quatre fils. Travaillez ces pavés de cinq points de gauche à droite pour former un motif carré de pétales de fleurs *(voir l'illustration ci-dessous).*

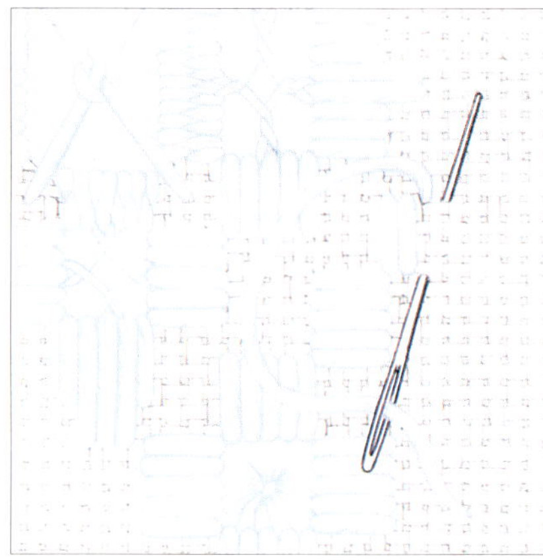

Exécution des pétales

10 Pour broder les centres des fleurs, sortez l'aiguille au centre et piquez-la dans le coin en serrant les points. Brodez quatre autres points le long des côtés, en partant toujours du centre et en serrant les points. Faites de même pour les trois autres côtés *(voir l'illustration ci-dessous et la grille : **10**).*

Note : les deux fleurs situées à la pointe la plus large du tissu partagent un même pavé de points.

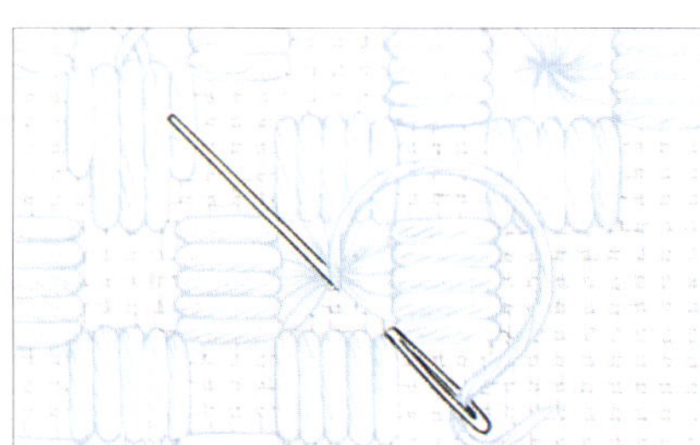

Exécution du centre de la fleur

11 Pour les petites feuilles encadrant la fleur, sortez l'aiguille à trois fils du bord externe du pétale supérieur. Piquez-la à quatre fils à gauche et quatre fils vers le bas *(voir la grille :* **11***)*. Brodez deux autres points comme ci-dessus. Brodez les pétales comme ci-dessus *(voir l'illustration ci-dessous)*.

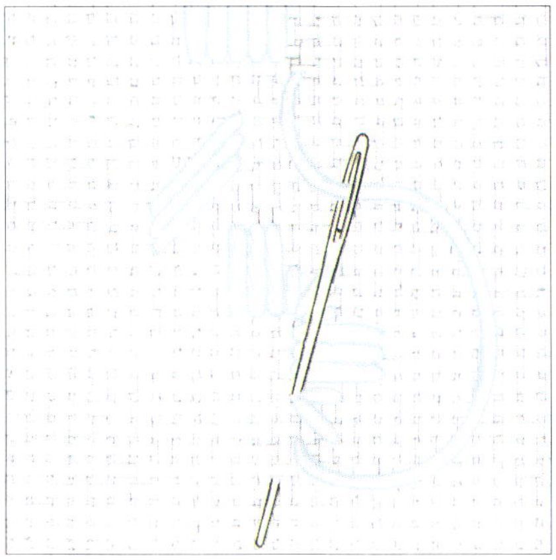

Exécution de la fleur du bord de motif

12 Brodez la seconde moitié des feuilles en suivant la technique décrite ci-dessus, puis le centre de la petite fleur comme à l'étape n° 10.

Exécution du petit losange

1 Pliez le tissu en quatre. Comptez deux fils à partir du centre du losange. Brodez trois points sur quatre fils. Continuez comme pour les fleurs et les feuilles du grand losange *(voir l'illustration ci-dessous)*.

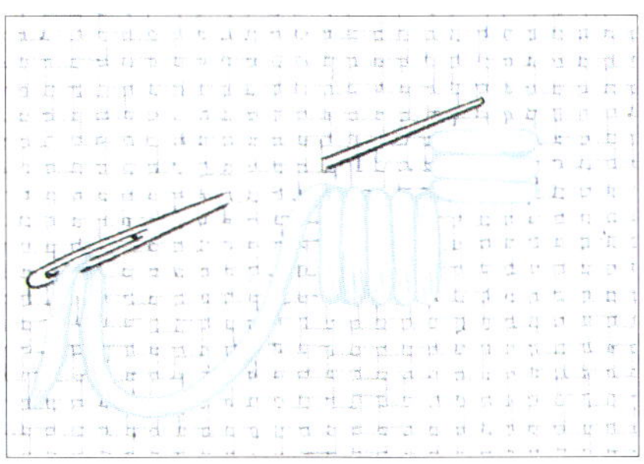

Travail de trois points sur quatre fils

2 Comptez deux fils à partir du bord externe du pétale (*voir la grille :* **A**). Brodez les quatre feuilles comme celles du grand losange et la petite fleur comme un carré *(voir illustration, colonne suivante)*.

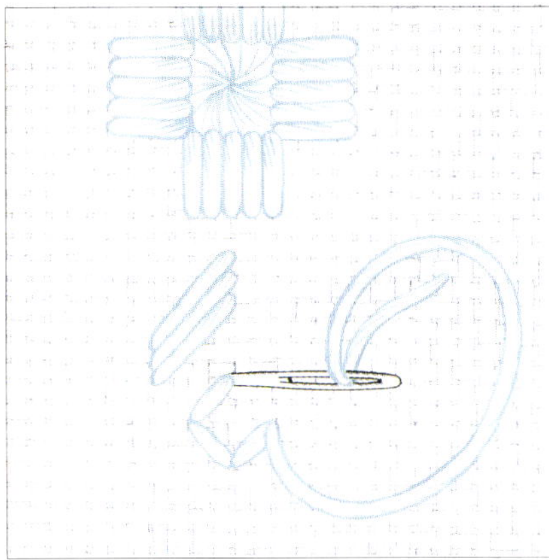

Broderie de la petite fleur

Montage de la couverture

1 Endroit contre endroit, cousez la dentelle orientée vers l'intérieur, autour de la couverture, sur le dessus.

2 Bâtissez sur le bord de la dentelle, les deux petits côtés, puis les deux longs côtés de la bordure en tissu, les rayures bien parallèles aux bords de la couverture et la dentelle prise entre les deux.

3 Fixez les bandes de polyester sur l'envers du tissu de la bordure et bâtissez.

4 Épinglez les larges bandes de molleton aux bords correspondants du dessus de la couverture. Bâtissez. Coupez l'excès de doublure. Étalez le dessus sur la doublure en vérifiant le droit-fil. Bâtissez. Marquez les lignes du milieu dans les sens de la chaîne et de la trame. Bâtissez en prenant toutes les épaisseurs dans l'aiguille.

5 Rentrez les bords des losanges brodés de 1,25 cm. Repassez et ouvrez.

6 Disposez les losanges et la dentelle endroit contre endroit, la dentelle dirigée vers l'intérieur *(voir ci-dessous)*. Bâtissez en formant des plis aux angles. Piquez à la machine ou cousez à la main la dentelle aux losanges.

7 Épinglez les losanges sur le dessus de la couverture en les disposant à votre gré et cousez les bords.

8 Cousez bout à bout les bandes de biais, cette longue bande faisant le tour de la couverture. Rentrez un côté de 3 cm. Disposez l'autre côté le long du bord du dessus de la couverture, endroit contre endroit. Bâtissez en dégarnissant les angles, puis cousez.

9 Rabattez le biais sur le dos de la couverture en formant un bord net. Épinglez, puis cousez au point glissé.

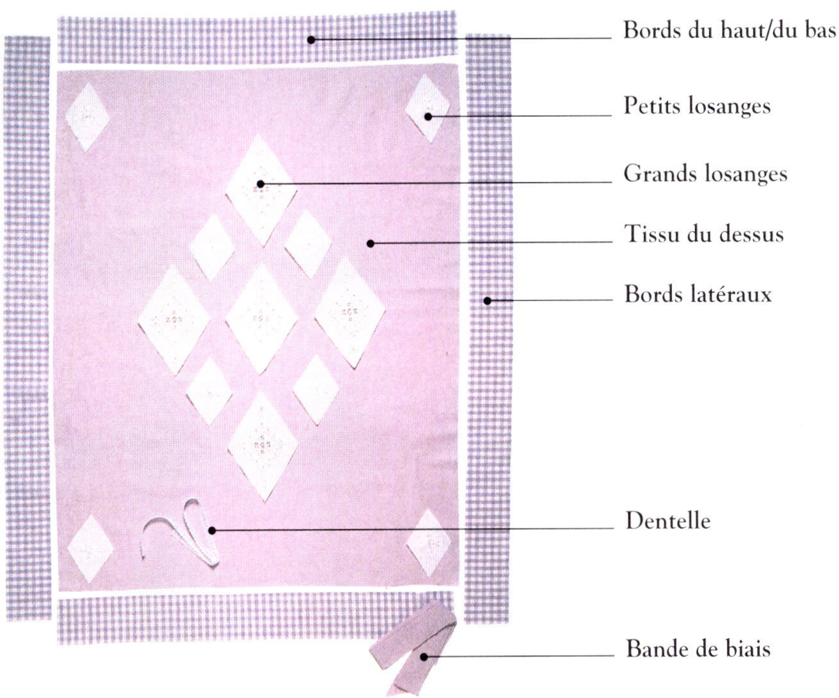

Différents éléments de la couverture, montrant une autre disposition

Techniques de la broderie à fils tirés

De toutes les broderies à fils comptés, la broderie à fils tirés est celle qui rappelle le plus la dentelle. Utilisée avant tout sur les bords des ouvrages, elle permet une très belle décoration du linge de table, mais convient aussi aux vêtements.

BASES DE LA TECHNIQUE À FILS TIRÉS

La broderie à fils tirés consiste à supprimer des fils de tissu puis à regrouper les fils restants pour composer des motifs décoratifs. Le travail sur ces fils s'exécute selon deux méthodes : les jours et les brides brodées.

Dans les jours, les fils sont réunis en faisceaux au bord de la zone tirée et sont parfois noués ou travaillés. Dans les brides brodées, le fil à broder recouvre les fils du tissu. Quand les fils ont été supprimés dans les deux directions, soit pour former une grille, soit au coin de deux bandes, il faut utiliser d'autres points de broderie.

Fournitures pour la broderie à fils tirés

Traditionnellement blanche, la broderie à fils tirés peut cependant se travailler avec un fil d'une couleur assortie au tissu ou contrastant avec lui. Toutes les dimensions de jour sont possibles, pour peu que le tissage soit régulier et que les fils se tirent facilement.

Le fil à broder doit être solide et à brins non séparables : coton perlé, fil fleur, coton à broder. La soie moulinée, bien que relativement fragile, convient pour la lingerie délicate. Dans certains cas, on brode le jour avec un fil du tissu lui-même.

Les jours simples, et même les jours plus compliqués, se brodent mieux sans métier. Toutefois, l'apprentissage est plus facile sur un ouvrage monté sur un tambour ou un métier.

LES JOURS

Les jours sont très décoratifs sur l'un des bords d'une bande de fils tirés (jour simple) ou sur ses deux bords (jour échelle ou jour rivière). Ils constituent aussi d'élégantes finitions pour les ourlets du linge de lit ou de vêtements. De larges bandes de jours sur un tissu peuvent former un dessin très décoratif. Elles peuvent cependant fragiliser le tissu.

Mise en place du motif

Dans la plupart des cas, il est nécessaire de marquer l'emplacement des jours sur le tissu de façon à tirer les bons fils horizontaux en laissant en place le nombre correct de fils verticaux.

- Marquez le centre de l'ouvrage dans le sens vertical au moyen d'une ligne de points de bâti *(voir page 18).*
- Calculez le nombre de fils verticaux à prendre dans chaque point. Pour ce faire, multipliez la longueur de la bande par le nombre de fils par centimètre, puis divisez par le nombre de fils de chaque groupe. Le résultat peut être arrondi au chiffre supérieur ou inférieur. Par exemple, une bande de 50 cm de longueur avec 10 fils par centimètre contient 500 fils à broder. Si chaque faisceau de fils est composé de 3 fils, il y a 167 faisceaux. Multipliez le nombre de faisceaux par le nombre de fils par faisceau pour obtenir le nombre de fils verticaux nécessaires : ici, 167 x 3 = 501 fils verticaux.
- Décidez l'emplacement de la partie inférieure de la bordure. Marquez-la tout au long par des points de bâti. Comptez les fils verticaux pour bien prévoir le nombre de points nécessaires. Pour garder le compte des fils, piquez une épingle tous les 40 ou 50 fils. Si l'ouvrage est de grande taille, une nappe par exemple, le compte exact des fils n'a pas grande importance. Quand vous approchez d'un coin et que le nombre des fils restants ne tombe pas juste, faites un des points avec un fil de plus ou de moins pour rétablir le compte.

Si vous prévoyez deux bandes de jours ou davantage sur le même ouvrage, marquez les limites supérieure et inférieure des jours sur le tissu avec des points de bâti.

Tirage et suppression des fils

Après avoir marqué l'emplacement des jours, supprimez le nombre voulu de fils horizontaux. Sauf si la bande doit être prise dans une couture, les extrémités doivent être arrêtées.

La meilleure façon d'arrêter les extrémités d'une bande de jours de deux ou trois fils de largeur consiste à rabattre les fils coupés en arrière et à les glisser dans le tissu sur quelques centimètres avec des points de reprise. Comme ces fils épaississent un peu le tissu, faites des points discrets.

- Coupez au centre tous les fils à tirer (s'ils sont très longs, coupez-les en plusieurs tronçons pour faciliter leur suppression).
- Sortez les fils jusqu'à l'extrémité de la bande.
- En travaillant sur l'envers de l'ouvrage, engagez chaque fil dans une aiguille et glissez-le au point de reprise dans le tissu sur 2,5 cm environ *(voir l'illustration ci-dessous).* Coupez les bouts.

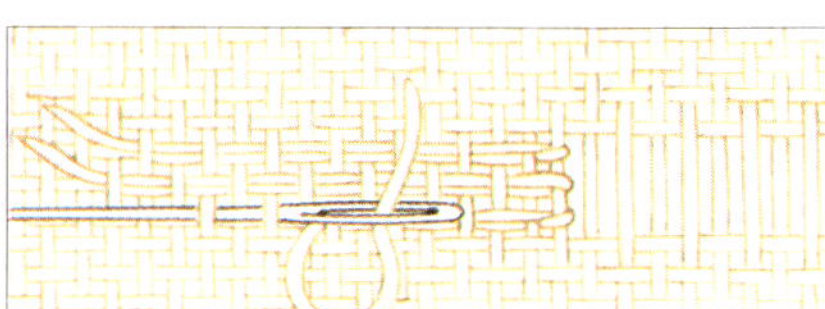

Arrêt des fils coupés dans le tissu

Quand la bande de jours est large (quatre fils et plus), il est conseillé d'arrêter les extrémités des bandes avec des points de boutonnière, qui accentuent l'effet décoratif.

Le fil à broder ne doit pas être plus gros que le fil du tissu; sinon, l'ouvrage sera bosselé. Vous pouvez broder avec un des fils tirés partant de l'extrémité du jour. Faites-le auparavant glisser entre vos doigts pour effacer ses inégalités.

- Choisissez le nombre des fils à tirer et l'emplacement de la broderie, puis coupez à un bout les fils du haut et du bas.
- Ôtez ces deux fils sur quelques centimètres *(voir l'illustration ci-dessous).*

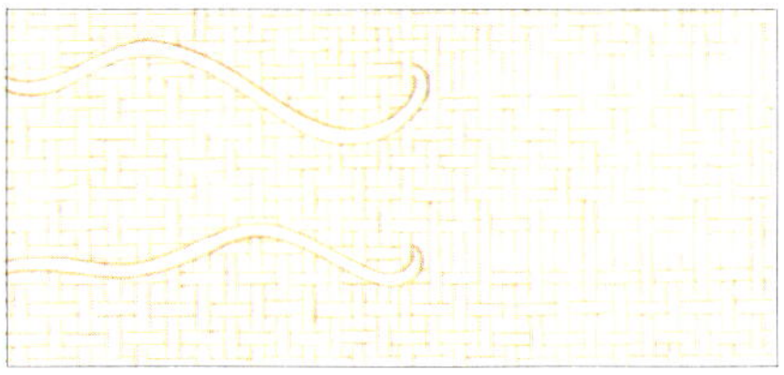

Tirer les fils du haut et du bas

- Arrêtez le fil à broder avec deux points avant au bord de la surface à broder, puis faites des points de boutonnière en travers de cette extrémité en piquant bien l'aiguille entre chaque fil de tissu. Chaque point doit prendre le même nombre de fils pour que le bord soit régulier *(voir l'illustration ci-dessous).* Après quelques points, coupez le début du fil à broder.

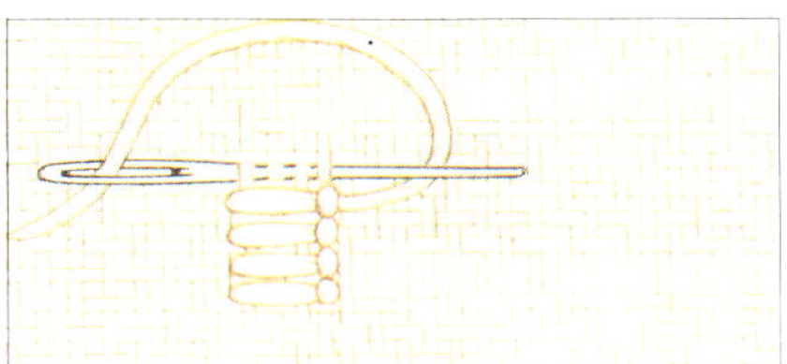

Arrêt au point de boutonnière

- Pour arrêter l'aiguillée, glissez l'aiguille sous les points sur l'envers de l'ouvrage.
- Tirez les fils du haut et du bas jusqu'à l'autre extrémité de la bande et coupez-les. Arrêtez cette extrémité au point de boutonnière.
- Coupez avec soin et tirez les autres fils du jour.

Exécution d'un jour simple

Les jours se travaillent normalement sur l'envers, surtout quand ils complètent un ourlet *(voir page 153).*

- Arrêtez le fil à broder provisoirement sur la gauche avec deux points arrière en laissant un long morceau de fil.
- Passez l'aiguille de droite à gauche sous le premier faisceau de fils *(voir l'illustration ci-dessous).* Dans l'exemple, ce faisceau compte quatre fils, mais il peut en compter plus ou moins.

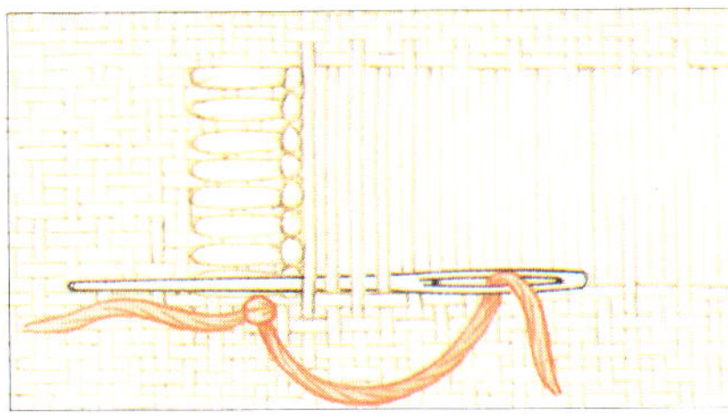

Début d'un jour simple sur un groupe de quatre fils

- Piquez l'aiguille verticalement d'arrière en avant dans le bord du tissu à droite du groupe de fils. Tirez l'aiguillée pour resserrer les fils (*voir l'illustration ci-dessous).*

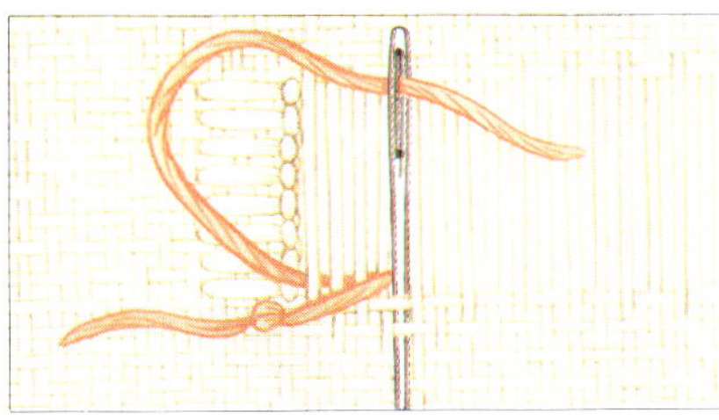

Exécution d'une ligne de jours

- Recommencez ces deux étapes tout le long de la bande. Pour arrêter, glissez l'aiguillée dans les derniers points. Défaites les points arrière du début et arrêtez le fil de la même façon.

Les illustrations de la page 144, représentant un jour rivière à faisceaux noués et un jour à faisceaux contrariés, montrent l'aspect des jours terminés sur l'endroit du tissu.

Quand le fil à broder est assorti au tissu, le point est quasi invisible sur l'endroit. Pour rehausser la broderie, utilisez un fil contrasté ou travaillez sur l'endroit de façon à rendre visibles les boucles obliques.

VARIANTES DU JOUR SIMPLE

Selon la façon dont on regroupe, noue ou rapproche les faisceaux, le jour prend un aspect différent.

Jour échelle

- Pour obtenir un jour échelle, faites un jour simple en haut et en bas de la bande de fils tirés.
- Pour tourner un coin intérieur, entourez le dernier groupe de fils avant l'angle, puis le premier groupe après l'angle en faisant un point vertical après le second de ces deux groupes *(voir l'illustration ci-dessous).*

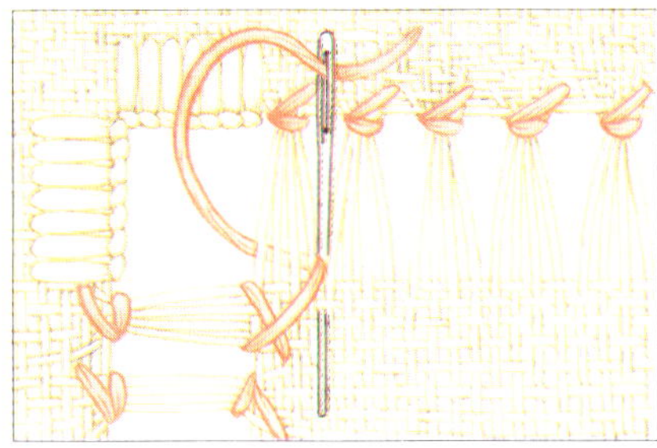

Exécution d'un jour échelle dans un coin

Jour rivière serpentine

Ce point nécessite un nombre égal de fils dans chaque faisceau.

- Faites un jour simple d'un côté sur le nombre voulu de fils.
- Sur le bord opposé, faites un premier point sur la moitié du nombre des fils, puis travaillez sur le nombre normal jusqu'à la fin, où il restera un point à broder sur la moitié du nombre normal.

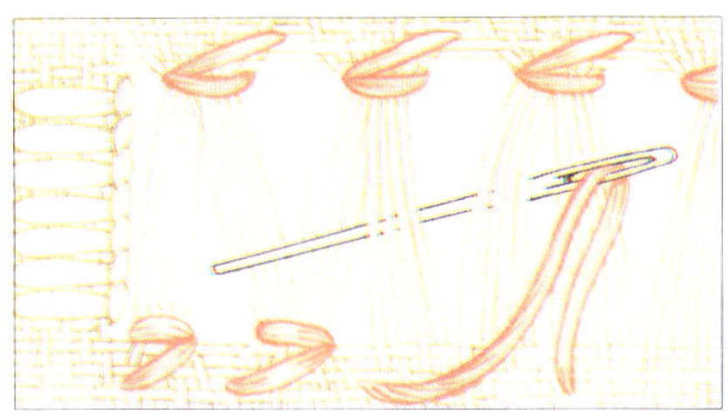

Exécution d'un jour rivière serpentine

Jour rivière à faisceaux noués

- Choisissez le nombre de fils à grouper par point, puis le nombre des groupes, qui doit être divisible par trois. Par exemple, 3 faisceaux de 4 fils chacun, soit 120 fils.

Le jour doit avoir au moins 1,5 cm de haut.

• Faites un jour échelle pour former les faisceaux de base.
• Prenez une nouvelle aiguillée que vous piquerez sur l'envers de l'ouvrage, sous le bord droit, à mi-hauteur de la bande.
• Sur l'endroit du tissu, passez l'aiguille sous les trois premiers faisceaux, et formez une boucle avec le fil autour et sous l'aiguille *(voir l'illustration ci-dessous).*

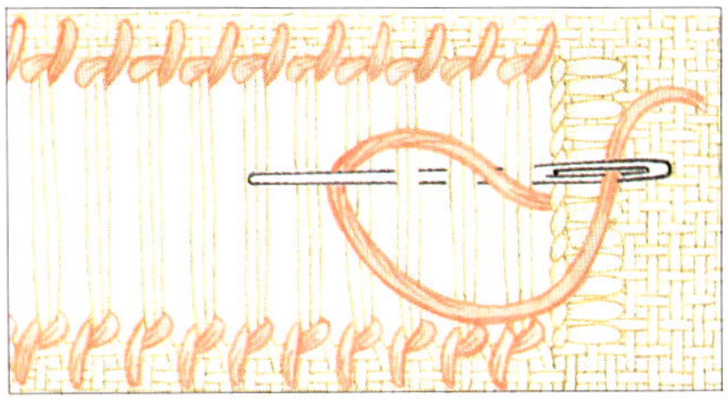

Exécution du jour rivière à faisceaux noués

• Tirez sur le fil pour resserrer le nœud *(voir l'illustration ci-dessous).*

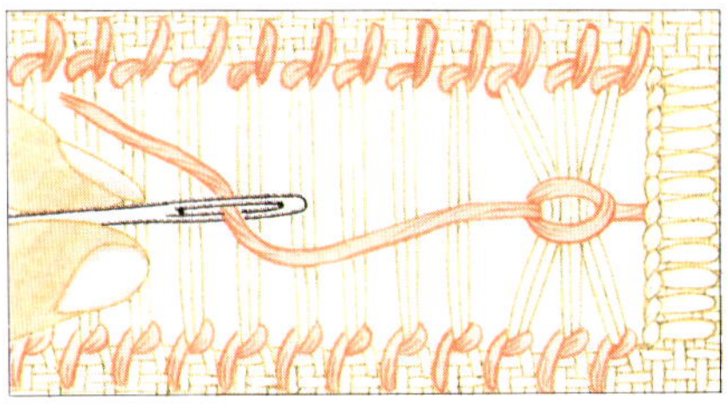

Serrage du nœud

• Faites de même jusqu'au bout, arrêtez le fil.

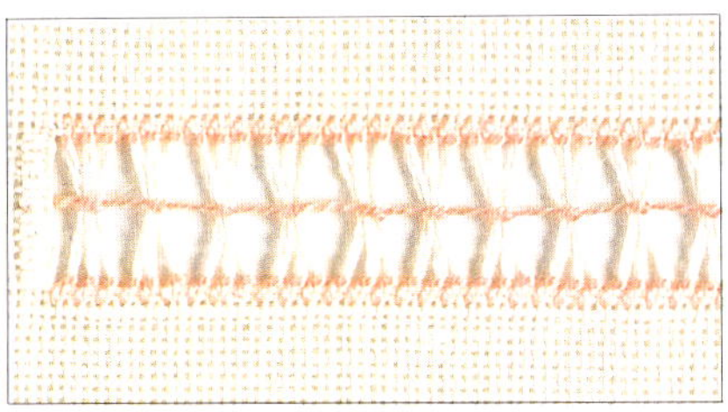

Exemple de jour rivière à faisceaux noués

On peut créer des dessins plus compliqués sur des bandes de fils tirés plus larges en effectuant deux ou trois étages de points et en plaçant les nœuds en quinconce.

Jour double

Pour ce jour double, il faut tirer une bande de fils de part et d'autre d'une bande de tissu. Ici, chaque bande comporte quatre fils tirés, et la bande de tissu centrale compte trois fils.
• Arrêtez le fil à broder sur l'envers à l'extrémité droite de la bande.
• Glissez l'aiguille de droite à gauche sous le premier faisceau du bas.
• Ramenez l'aiguille en arrière sur le faisceau et sous la bande de tissu, puis sortez-la à gauche du premier faisceau de fils de la bande supérieure *(voir l'illustration ci-dessous).*

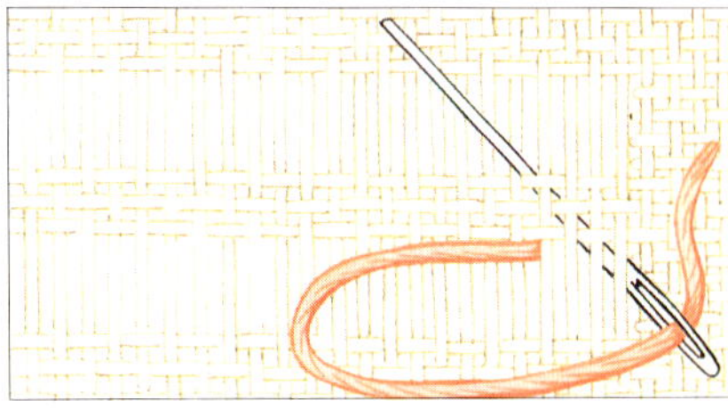

Début d'un jour double

• Passez le fil autour de ce faisceau comme il est indiqué, puis, par-dessus la bande intermédiaire, vers la bande du bas. Répétez ces points jusqu'à l'extrémité de la bande *(voir l'illustration ci-dessus).* La photographie ci-dessous montre un exemple de jour double. La bande intermédiaire de tissu est laissée en place.

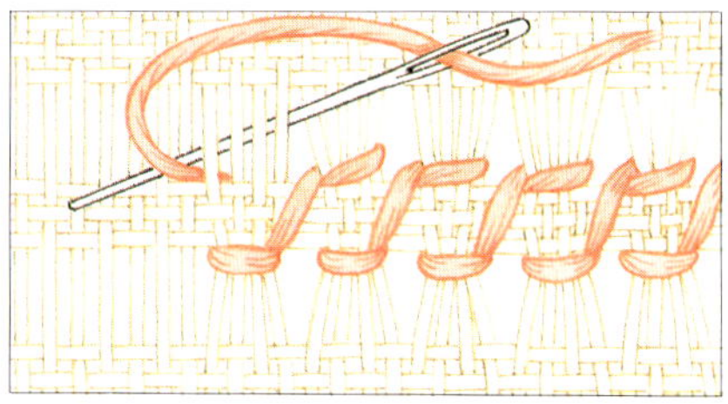

Exécution d'un jour double

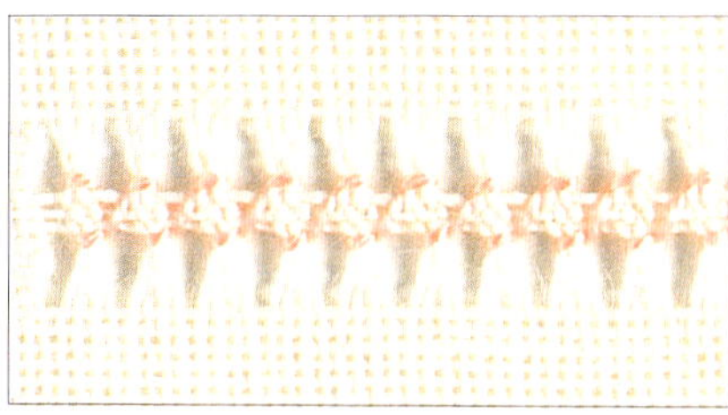

Exemple de jour double

Jour à faisceaux contrariés

Pour cette variante, les fils du tissu sont tirés sur une hauteur d'au moins 1,5 cm. Faites un jour échelle.
• Arrêtez une nouvelle aiguillée de fil à broder sur l'envers de l'ouvrage sous l'extrémité de droite du jour.
• Sur l'endroit du tissu, passez sur les deux premiers groupes de fils, puis glissez la pointe de l'aiguille sous le deuxième groupe et sur le premier *(voir l'illustration ci-dessous).*

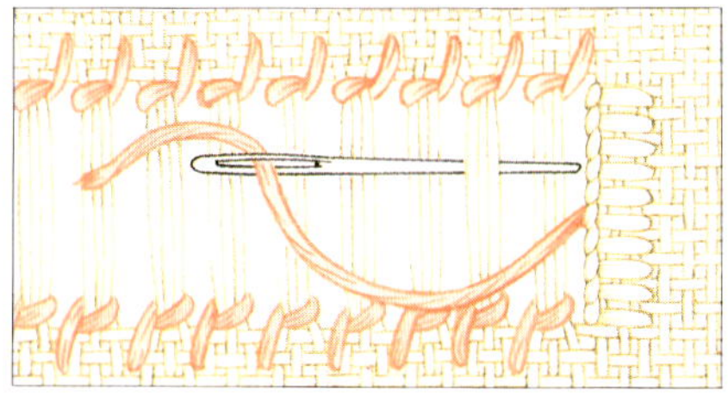

Début d'un jour à faisceaux contrariés

• Faites pivoter la pointe de l'aiguille de gauche à droite en engageant le premier faisceau de fils sous le deuxième. Tirez l'aiguillée. Continuez jusqu'au bout *(voir l'illustration ci-dessous).*

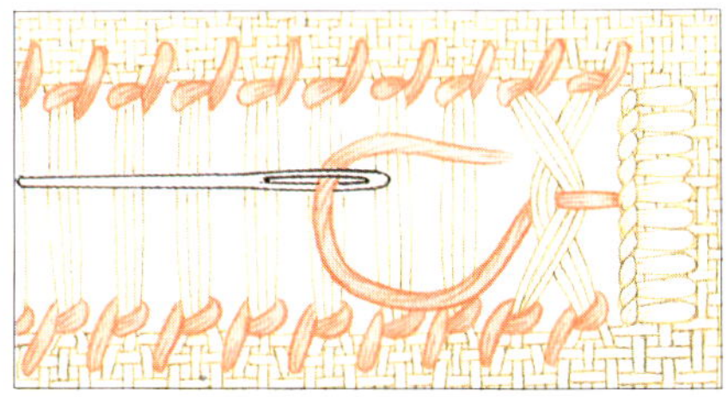

Achèvement du premier faisceau contrarié

Décoration des coins

Quand une large bande de jours comporte un coin vide, garnissez-le pour le consolider et l'enjoliver.
• Ôtez les fils comme il est expliqué page 142 dans la méthode d'arrêt des fils, mais arrêtez-les au point arrière *(voir page 98)* sur l'envers avec un fil à coudre et une aiguille à bout pointu.
• Faites un point de boutonnière sur les bords du carré, puis coupez les fils au ras des points.

Ici, on a brodé une roue côtelée, ou araignée *(voir la photographie ci-dessous).*

Remplissage d'un coin par une roue côtelée

LES BRIDES

Pour réaliser une bride, soit on entoure simplement un faisceau de fils verticaux dans une bande de fils tirés avec du fil à broder (bride cordonnée), soit on travaille les faisceaux à l'aiguille (bride au point de reprise). Comme les jours, les brides décorent les fils des broderies à fils tirés. Elles peuvent enjoliver des jupes ou des corsages.

Si l'on se contente de recouvrir les faisceaux de fils, il n'est pas indispensable d'exécuter un jour. Toutefois, pour les brides montrées ci-après, l'exécution d'un jour est souhaitable non seulement comme élément décoratif mais aussi parce qu'il consolide le bord dans lequel on pique l'aiguille sur l'envers pour passer d'une bride à la suivante, ce qui évite d'avoir à arrêter chaque bride.

Si vous débutez, arrêtez votre fil temporairement au début de l'ouvrage avec des points arrière : vous glisserez plus tard l'extrémité du fil dans l'ouvrage. Quand vous aurez plus d'expérience et de dextérité, vous pourrez laisser l'extrémité du fil pendre le long des fils du tissu, comme il est montré sur les schémas, et broder par-dessus.

Bride cordonnée

- Laissez pendre l'extrémité du fil le long des fils verticaux à recouvrir.
- Glissez l'aiguille de droite à gauche sous les fils puis entourez complètement le faisceau juste sous le premier point.
- Glissez l'aiguille, et tirez en resserrant les fils voisins *(voir l'illustration ci-dessous).*

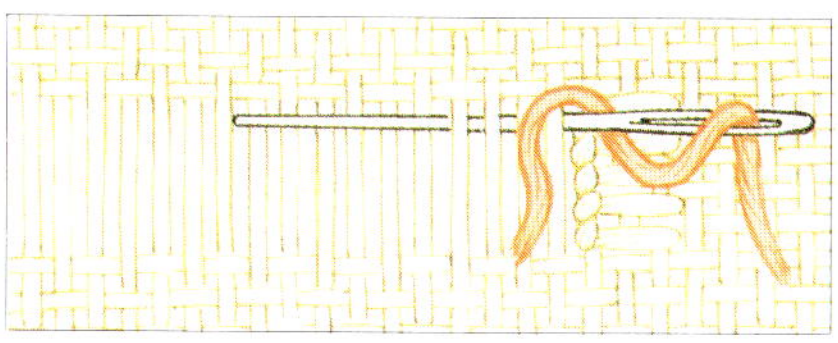

Insertion de l'aiguille pour grouper les fils

- Continuez en resserrant les points de cordonnet mais sans les superposer *(voir l'illustration ci-dessous).*

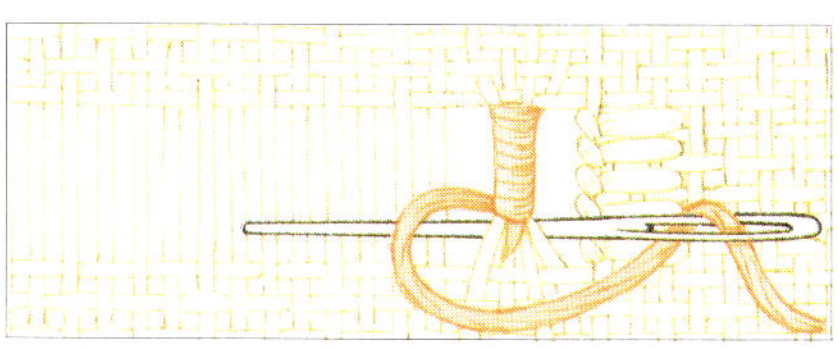

Exécution du point de cordonnet

- Pour arrêter le fil, glissez-le à la verticale dans la bride. Ici, les bords de la bande à fils tirés ont été garnis d'un jour *(voir l'illustration ci-dessous).*

Jour à brides cordonnées achevé

Bride cordonnée sur un jour rivière serpentine

- Commencez le jour en entourant le premier faisceau de fils presque jusqu'en bas.
- En bas, faites deux points englobant le premier faisceau et le deuxième *(voir l'illustration ci-dessous),* puis entourez le deuxième faisceau seul.

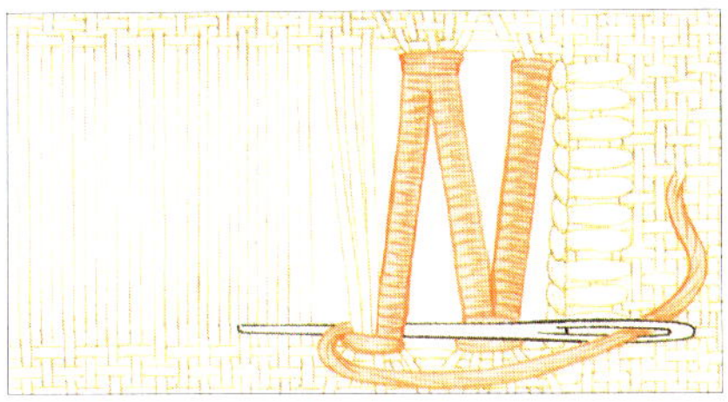

Entourage d'un groupe de fils

- En haut, faites deux points englobant le deuxième et le troisième faisceau, puis continuez en entourant le troisième faisceau. Continuez ainsi jusqu'au bout.

Bride au point de reprise

- Disposez l'extrémité du fil à broder sur les fils à recouvrir.
- Glissez l'aiguille sous les deux (ou plus) premiers fils du faisceau en travaillant de droite à gauche et en faisant passer l'aiguille sur l'extrémité du fil à broder *(voir l'illustration ci-dessous).*

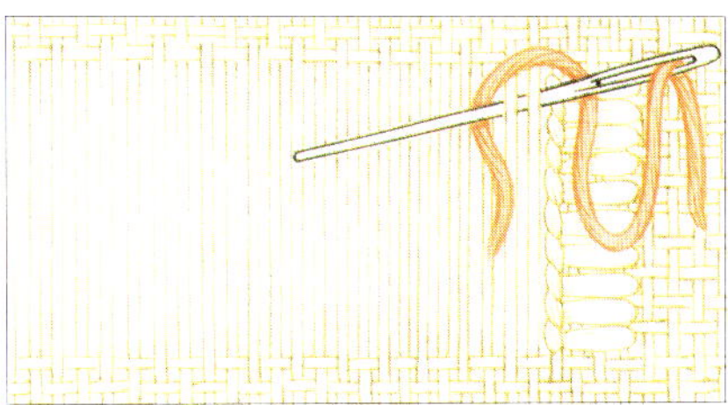

Exécution du point de reprise sous la première moitié des fils

- Ramenez l'aiguille de gauche à droite mais sous le deuxième groupe de fils *(voir l'illustration ci-dessous).*

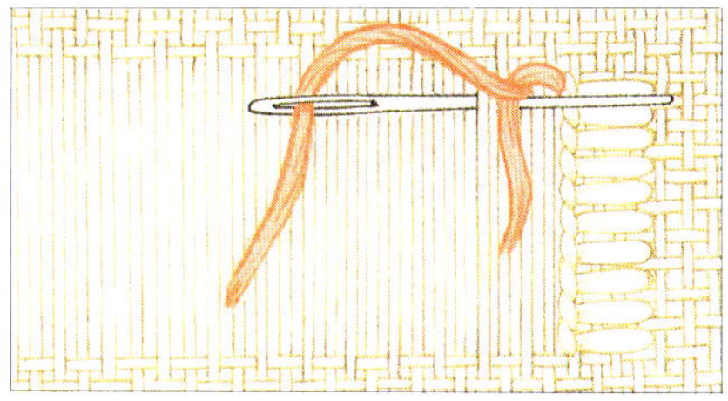

Exécution du point de reprise sous la deuxième moitié des fils

- Continuez jusqu'à ce que tout le faisceau vertical soit recouvert, puis passez au faisceau suivant. Terminée, la rangée doit avoir une texture dense et régulière *(voir la photographie ci-dessous).*

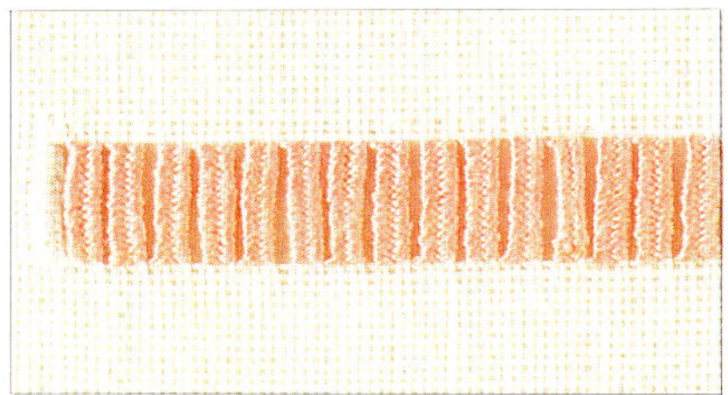

Jour rivière au point de reprise

Variantes des brides au point de reprise

Le point de reprise permet un grand nombre de variantes : les faisceaux peuvent être disposés en quinconce, ou alterner avec des brides cordonnées, comprendre trois groupes de fils ou davantage. Le point peut n'être brodé que sur les fils du milieu en laissant libres les extrémités. Des fils à broder de plusieurs couleurs rendent un très bel effet dans les brides au point de reprise : la finition obtenue est très soignée et son aspect de tresse est très plaisant.

Chemise de nuit brodée

La broderie de cette ravissante chemise de nuit boutonnée sur le devant est exécutée sur une bande de lin rapportée. Vous pouvez adapter ce motif à une bordure de jupe, à la patte de boutonnage et aux poignets d'un chemisier, ou à des vêtements d'enfant.

DIMENSIONS

Bande de toile de lin
de 47 x 3,5 cm

FOURNITURES

Toile de lin n° 18 (18 count)
de 49 x 5,5 cm
Coton perlé DMC n° 5 rouge,
coloris 666, 1 échevette

Exécution de la broderie

1 Rabattez le tissu de 1 cm tout autour en soignant les coins. Bâtissez *(voir l'illustration ci-dessous).*

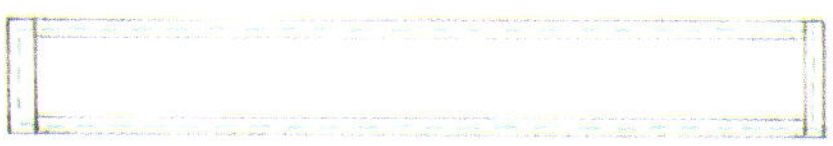

Bâtir l'ourlet

2 Faites un point de croix sur l'ourlet bâti le long des deux longs côtés et d'un des petits côtés *(voir l'illustration ci-dessous).* Le point de croix se travaille sur quatre fils de tissu.

Exécution du point de croix sur l'ourlet

3 Repérez les quatorze fils du milieu dans la longueur du tissu, puis marquez les extrémités avec des points de bâti de couleur *(voir l'illustration ci-dessous).*

Marquage des extrémités

4 À une des extrémités, comptez 24 fils à partir du bord interne de l'ourlet au point de croix. Marquez par une série de points de bâti. Marquez ensuite chaque répétition du motif en comptant à partir de la première marque avec un point de faufil jusqu'à 24 fils (ou plus) du bout. Comme le motif utilise des faisceaux de neuf fils, comptez par multiples de neuf. Marquez l'extrémité avec des points de bâti.

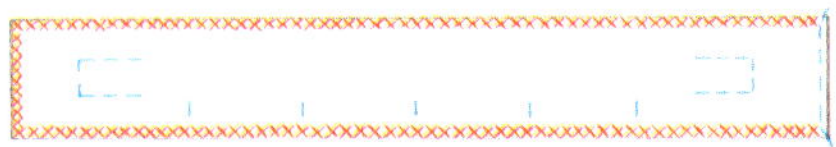

Marquage des motifs

5 En commençant à 2,5 cm des premières marques, coupez les 14 fils du milieu. Enlevez-les. Rabattez les fils coupés vers la marque du bout à chaque extrémité sur l'envers *(voir l'illustration ci-dessous).*

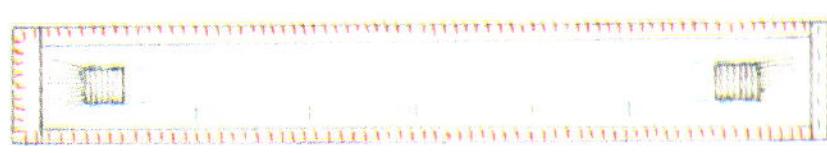

Les fils tirés ont été rabattus en arrière sur l'envers de l'ouvrage

6 Ôtez les fils de bâti. Arrêtez les fils flottants avec un point de boutonnière sur l'envers mais en travaillant sur l'endroit. Coupez les fils au ras du point de boutonnière *(voir l'illustration ci-dessous).*

Point de boutonnière recouvrant les fils coupés

7 Faites un jour prenant trois fils verticaux le long des longs côtés de la bande à fils tirés *(voir l'illustration ci-dessous).* Les points ont quatre fils de hauteur sur le tissu.

Détail du motif de la chemise de nuit

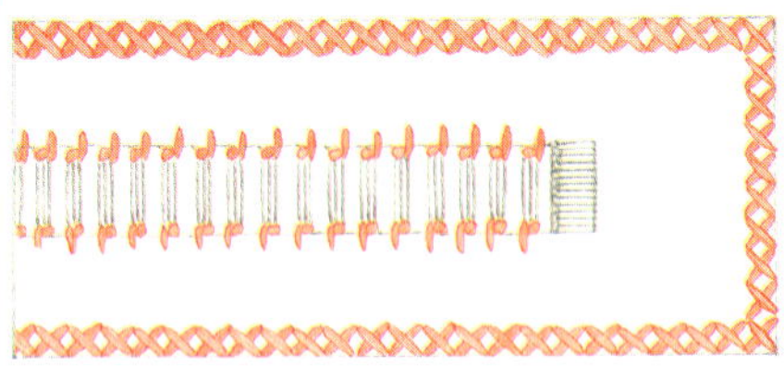

Préparation du jour rivière à faisceaux noués

8 En commençant par le milieu des points de boutonnière à une extrémité de la bande, nouez les faisceaux par trois *(voir l'illustration ci-dessous).* Si le fil à broder dévie, glissez l'aiguille dans le nœud et repartez de ce point.

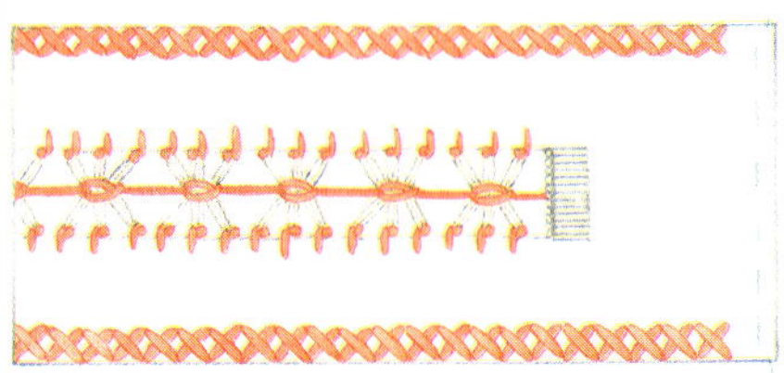

Exécution du nœud sur trois faisceaux

9 Ôtez les points de faufil. Repassez l'ouvrage.

Taies d'oreiller à jours

Ces magnifiques taies d'oreiller s'ornent de larges bandes de jours doublées de satin. Faites deux taies, avec le même motif ou deux motifs différents, pour offrir comme cadeau de mariage ou, pourquoi pas, pour vous! Choisissez une couleur de ruban qui s'harmonise avec les couleurs de la literie.

DIMENSIONS
Oreiller terminé : 45 x 70 cm

FOURNITURES
Pour deux oreillers : 1 m de toile de lin blanche n° 36 (36 count) en au moins 90 cm de large

Pour l'oreiller à jour unique : 57 cm de ruban de satin de 5,5 cm de large

Pour l'oreiller à jour triple : 90 cm de ruban de satin de 2,5 cm de large,
90 cm de ruban étroit assorti
Aiguille à tapisserie n° 24

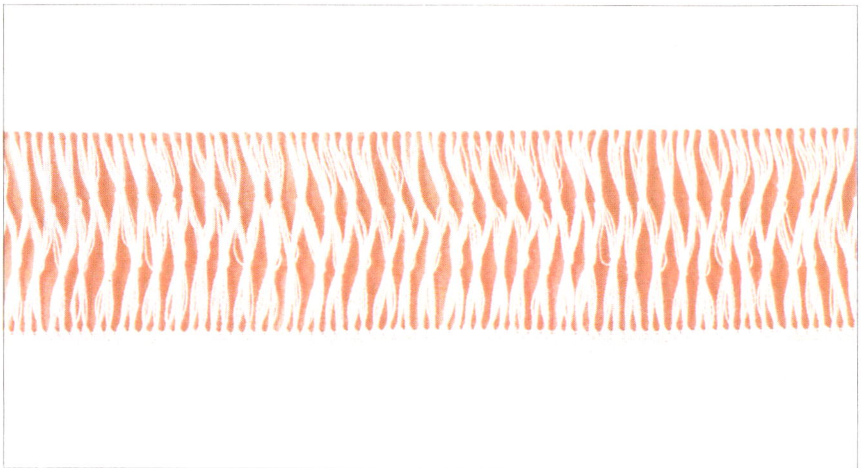

Détail de la taie à jour unique

Confection de la taie d'oreiller à jour unique

1 Coupez le tissu : pour le dessous, un morceau de 89 x 48 cm; pour le dessus, un morceau de 83 x 48 cm. Sur un petit côté de chaque morceau, bâtissez pour marquer le pli. Celui-ci est situé à 17,5 cm du bord du morceau du dessous et à 11,7 cm du bord du morceau du dessus.

2 Mesurez 10 cm à partir de la ligne de pli sur le morceau du dessus, puis tirez avec soin un fil sur la ligne 1 *(voir l'illustration ci-dessous).*

Tirer un fil sur la ligne 1

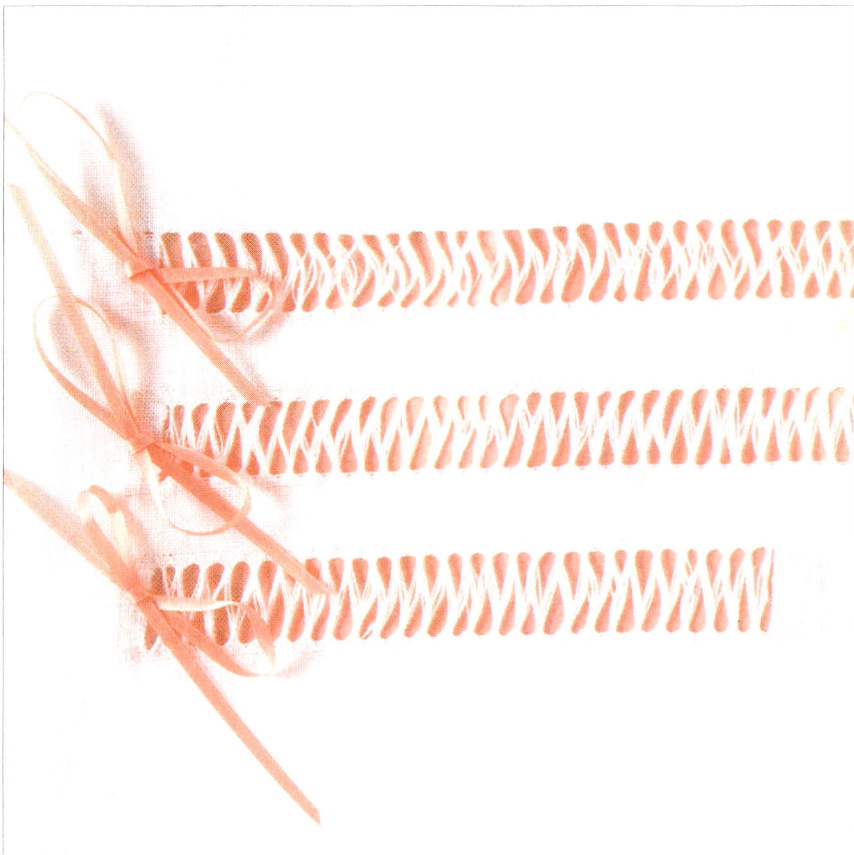

Détail de la taie à jour triple

3 Piquez les morceaux du dessus et du dessous, endroit contre endroit, sur trois côtés, en laissant 1,5 cm de marge. Repassez coutures ouvertes. Coupez les coins en biais; arrêtez les bords. Retournez la taie à l'endroit.

4 Au bord du rabat (morceau du dessous), faites un rentré de 6 mm; repassez. Faites un autre rentré, de 1 cm cette fois; repassez. Bâtissez l'ourlet. Tirez un fil juste au-dessus de l'ourlet et cousez l'ourlet à jour en prenant quatre fils verticaux.

5 Rentrez les bords du dessus et du dessous de la taie le long des lignes de plis bâties. Pour le morceau du dessus, repliez le bord vif au niveau de la ligne 1; repassez. Bâtissez. Faites un ourlet à jour sur trois fils du tissu *(voir l'illustration ci-dessous).*

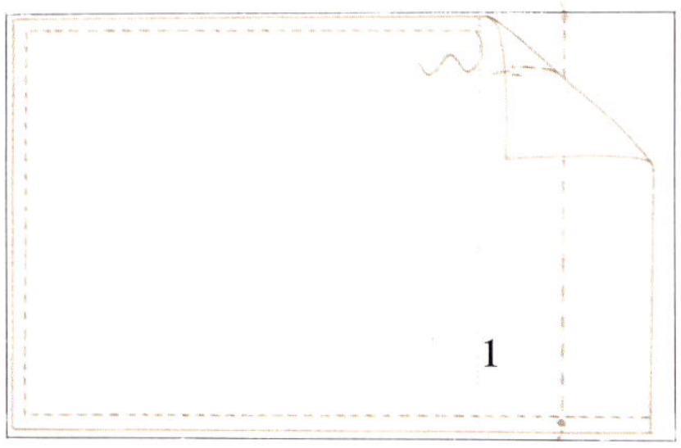

Exécution de l'ourlet à jours

6 Tirez les fils du tissu pour obtenir une bande de 5 cm de large, en situant la bande à 12,7 cm du bord supérieur de la taie. Faites l'ourlet à jour le long du dernier bord. Travaillez sur l'envers et lacez vos points de façon à former des groupes parallèles de quatre fils *(voir l'illustration ci-dessous).*

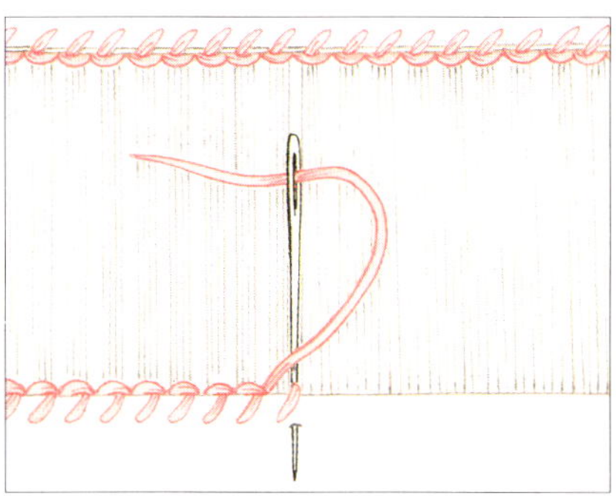

Travail sur un faisceau de quatre fils

7 Coupez 48 cm de ruban large. Faites deux lignes de points de bâti tout le long à 2 cm de chaque bord. Épinglez le ruban sous la bande de jour échelle. Bâtissez, cousez le ruban au point glissé en ne prenant qu'un fil de tissu de la taie.

8 Faites un jour rivière à faisceaux noués *(voir page 143)* en utilisant comme guides les lignes de bâti du ruban *(voir l'illustration).*

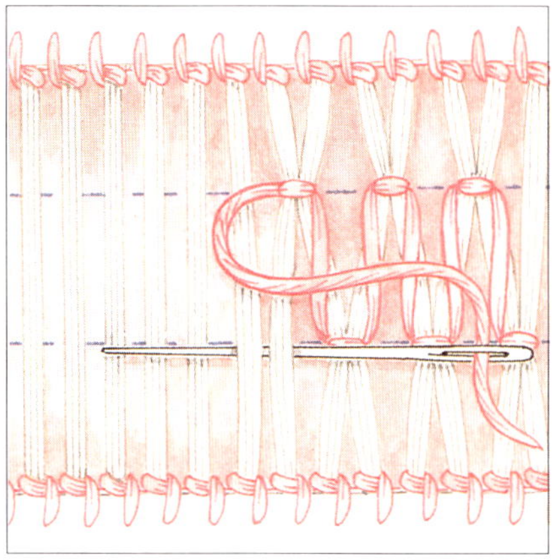

Exécution du jour rivière à faisceaux noués

9 Sur l'envers, rentrez les bords du rabat et cousez-les au point glissé. Le point glissé doit dissimuler les bords vifs du ruban. Ôtez tous les fils de bâti.

Confection de la taie d'oreiller à jour triple

1 Suivez les instructions des étapes 1 à 5 de la taie à jour unique. Sur le morceau du dessus, faites un jour en prenant huit fils au lieu de quatre.

2 Préparez trois bandes de jours de 2 cm de large chacune. Espacez les bandes de 4,5 cm ou de toute autre distance en commençant à 12,7 cm du bord supérieur. (Si vous ornez deux taies des mêmes motifs, inversez la position des bandes sur la seconde taie). La première bande a 36 cm de long, la deuxième 24 cm et la troisième 15 cm. Tirez les fils et faites passer leurs extrémités sur l'envers sans les couper.

3 Faites un jour rivière serpentine le long des bandes, en regroupant quatre fils de deux faisceaux adjacents *(voir l'illustration de la colonne suivante).*

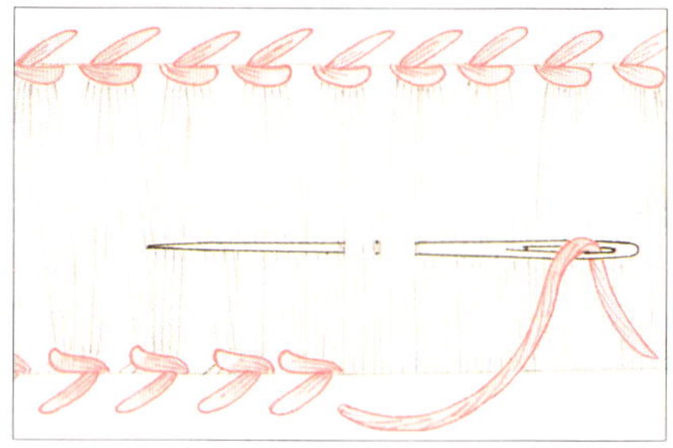

Exécution du jour rivière serpentine

4 Coupez des morceaux de ruban de la longueur de chaque bande plus 4 cm. Cousez chaque ruban au point glissé le long de ses deux bords sous la bande de jours correspondante.

5 Coupez les extrémités des fils tirés à 6 mm. Cousez le tissu et les deux extrémités du ruban, puis rentrez les bords vifs du ruban en emprisonnant les extrémités des fils et cousez au point glissé.

6 Rentrez les bords vifs du rabat, puis cousez au point glissé sur la couture à l'intérieur de la taie *(voir l'illustration ci-dessous).* Enlevez tous les fils de bâti.

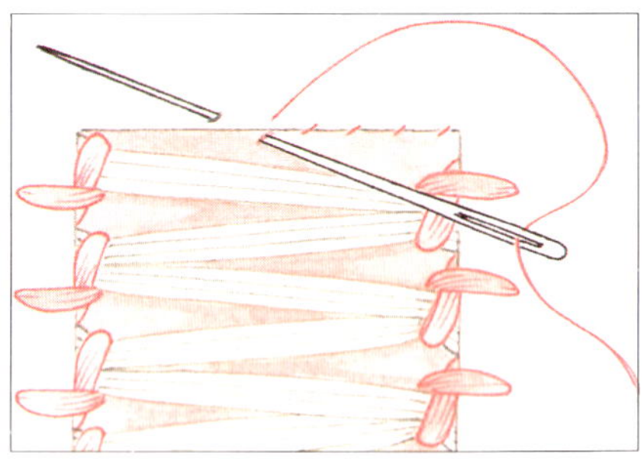

Couture au point glissé

7 Coupez le ruban étroit en trois morceaux d'égale longueur. Cousez le centre de chaque morceau au commencement d'une bande puis faites une rosette.

Techniques de finitions

Une fois la broderie achevée, des finitions sont nécessaires. Vous trouverez ci-après des techniques de nettoyage, de repassage, de redressement et d'encadrement ainsi que les meilleures façons d'ourler, de confectionner des housses amovibles et de fixer des ganses.

NETTOYAGE

Si vous avez utilisé un métier et veillé à la propreté de vos mains, l'ouvrage n'a pas besoin d'être nettoyé. Mais il faut souvent nettoyer un grand ouvrage, une nappe par exemple, ou un petit ouvrage qui a longtemps traîné dans le panier à ouvrage.

La plupart des toiles à tissage régulier sont lavables, ainsi que les fils de coton DMC. Dans le doute, montrez le tissu à un teinturier et demandez-lui s'il est lavable.

Le lavage d'une broderie

Employez de l'eau tiède et un savon doux.

- Lavez à la main dans une cuvette en pressant doucement l'ouvrage dans l'eau tiède et savonneuse. Ne frottez pas.
- Rincez à l'eau tiède.
- Roulez dans une serviette pour éliminer l'excès d'humidité et repassez humide.

Le repassage d'une broderie

Pour effacer les faux plis d'un ouvrage terminé, il faut souvent le repasser légèrement, mais certains ouvrages, déformés, exigent aussi d'être étirés et redressés; la technique est décrite dans la colonne voisine.

- Pour le repassage simple, posez la broderie humide à l'envers sur une serviette-éponge et étalez un linge sec par-dessus. Si l'ouvrage n'a pas été lavé et qu'il est sec, utilisez une pattemouille et un fer à repasser simple ou un linge sec et un fer à vapeur.
- Procédez par petites touches, posez et relevez le fer, sans frotter.
- Recommencez jusqu'à ce que la broderie soit sèche et lisse.

ÉTIREMENT

Une broderie à fils comptés doit souvent être étirée, surtout quand elle comprend des remplissages « pleins ». Commencez par l'humidifier pour l'aplanir, puis étirez-la doucement avant de la laisser sécher. La méthode a l'avantage de ne pas écraser les surfaces texturées.

Pour l'étirement, vous pouvez utiliser une planche à repasser molletonnée ou une planche spéciale que vous pouvez fabriquer vous-même (voir ci-contre).

Étirement sur une planche à repasser

Si la broderie est petite, étirez-la sur votre planche à repasser.

- Étalez-la à l'endroit sur la planche molletonnée.
- Plantez une épingle tous les 2 cm tout autour en vérifiant l'aplomb des angles avec une équerre.
- Pulvérisez l'eau sur la broderie avec un vaporisateur pour plantes *(voir l'illustration ci-dessous).* Laissez sécher en place, avant d'enlever l'ouvrage de la planche.

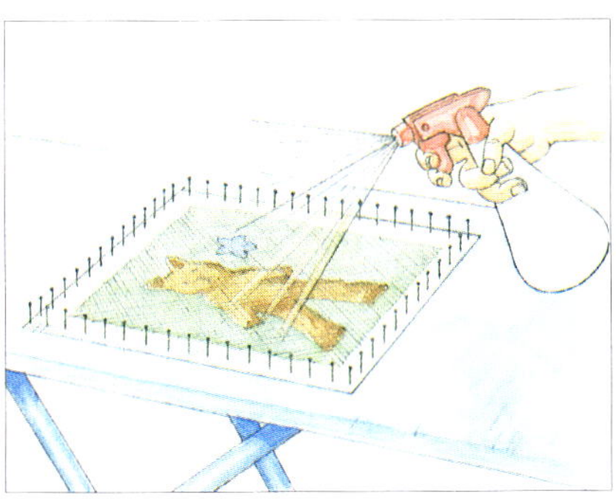

Vaporisation d'eau sur l'endroit de la broderie

Fabrication d'une planche à redresser

Bien que rarement nécessaire pour les broderies à fils comptés, surtout quand elles ont été faites sur un métier, une planche à redresser peut être utile pour un ouvrage très déformé. Munissez-vous d'une planche de pin carrée de 60 cm de côté, d'un morceau de mousseline écrue (préalablement lavée, séchée et repassée) de 5 cm de plus que la planche tout autour et d'une agrafeuse.

- Agrafez le tissu sous la planche, commençez par le milieu de chaque côté en tirant bien le tissu. Dégarnissez les angles *(voir l'illustration ci-dessous).*

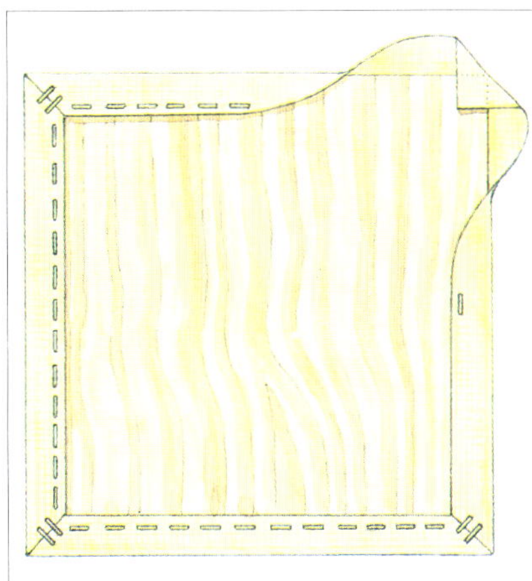

Étirement de la mousseline sur une planche à redresser

Pour étirer et bloquer un ouvrage de plus de 50 cm de côté, il vous faut une plus grande planche que celle que nous venons de décrire. Pour préparer une grande planche, prévoyez 10 cm de plus de tissu tout autour de façon à avoir une bonne prise quand vous étirerez le tissu pour l'agrafage.

Emploi d'une planche à redresser
Une fois la planche préparée, vous pouvez commencer l'étirement :
• Plongez la broderie terminée dans l'eau froide et étalez-la à l'endroit sur la planche.
• Piquez de grosses punaises dans les coins en tirant bien. Vérifiez l'aplomb des angles avec une équerre.
• Placez une punaise au milieu de chaque côté, puis le long des côtés, en vous dirigeant vers les angles et en vérifiant la rectitude des bords *(voir l'illustration ci-dessous).*

Broderie épinglée

• Une fois l'ouvrage fixé, laissez sécher complètement avant d'ôter les punaises. N'oubliez pas qu'un tissu humide est plus fragile et risque d'être endommagé si vous le déclouez trop tôt.

Certaines broderies, par exemple les bandes de jours, comportent des zones très délicates à cause de la suppression des fils, ce qui veut dire que seuls les fils de chaîne (ou de trame) tiennent le tissu à cet endroit. Vous pouvez renforcer ces zones en cousant un ruban en dessous, mais l'étirement de ces pièces exige beaucoup de précautions.

ENCADREMENT

Un tableau de broderie doit être monté sur un carton avant d'être confié à un encadreur pour que la broderie reste mieux tendue une fois encadrée.

Si vous utilisez la méthode ci-après de montage sur un carton, travaillez sur une surface plane et très propre, de façon à ne pas salir ou griffer l'ouvrage.

Montage d'un tableau de broderie
Il vous faut : un morceau de carton rigide découpé à la taille voulue, un feuillet de rembourrage de la taille du carton, un fil à coudre solide (fil de lin), une grosse aiguille à coudre et du ruban adhésif double face ou de la colle pour textile.
• Collez la feuille de rembourrage avec du ruban adhésif ou de petits points de colle qui la maintiendront pendant le laçage.
• Étalez la broderie à l'envers et placez par-dessus le carton avec son rembourrage.
• Rabattez un des longs bords du tissu sur le carton et maintenez-le en plantant des épingles sur la tranche *(voir l'illustration ci-dessous).*
• Vérifiez l'emplacement de la broderie sur l'endroit et modifiez-le si nécessaire.
• Rabattez le bord opposé de la même façon.

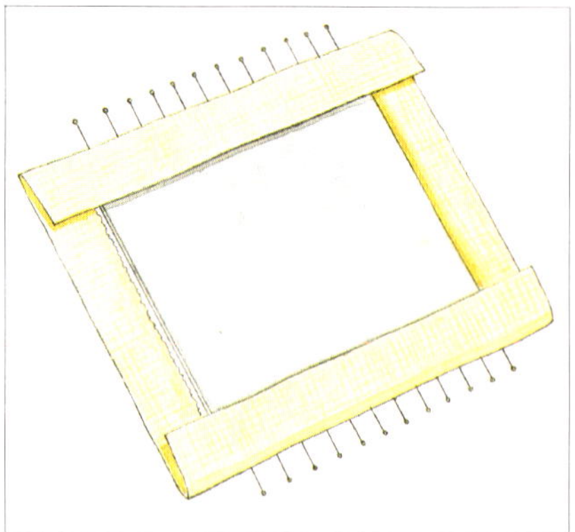

Pose des épingles sur la tranche des deux côtés

• Enfilez l'aiguille avec le fil de lin sans le séparer de la bobine.
• En commençant par le centre et en utilisant tout le fil nécessaire, faites de grands points de chausson entre les deux bords en vous dirigeant vers la droite *(voir l'illustration ci-dessous).* Arrêtez le fil solidement.

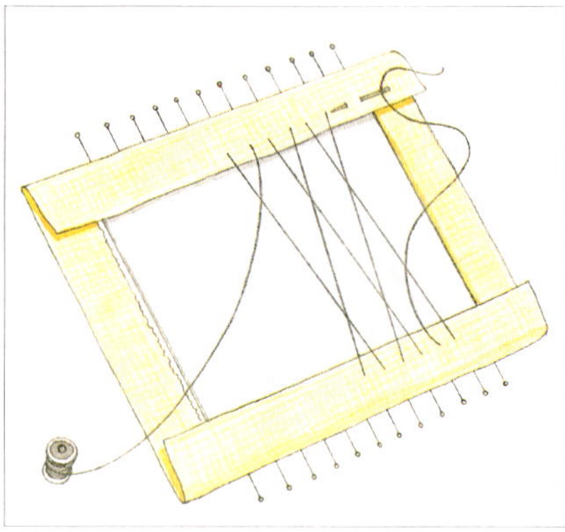

Laçage des bords, en partant du centre

• Avec un long fil, travaillez vers le bord gauche mais n'arrêtez pas le fil.
• Ôtez les épingles.
• En commençant à droite, tirez sur le laçage pour égaliser la tension *(voir l'illustration ci-dessous).* Arrêtez le fil.

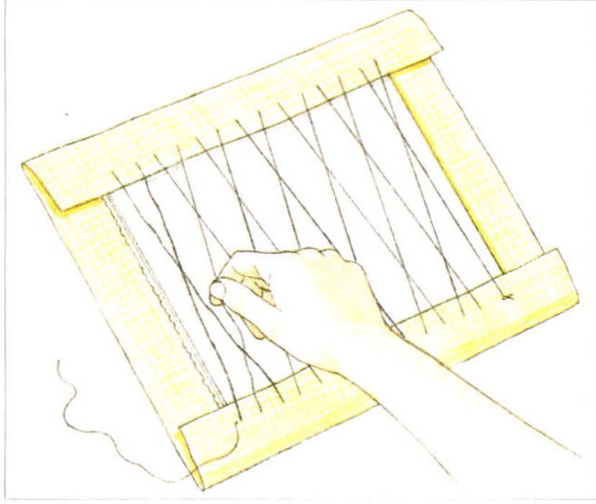

Serrage des fils

• Faites pivoter l'ouvrage, épinglez et lacez les deux autres côtés de la même façon.

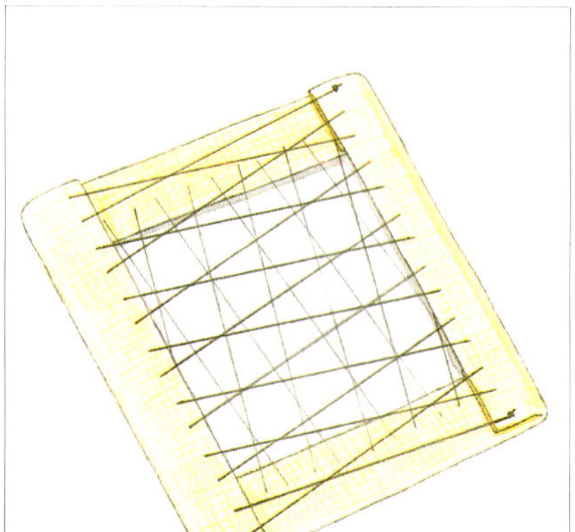

Dos de la broderie montée sur carton

OURLETS À JOURS

Un ourlet à jours comporte tout du long une étroite ligne de points ajourés. C'est une finition délicate. Les instructions détaillées pour l'exécution des ourlets à jours sont données page 142, mais vous trouverez ci-après les méthodes pour préparer l'ourlet et dégarnir les angles, nécessaires avant l'exécution des jours décoratifs au bord de l'ourlet.

Méthode pour tirer les fils

Si le nombre des fils à tirer est défini et si le motif principal doit être brodé avant l'ourlet, vous devez toujours couper un morceau de tissu plus grand que les dimensions requises. Tirez les fils pour l'ourlet en laissant dans le tissu le nombre voulu de fils verticaux.

- Marquez les replis de l'ourlet dans l'ordre inverse de celui qui est montré ci-après avant de dégarnir les angles et de préparer l'ourlet.

La méthode ci-après convient pour l'ourlet d'un grand ouvrage, une nappe par exemple, où l'on ne verra guère les points de l'ourlet et où l'exactitude du nombre des fils n'a pas la même importance que dans un petit ouvrage plus délicat.

- Décidez de la hauteur de l'ourlet, puis mesurez à partir du bord vif du tissu une distance d'environ 1,25 cm de moins que cette hauteur. Tirez un fil à cet endroit pour marquer le premier repli.
- Comptez le nombre de fils avant la ligne de repli (ici, sept) et tirez un fil à cet endroit sur les autres côtés du tissu.
- À partir de ce fil tiré, mesurez vers l'intérieur du tissu la future hauteur de l'ourlet. Tirez un autre fil pour marquer le second repli comme il est montré sur l'illustration de la colonne suivante. Ce repli compte onze fils.
- Comptez les fils comme ci-dessus et tirez des fils sur les trois autres côtés.
- Ajoutez 1 au nombre de fils entre les deux replis et comptez le nombre obtenu vers l'intérieur (ici : 12). Tracez une ligne de points de bâti entre ce fil et le suivant *(voir l'illustration ci-dessous).*

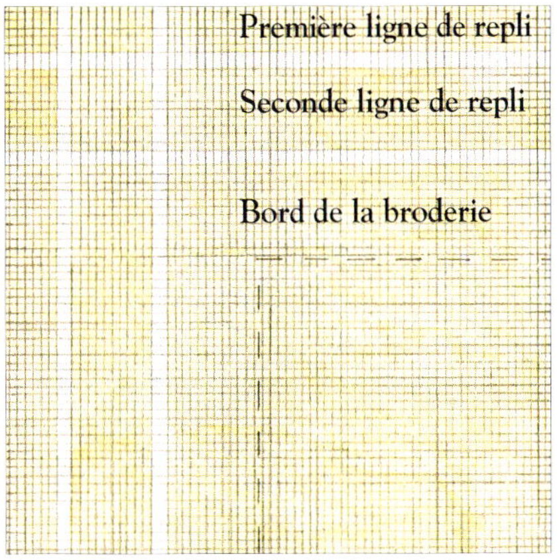

Aspect des premiers fils tirés

- Tirez le nombre voulu de fils pour broder l'ourlet à jours. Pour arrêter les extrémités de ces fils, rentrez-les dans les angles au point de reprise ou rabattez-les et fixez-les au point de boutonnière *(voir page 143).*

Dégarnissage des angles et couture de l'ourlet

Vous pouvez aussi utiliser la méthode ci-après pour dégarnir les angles sans tirer de fils et pour les ourlets au simple point de côté ou ceux plus décoratifs au point de Paris *(voir page 117).*

- Avec un crayon noir ou un marqueur pour tissu, tracez à la règle une ligne diagonale passant par le point de rencontre des lignes de repli extérieur de l'ourlet.
- Tracez une autre ligne, parallèle à la première, entre le point de rencontre des lignes du repli intérieur.

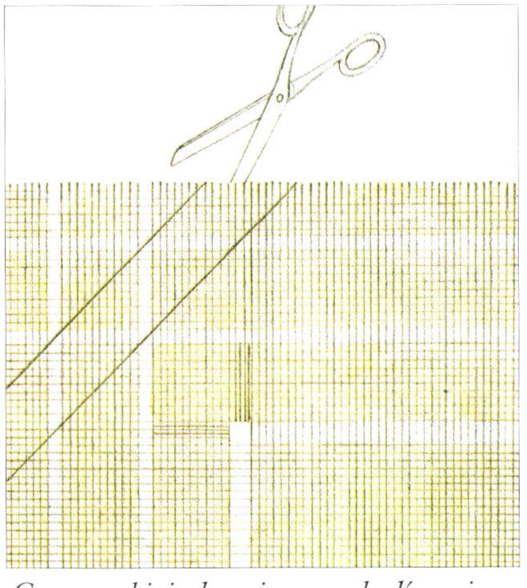

Coupe en biais des coins pour le dégarnissage

- Coupez le long de la ligne extérieure *(voir l'illustration de la colonne précédente).*
- Repliez le long de la marque restante et repassez.

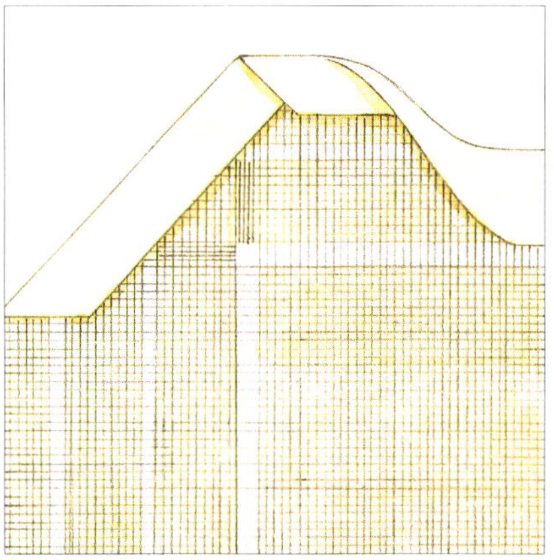

Repli de l'ourlet sur l'envers

- Repliez l'ourlet le long des deux lignes de repli comme il est indiqué *(voir l'illustration ci-dessus)* et bâtissez.
- Quand les deux bords perpendiculaires sont repliés, le coin se trouve dégarni.

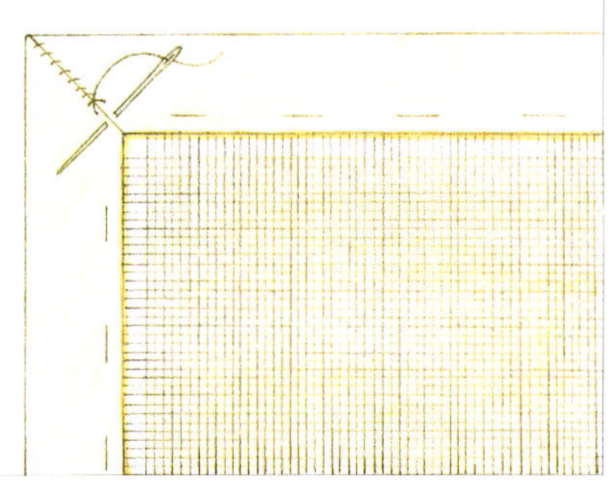

Couture du coin au point glissé

Cousez les bords du biais comme il est indiqué ci-dessus puis faites les jours le long de l'ourlet *(voir page 142).*

HOUSSE DE COUSSIN SIMPLE

Cette méthode convient aux housses qui n'ont pas besoin de nettoyages fréquents. La housse peut se démonter, mais il faut chaque fois découdre l'ouverture et la recoudre.

Si vous avez l'intention de décorer le bord de votre housse avec une ganse ronde, voyez page 155 la méthode permettant de fixer la ganse avant de fermer la housse.

Confection d'une housse simple

• Coupez les morceaux du devant et du dos de la housse aux mêmes dimensions, en comptant 2 cm de plus tout autour que la dimension finale. Si vous voulez un coussin bien tendu, prévoyez une housse un peu plus petite que la forme de rembourrage.
• Cousez les deux morceaux à la machine ou à la main au point arrière sur trois côtés et jusqu'à 7 ou 8 cm de chaque coin sur le quatrième côté.
• Coupez les coins en biais pour réduire l'épaisseur. Si le tissu s'effiloche, surjetez à la main les bords de chaque épaisseur ou piquez à la machine au point zigzag.

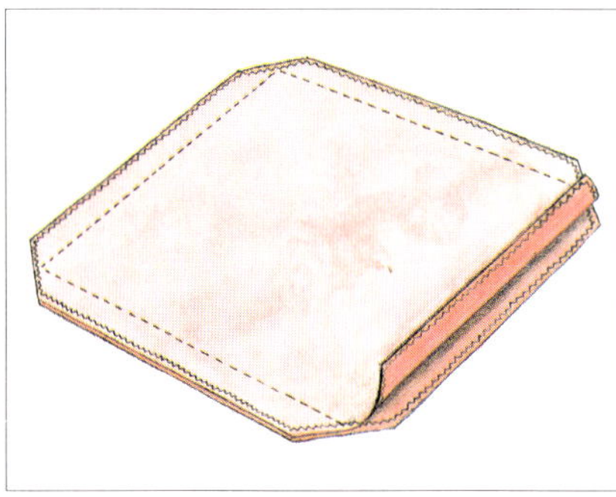

Housse assemblée avant d'être retournée

• Retournez la housse à l'endroit.
• Insérez la forme de coussin, fermez la fente au point glissé *(voir l'illustration ci-dessous).*

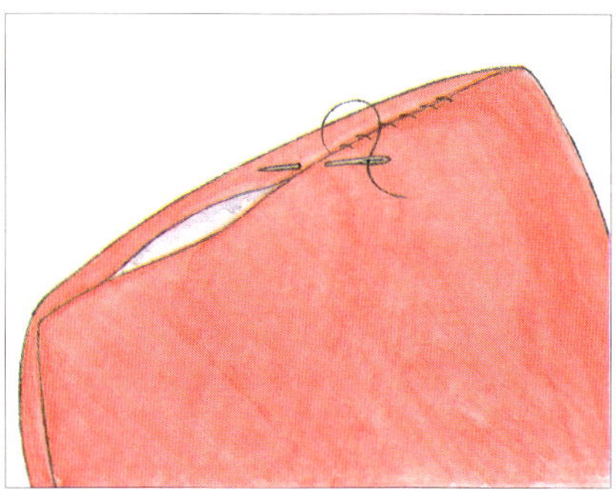

Fermeture de la fente au point glissé

HOUSSE DE COUSSIN AMOVIBLE

La plupart des housses amovibles sont équipées d'une fermeture à glissière. Le mieux est d'insérer celle-ci dans une couture latérale de façon à la rendre invisible, mais c'est assez difficile à réaliser et, bien souvent, le résultat n'est guère satisfaisant. Il est plus aisé de fixer la fermeture à glissière au milieu du dos du coussin en la dissimulant sous un rabat de tissu; mais, même quand la pose est bien effectuée, le résultat n'est pas très esthétique.

Une autre méthode, à la fois facile et décorative, consiste à coudre des boutons et à faire des boutonnières ou des brides. L'effet est plus joli si la fermeture est excentrée.

Exécution d'un patron en papier

Commencez par faire les patrons des deux morceaux du dos de la housse. Les indications ci-après sont données pour une fermeture à boutons et à brides. Pour des boutonnières, voir plus loin.
• Sur un grand morceau de papier, millimétré si possible, dessinez deux morceaux atteignant, associés, la dimension finale du dos de la housse. Ici, la housse est un rectangle de 38 cm sur 30 cm et l'ouverture est à 13 cm du bord gauche. Laissez environ 15 cm entre les deux morceaux.
• Ajoutez une marge de 2 cm pour les coutures aux bords externes de chaque morceau – et non aux bords correspondant à l'ouverture *(voir l'illustration ci-dessous).*

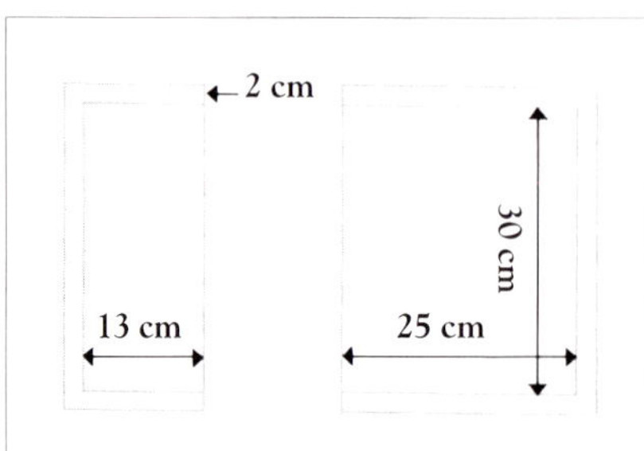

Fabrication des morceaux du patron

• Du côté gauche du plus grand morceau (qui recouvrira le bord de l'autre), ajoutez 4 cm pour l'ourlet.
• Du côté droit du petit morceau (qui sera recouvert), ajoutez 8 cm *(voir l'illustration ci-dessous).* Pour une fermeture à boutonnières, voyez la page ci-contre.

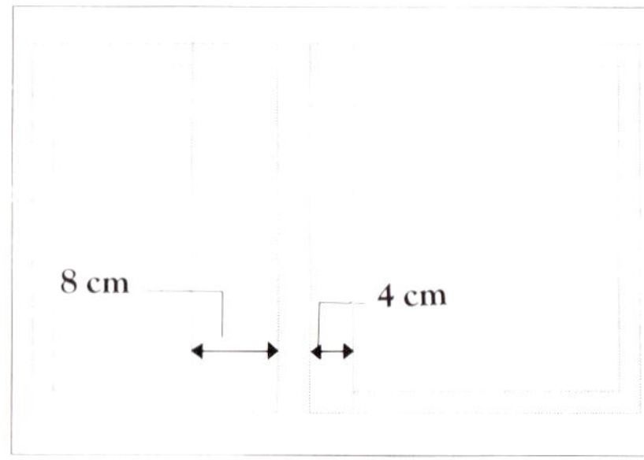

Achèvement du patron

• Calculez le nombre de boutons nécessaires et marquez l'emplacement des brides sur le patron de papier. Multipliez le diamètre du bouton par le nombre de boutons. Soustrayez ce chiffre du diamètre, puis divisez la distance restante par le nombre de boutons plus un : vous obtiendrez ainsi la longueur des espaces entre les brides à bouton.
• Vérifiez toujours vos mesures sur le papier plutôt deux fois qu'une, puis découpez les patrons avec soin.

Coupe et couture du dos de la housse

Si vous prévoyez de border la housse avec une ganse, lisez les instructions de la page 155 avant de monter la housse.
• Disposez les patrons de papier sur le tissu et coupez les deux morceaux pour le dos de la housse.
• Au bord gauche du morceau qui chevauche l'autre, rentrez 1 cm et cousez.
• Rentrez 1 cm et cousez le bord droit du morceau du dessous de la même façon.
• Sur le morceau du dessus, rentrez 3 cm, repassez et bâtissez les bords du haut et du bas.
• Sur le morceau du dessous, rentrez 4 cm, repassez et bâtissez.
• Réalisez les brides sur le morceau du dessus aux endroits marqués sur le patron. Lancez trois points droits au bord du repli puis travaillez par-dessus au point de boutonnière

bien serré *(voir l'illustration ci-dessous).* Arrêtez le fil solidement sous le repli.

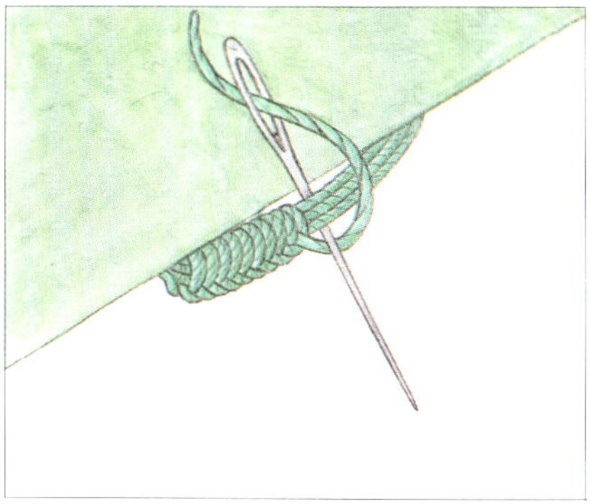

Exécution d'une bride à bouton

• Étalez le morceau du dessus à l'envers sur une surface plane, puis posez l'autre morceau dessus en le disposant de façon que la largeur totale soit égale à la largeur finale de la housse, plus 4 cm – soit deux fois la marge pour la couture. Ici, cette largeur est de 42 cm.
• Bâtissez les deux morceaux ensemble en haut et en bas le long de la couture où ils chevauchent. (Si le tissu a un sens ou des motifs, veillez aux raccords.)
• Disposez les morceaux du dos et du devant de la housse, endroit

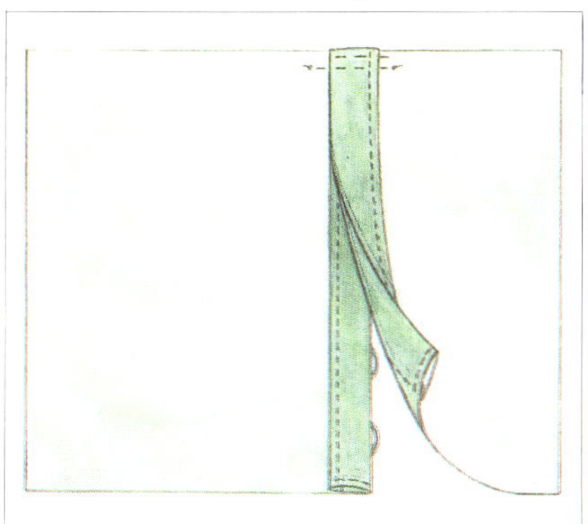

Assemblage des morceaux du dos de la housse

contre endroit, bords ajustés. Cousez tout autour en laissant 2 cm de marge.
• Égalisez les bords comme pour la housse simple, puis retournez la housse à l'endroit.
• Insérez la forme de rembourrage, puis cousez les boutons en face des brides.

Exécution d'une boutonnière
Le dos d'une housse de coussin avec boutonnières se réalise comme un dos avec brides à bouton, mais les marges pour les rentrés sur les bords des deux morceaux du dos doivent être plus larges, de façon à réserver la place pour les boutonnières. Avant de broder celles-ci, faites des patrons en papier.
• Sur un grand morceau de papier, dessinez les deux morceaux du dos de la housse comme il est indiqué page 154, mais en laissant 19 cm entre les deux morceaux.
• Ajoutez une marge de 2 cm pour les coutures aux bords externes de chaque morceau.
• Du côté du plus grand morceau (celui du dessus), ajoutez une marge pour le repli égale à la largeur de la boutonnière, plus 3 cm au minimum. Pour une boutonnière de 2 cm de longueur, par exemple, la marge pour le repli doit être de 5 cm.
• Du côté droit du petit morceau (celui du dessous), ajoutez une ou deux fois la largeur du repli (selon qu'il faut une ou deux épaisseurs de tissu; avec un tissu épais, une épaisseur suffit), plus 1 cm pour les finitions du bord vif.
• Terminez de la même façon que sur le patron pour la housse amovible avec brides à bouton, mais remplacez les brides par des boutonnières.

FINITION DES BORDS D'UN COUSSIN

On ajoute souvent comme finition à une housse de coussin une ganse ou des glands. Ces accessoires de passementerie s'achètent dans les magasins spécialisés ou les merceries, mais vous pouvez aussi les réaliser vous-même.

Fixation d'une ganse ronde
Si vous envisagez de fixer une ganse ronde à une housse, laissez une fente de 3 cm dans la couture du bas quand vous piquez le dessus et le dessous.
• Coupez un morceau de ganse de 5 cm de plus que la circonférence du coussin.
• Enveloppez une extrémité de la ganse avec du ruban adhésif pour l'empêcher de s'effilocher.
• Enfoncez l'autre extrémité dans la fente. Tendez la ganse le long de la couture et cousez-la avec une aiguille à coudre et du fil assorti.
• Travaillez d'un côté puis de l'autre en traversant le dessous de la ganse à chaque point et en ne prenant que quelques fils de tissu de chaque côté de la couture *(voir l'illustration ci-dessous).*

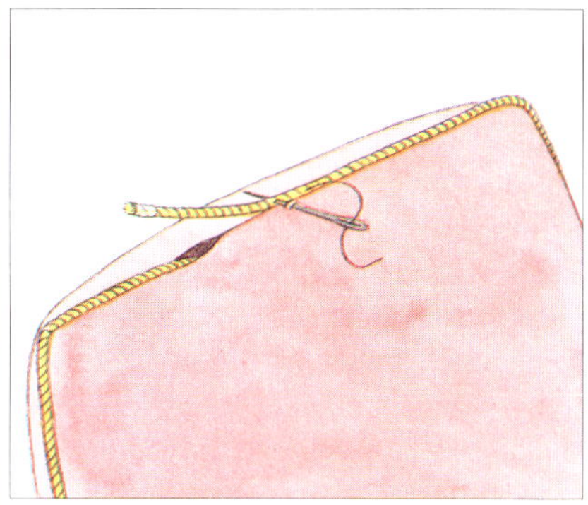

Fixation de la ganse

• Quand vous rejoignez votre point de départ, coupez le bout de la ganse à 3 cm et rentrez-le dans la fente en croisant en oblique l'autre extrémité. Cousez les deux extrémités en place et fermez la fente.

Fabrication d'une ganse torsadée
Au lieu d'acheter une ganse ronde, fabriquez-en une avec du coton perlé, de la laine à broder ou de la laine à tricoter.

• Estimez le nombre de brins nécessaire en torsadant quelques brins pour voir l'effet obtenu.
• Coupez des brins trois fois plus longs que la longueur de ganse nécessaire.
• Nouez les brins ensemble à chaque bout. Lissez-les.
• Si possible, faites-vous aider pour la torsion. Glissez un crayon dans chaque nœud. Allongez bien les fils sur toute leur longueur. Tournez les crayons dans le sens des aiguilles d'une montre pour tordre les fils.

Vous pouvez aussi accrocher une extrémité du faisceau à un bouton de porte ou à une patère et procéder sans aide.

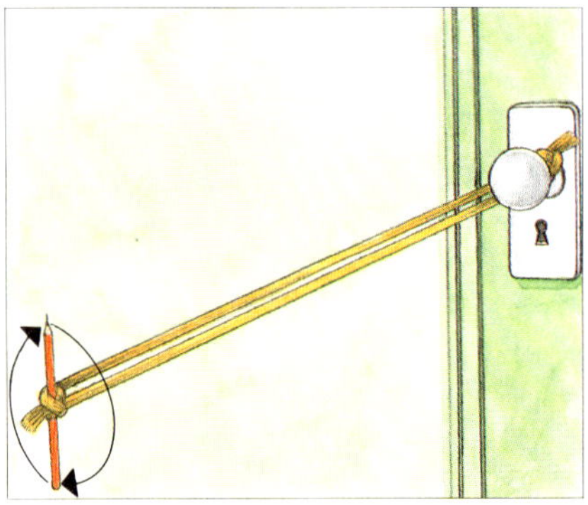

Torsion des fils

• Quand les fils sont très fortement torsadés (dès que vous relâchez la tension, ils forment des coques), repliez la corde en deux. Elle doit s'enrouler sur elle-même. Donnez-lui une secousse et roulez-la entre vos doigts, si nécessaire, pour régulariser la torsade.

Repliement de la ganse en deux

• Faites un nœud à l'extrémité repliée de la ganse. Coupez les bouts, faites les bouffer. Nouez l'autre extrémité (où sont les deux nœuds d'origine), faites bouffer.

Confection d'un gland

• Coupez un morceau de carton de la hauteur du futur gland et d'une largeur commode pour l'enroulement. Servez-vous d'un cutter *(voir colonne suivante)*.
• Coupez un morceau de fil suffisant pour nouer le haut du gland et gardez-le à portée de la main.
• Enroulez le fil autour du carton jusqu'à ce que le gland ait l'épaisseur voulue.
• Maintenez les brins de votre main libre et coupez-les au niveau du bas du carton. Glissez le fil mis de côté, en double, sous les fils, comme il est montré ci-dessous, pour les rassembler; formez une boucle *(voir l'illustration ci-dessous)*.

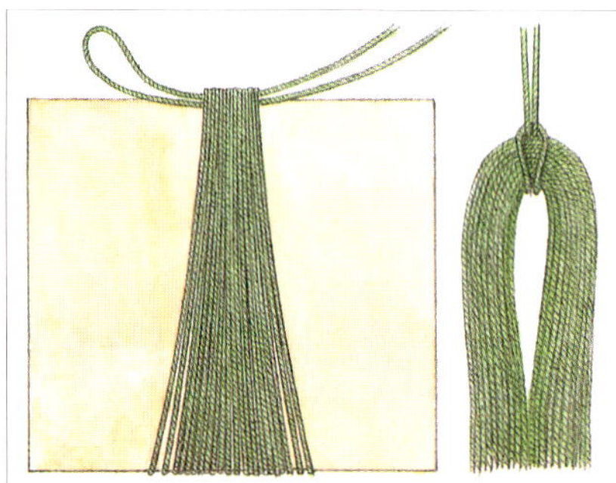

Attache des brins au sommet du gland

• Coupez un autre brin de fil, très long, pour lier tous les brins du gland. Faites une boucle à l'extrémité et laissez-la pendre *(voir l'illustration ci-dessous)*.

Début de la ligature

• Enroulez le fil autour du gland en serrant bien et en maintenant la boucle pendant les premiers tours. Quand le lien est assez épais, glissez une extrémité sous la boucle et tirez sur les deux extrémités pour attirer la boucle vers le centre du gland. Coupez les bouts, rentrez-les dans le gland.

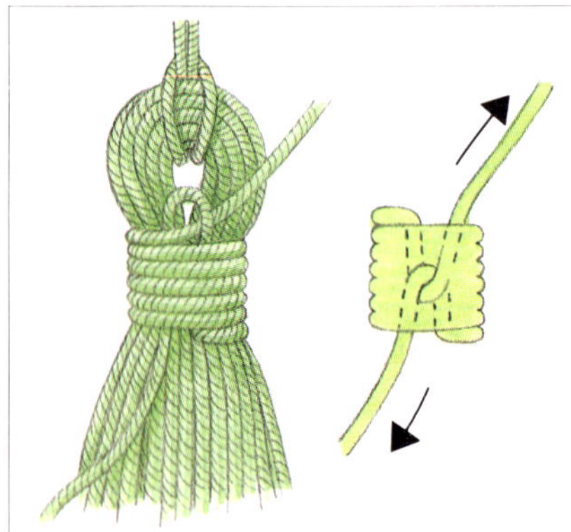

Blocage de la ligature

Utilisation d'un couteau à lame réglable (cutter)

L'outil le plus pratique pour découper le carton est le couteau à lame réglable (cutter). Il s'utilise avec une règle métallique, si possible sur une planche de travail pourvue d'un revêtement spécial. Si vous n'avez pas de planche de travail, placez un carton très épais sous la pièce à découper. Vérifiez la lame du couteau et changez-la si elle est émoussée.

• Pour découper, maintenez la règle métallique de votre main libre en éloignant les doigts le plus possible du tranchant de la lame. Guidez le couteau avec fermeté et régularité, gardez-le vertical et au ras de la règle.

Entre des mains inexpérimentées, cet instrument est dangereux. Tenez-le hors de la portée des enfants, et refermez-le à chaque fois que vous le reposez.

Glossaire

Aiguille à laine fine Aiguille pointue pourvue d'un assez gros chas.

Aiguille à tapisserie Aiguille à pointe mousse et à gros chas utilisée pour la broderie à fils comptés.

Armure régulière (ou tissage régulier) Type d'armure toile dans lequel le nombre de fils est le même dans les sens de la chaîne et de la trame; s'applique également aux tissages monofils, opposés aux toiles Aïda ou Hardanger.

Armure toile Le tissage le plus simple, dans lequel les fils de chaîne et de trame s'entrecroisent un à un.

Bâti Gros point avant servant à faire des repères sur le tissu ou à maintenir provisoirement deux épaisseurs de tissu (ou davantage).

Biais Direction partant à 45° du droit-fil du tissu et dans laquelle l'élasticité du tissu est maximale.

Broderie à fils comptés Broderie dans laquelle les points se travaillent sur un nombre donné de fils de tissu.

Chaîne Fils longitudinaux d'un tissage, parallèles à la lisière.

Châssis à tendre Cadre rectangulaire sur lequel la broderie est tendue à l'aide d'épingles.

Coton à broder mat Coton assez épais d'aspect mat.

Coton mouliné Coton à broder brillant, composé de six brins qui peuvent s'utiliser séparément ou ensemble.

Coton perlé Coton à broder brillant, torsadé, présentant un aspect nacré.

Dégarnir les angles Technique permettant de diminuer les épaisseurs de tissu dans les coins d'un ouvrage et d'éviter de placer une couture ou un pli sur l'ourlet. Les deux morceaux de tissu contigus se rejoignent à 45° dans le coin.

Grille à carreaux Type de grille dans laquelle un carreau représente un point; s'utilise surtout pour les broderies au point de croix *(voir grille à lignes).*

Grille à lignes Type de grille qui s'utilise dans la broderie à fils comptés, dans laquelle le quadrillage représente les fils du tissu *(voir grille à carreaux).*

Jauge Nombre de fils du tissu par 2,5 cm; il indique le degré de finesse ou de grosseur du tissu.

Lisière Bord latéral d'un tissu, où le tissage est plus serré.

Métier à rouleaux Cadre à broder dans lequel les bords du haut et du bas du tissu sont reliés à des rouleaux et les côtés lacés à des lattes.

Molleton Tissu léger, gonflant, en polyester ou en coton, utilisé en général comme feuillet de rembourrage dans les articles matelassés.

Monofil Terme qualifiant un tissu dans lequel les fils de trame et de chaîne se croisent un à un *(voir toile Aïda et toile Hardanger).*

Pavé kloster Groupe de points lancés perpendiculaires, cinq en général, qui caractérise la broderie Hardanger.

Surjeter Border un bord vif à la main ou à la machine pour éviter l'effilochage. Permet aussi de réunir deux bords.

Tambour à broder Métier circulaire composé de deux cerceaux qui s'emboîtent en fixant le tissu tendu.

Toile Aïda Toile à armure régulière dans laquelle la trame et la chaîne sont composées de fils groupés (ordinairement quatre).

Toile Hardanger Type de toile à armure régulière double-fil utilisée pour la broderie Hardanger.

Trame Fils horizontaux d'un tissu, perpendiculaires aux lisières.

Index

Tous les sujets sont illustrés et les numéros de pages renvoient aussi bien au texte qu'aux illustrations.

Remerciements

Bien que de nombreuses personnes aient contribué à la réalisation de ce livre, je remercie tout particulièrement certaines d'entre elles, et tout d'abord ma maison d'édition anglaise, Collins & Brown, où Gabrielle Townsend et Catherine Bradley ont suivi l'ouvrage de bout en bout.

J'adresse aussi de chaleureux remerciements à Cara Ackerman, de chez DMC, pour son aide et ses encouragements, et à Maria Diaz, qui nous a fourni le matériel si diligemment, ainsi qu'au Reader's Digest, dont l'expérience éditoriale dans le domaine des travaux d'aiguille m'a été d'un grand secours.

Je suis très reconnaissante à Carol McCleeve, qui a établi les ouvrages des pages 94-97, 118-120, 138-141 et 146-147.

Un grand merci à Linda Doeser, Sally Harding et Maggi McCormick pour leurs compétences éditoriales et aux designers auxquels j'ai commandé les broderies pour leur créativité et leur esprit d'équipe.

Eleanor Van Zandt

L'auteur et les éditeurs remercient les brodeuses qui ont conçu ou réalisé les exemples et les ouvrages proposés dans ce livre.

Ouvrages : pages 50-52 Joan Bray; pages 53-55 Gisela Banbury; pages 56-58 Elizabeth Stuart Designs; pages 59-61 Caroline Davis; pages 62-64 Sandra Sullivan (Homespun Elegance Ltd.); pages 65-67, 68-71 Chris Timms; pages 72-73 Dorothea Hall; pages 74-77 Gisela Banbury; pages 78-81 Geraldine Marchand (tableau original), Caroline Davis (broderie); pages 82-83 Janette Sawyer; pages 85-87 Sandra Sullivan (Homespun Elegance Ltd.); pages 92-93 Anna Griffiths; pages 94-97 Doreen James; pages 102-104 Anna Griffiths; pages 105-107 Moyra McNeill; pages 118-120 Doreen James; pages 121-123 Grace Lister; pages 100-102, 124-127, 144-145 Eleanor Van Zandt; pages 133-135 Hanne Pentith; pages 136-137 Joanna Churton; pages 138-141, 146-147 Doreen James et Shirley Coleby; pages 148-150 Caroline Davis.

Exemples et ouvrages de finitions : Gisela Banbury; Rachel Bowyer; Joanna Churton; Caroline Davis; Penny Hill; Grace Lister et Helen Parsons.

Répertoire de motifs au point de croix : page 33 Dorothea Hall; pages 34-35 Gisela Banbury; page 36 Gisela Banbury et Dorothea Hall; pages 37-38 Anna Griffiths; page 39 Chris Timms; page 40 Gisela Banbury; pages 41-42 Caroline Davis; pages 43-45 David Ashby; pages 46-47 Eleanor Van Zandt; pages 48-49 Gisela Banbury.

POINT DE CROIX ET BRODERIE
est publié par Sélection du Reader's Digest

Réalisé en PAO par Copyright, Paris
Photogravure : J. Film, Singapour
Impression et reliure : New Interlitho, Italie

PREMIÈRE ÉDITION

Achevé d'imprimer : août 1995
Dépôt légal en France : septembre 1995
Dépôt légal en Belgique : D.1995.0621.83

IMPRIMÉ EN ITALIE
Printed in Italy